# 我的失序人生

## 從礦工女兒、實驗室宅女到社運組織者

Living with a Wild God：

A Nonbeliever's Search for the Truth about Everything

芭芭拉・艾倫瑞克（Barbara Ehrenreich）　著

林家瑄　譯

# 目錄

# 前言

二〇〇一年春天，我接到一項令人不安的任務：把我曾寫過的文章整理出來，收藏到一所大學的圖書館。這任務迫使我去檢視自己的人生（或至少是所留下的文字記錄），而它出現的時機可說是準到狠的地步，因為當時我正在接受乳癌治療，對我這樣一個身體強健又愛好戶外活動的人來說，眼前是一個早得似乎不太公平的死亡可能。一位圖書館員從牛津過來幫忙，我們把一堆堆的資料攤在我家裡最大的一塊桌面上——屋子前廊上某任前男友留下的撞球桌。這些資料包括一些未發表的宣言草案還有一些筆記本，上頭寫滿有關人類歷史與演進的心得，以及討論女性主義和其他社會運動之間關係的激烈對話，此外還有幾張文憑和學術成就的獎狀，以及離去已久的男友們所留下的一小堆情書。

我對這些東西既不太感到好奇，也沒什麼身為物主的感覺。如果你問我，到現在為止我的生命有什麼類似主軸或有延續性的主題可言，我得說沒有，至少我想不出來。我似乎把很多時間花在從一件事竄到另一件事上（比如從科學專業到記者專業，再從當記者到熱中學術，後者可以從我一些較跟歷史有關的作品中看到），更別提各段不同的情感關係，以及在行動派和安靜研究之間的反覆擺盪。我一直（也仍然）無意試圖將這一切拼合成一個故事。我絕對不會寫自傳，再說，活到現在，我也不確定自己生命中是否有個和諧一致的「自我」或「聲音」存在，可以成為一個敘事者，把我的生命娓娓道來。

把這些文件資料打包送走的背後動力其實很簡單：因為我當時居住在佛羅里達州的礁島群（Florida Keys）南部地區，長期而言，那裡的氣候簡直是所有紙類的殺手。但當這座圖書館跟我接觸的時候，我有點失望對方沒提供任何經費進行這件事，因為那時我因即將出版的《我在底層的生活》（*Nickel and Dimed*）所收到的預付金並不十分豐厚，而生病之後，沈重的醫療費用逼得我都快要向朋友借錢了。但如果一座頗有聲望的圖書館，要為我這些零碎文件和筆記提供一個有空調和溼度控制的貯存空間，有何不可？我想未來的某天（如果大學和圖書館所代表的這部分人類文明可以撐到那時），也許一名研究生可以從我們正快速裝滿的箱子中找到有意思的材料，比如寫一篇博士論文，談談一九七〇年代女性主義運動裡的草根知識運動當中，一些鮮少為人所知的面向。

只有一樣東西我沒放進這批往外送的紙箱中，那是一個厚厚的老式紅色文件夾，用一條繩子捆著。在將近四十八年的歲月裡，它撐過了天知道多少次搬家，從一州到另一州，從一個公寓到又一個公寓。在這麼長的時間裡，我從未打開過它，也從未向人提起它的存在。但無論搬家的情況有多混亂，我總是記得要把這個文件夾塞在一個行李箱裡帶走。未來的研究生可以嘲弄我的感情生活和政治理想主義，隨他們高興，但他們看不到這個。

這個文件夾裡裝著類似日誌的東西，儘管實際上都是一些斷續寫出的記事，每則都寫在不同的紙張上。寫作時間從我十四歲那年開始，也就是一九五六年，一直到一九六六年，但大多集中在前三年。我之所以沒把它一起送進那個吞沒其他文字紀錄的墳墓裡，是因為死亡的可能性——但不是此時的我（在人生中盡情地做了不少事的五十九歲女人）所面臨的死亡。事實上，如果你已經快六十歲了還沒做好面對死亡的準備，我會覺得你沒盡到身為一個成年人該負的哲學性責任。至於我的死法，我比較偏好在黃昏時游向大海，因為那是鯊魚的覓食時間。

我仍希望可以把這個選項擠進我的選單裡，如果我的癌症演變成最壞狀況的話。

所以理由不是這個。使我在那個晴朗而吹著微風的春日裡悚然一驚的是，我發現這份日誌本身不是光看內容就可以理解、可以獨立閱讀的東西。它以這段頗吸引人的嘲弄文字做為開頭：

今天，一九五六年七月四日，是國慶日。也就是說，平常會在別處工作的人，在這一天可以「自由」選擇在家工作。全國各地慶祝獨立紀念日的方式，就是對一切禁止放煙火的法律發出最吵雜的抗議。

但很多時候，這些日誌是充滿糾葛而迂迴逃避的，特別是對於一些最重要的事情，因為對於當時還是個年輕女孩的我而言，它們太過私密而強烈以致於難以化為文字。我知道這份日誌會需要花很大的功夫加以補充詮釋，甚至需要費力還原一切我曾覺得還是不要說比較好的事。因此悲哀的是，如果我（五十九歲的芭芭拉）死了，那麼她，許久以前寫下這些事的女孩，也會死。這就是我決心要救的人，或東西。因為，如果要問我在生命中這麼多變換裡，到底有什麼核心的身分認同或中心主題留下，那麼解答的關鍵在她身上。

大致而言，我知道這些日誌裡寫了什麼，知道它們紀錄的東西後來導致一個事件的爆發。這事件的詭異和衝擊程度之大，使得這麼多年來我都不曾寫下或談論它。我曾經嘗試跟一、兩個特別親近的人提起這些，但結果對方不是改變話題，就是不安地別開眼光。當年發生的事情，並未跟我成年之後的主要人生發展有任何交集，這些發展包括工作、照顧家庭，以及在我微小的能力範圍內試圖減少這世上的種種殘酷。然而，儘管我總覺得自己在自我表達這方面有持續進步，但只要牽涉到這一個主題，我就完全失語了。

我是到了四十歲時才發現，原來曾發生在我身上的事或類似的事，也曾發生在許多人身上，有人甚至還找到方式講述它，儘管所用的語彙和敘事框架對我而言往往很陌生，或其實相當反感。我曾經歷到的那些經驗，傳統上被稱為「神秘經驗」，意指本身性質上就是語言無法表述的東西，只能用一些跟「神秘」和「超驗」有關的含糊語言捕風捉影一下。對於像我這樣一個理性主義者、無神論者和科學專業的人來說，那是屬於神和童話的領域，無助於人類在這個星球上如何存續的大事業。

所以，你要怎麼處理這樣的事——非常偏離正常範圍，跟一般人的正常生活完全連不起來的經驗，而且根本無從描述？我同時必須承認，我也很怕自己聽起來像個瘋子。你可以試試看，在跟別人談話的時候講起自己的神秘經驗，你得到的反應大概跟你向對方坦承自己曾被外星人綁架過差不多。這兩者都是接觸到人們普遍不太承認其存在的東西（一邊是外星生物，另一邊是鬼魂、神祇或某種全知全能的存在），而在學術界，這兩者都遭到醫學的傲慢對待。舉例來說，美國心理學協會（American Psychological Association）最近出版了一本有關「非正常經驗」（anomalous experiences）的選輯，其中討論外星人綁架和神秘經驗的章節內容非常類似，分別針對「患病率」、「易罹病的因素」、「生物標記」等等做了高度醫學性的討論，提供各種可能的心理學解釋。我想，你還不如承認自己看到鬼或明明四周沒人卻聽到講話聲。

確實，我也該更進一步承認，我還原這些過去經驗之後所描述出的內容，看起來也頗可以從心理學方面加以解釋，包括關係緊張、有時甚至造成傷害的家庭生活，兒童時期對於天文知識的秘密探索，出現某種「靈視」的嚇人時刻，以及我在青少年晚期的嚴重崩潰等。如果我不想被這些經驗中的沈重黑暗部分拖回去，我就必須努力成為一個幾乎是全新的人——既不是較年輕也不是較年長的我，而是一個堅定的客觀報導者，要從這兩個我之中找到真相。而我並不想被拖回去。

儘管有以上這些原因，從二〇〇一年救回這份日誌後又過了許多年，我才醒悟到不能再迴避這件事了。我是有開始進行（閱讀日誌，註記一些日誌發生的背景脈絡，還有被省略掉的相關事件等），但只是為了暫時躲避一下現實生活中更具急迫性的事情，舒緩跟人相處累積的疲憊，因為比起來，這個計畫顯得非常地「個人」。到了二〇〇五年，我逼自己把整份日誌轉打成電子檔案，連續好幾個禮拜，每天打一個半小時左右，也就是在這個時候，我遇見以下這段寫於一九五八年七月的文字：

出於一種責任感，我寫下這段文字，這是對未來的我的責任，請你要抱著同理心閱讀它們。在幾個月之後（或幾十年後，就像後來的結果）再讀到這些文字的我，會是怎樣的人呢？會是一直一樣的我嗎？自從妳寫下這些東西之後，妳學到了什麼呢？

顯然我不能再逃避了，因為很久以前，那個女孩就選擇了我——我所變成的這個成年的、開始老去的人——繼續接手她的工作。

# 第一章 狀況

在我快滿十三歲那年，某種「狀況」逐漸成形。但這不是指我個人的特殊狀況（不管是我的家庭情況或當時的歷史情境），而是人類共通的情感：春天感到的狂喜、冬天感到的陰鬱、狂野和內斂、渴望和恐懼等。以及這一切之後的死亡。

我在此時設下了生命目標：搞清楚為什麼。人類的短暫存在到底有何意義？人在這個世界上做什麼，目的為何？我其實像隻無頭蒼蠅，因為我既不知道答案會以怎樣的形式出現，也不知道會在哪裡找到它。答案會藏身在一本書中，還是一個地方？會以某種密碼呈現，還是讓人一目了然？會需要多年的耐心研究才能領悟，還是在一瞬間靈光閃現？如果它其實很容易找到，比如就在圖書館的一本書裡，為何這樣的情報從來沒人提過？我猜是因為當你選擇走上這條路，會很快學到不能到處跟人說：「我正努力想發現人生的意義」。如果你還想跟別人聊下去的話就別這麼做。

從科普書籍到羅馬詩歌，我把能找到的東西都讀了，而且為了怕答案會以比較隱晦的方式藏在我身邊，我也透過重新排列字母和數字順序、思考事情的排列組合、注意巧合等等，試圖四處尋找「徵象」。我到現在還是會做這些事情，而且只要我腦袋還清醒就會這麼做。我會數東西、注意是否有質數的存在，監控從旅館窗口望出去能看到的鳥或經過車輛的微妙變化，還有替所有我見過的人編織出一些不為人知的故事等等。

有個領域我從來沒想過要去那裡找答案，那就是宗教。這個選項似乎早在十九世紀末期，我的曾祖母瑪蜜．麥克羅琳（Mamie McLaughlin）揚棄天主教信仰的時候就被排除了。據父親說，曾祖母在她的父親垂死之際，曾差人去請教士過來，卻在好幾個小時之後才得到回話，說除非付他二十五塊錢他才要過來。也許這個教士只是不想騎著馬或驢，長途跋涉到我曾祖母住的簡陋泥濘採礦帳棚區吧。但我曾祖母並不原諒他。當她自己在數年後因生產而瀕臨死亡時，那名教士不用她請就自動出現（這回他可能正好人在附近），開始做臨終儀式。據我父親說，就在那時，她用盡最後一絲力氣，一把將教士放在她胸口的十字架抓下來，扔到房間另一頭去。

我不知道這故事到底有多少是真的，但從我父親那麼愛講這個故事看來，證明了他對宗教有多麼堅持不息的討厭。他小時候曾靠著編了些藉口，偷窺到巴特[1]圖書館不對外公開的無神論書籍。長大後，他給自己買了一套十九世紀末美國無神論演說家羅伯特・英格索（Robert Ingersoll）的著作全集，甚至有些星期天早上還會大聲念出來煩我們。但他沒料到，而起初我也只有微微感受到的是，他對純粹理性的堅持有可能導致另一種結果：最終使我對我父母所認為的「現實」也開始質疑。

所以我並不是歷經艱辛才成為無神論者，沒有冒著被修女或憤怒的父母責怪的危險，但或許如果我有的話，反而會比較堅定。我生在無神論的環境，在這樣的環境下長大，我父母是從勞動階級拒絕權威的這項驕傲傳統衍生出自己的無神論，而那份權威不管是賦予給老闆或教士、神明或魔鬼，都一樣要拒絕。這就是

1 巴特（Butte），位於蒙大拿州西南部的礦業城市。（編按：本書所有註解皆為譯註。）

我們這群人的根本特質：我們不「信仰」。而這意味著，當我開始為自己心中的形而上學疑問找尋答案時，不會有現成的答案可以用。我那些有宗教信仰的朋友們都深信，上帝對我們是有「規劃」的（我的朋友們大部分不是天主教徒就是基督教徒，偶爾有些是更異國的信仰，如猶太教或希臘正教），而且因為上帝是好的，所以那個規劃也是好的，就算我們根本不知道那是啥，也一定要支持它。我們只要負責簽字同意就好了，換句話說，不要想太多。

我父母從不會阻止我跟朋友一起參加宗教儀式或活動，甚至有個週末還讓我參加了一次悽慘的浸信會夏令營。我總喜歡認為，這是因為他們知道，跟任何宗教行為的實際接觸只會加深我的不信。但或許事實上，他們只是沒注意到我在做什麼。當我還是個不到十歲的小孩時，曾跟朋友蓋兒一起參加她的暑期聖經班。課堂最後，老師要所有「承認耶穌基督是（你們的）救贖」的人舉起手來。我沒舉手，但不是因為我很誠實，而是因為我害怕接下來會被問到的問題，比如我到底如何「承認」這點，又是向誰承認。這個老師到底要我們回答什麼呢？說我們不只接受這個世界就是這樣，而且還要因此滿懷感恩？結果，老師下課後還把我留下來（但耶穌基督呀，這不過就是一堂暑期聖經班），要好好讓我知道那位好耶穌會怎樣懲罰不被救贖的孩子。我並沒有被她描述的地獄嚇到，只是因為不知道她到底什麼時候才會放我走而感到很焦慮，因為當一個大人矗立在前方的時候，一個小孩子是沒辦法繞過她跑出門的。

在冷戰高峰期，當一個無神論的孩子並不容易。但話說回來，除了在幾個維持不久的共產主義國家之外，這在人類歷史上的任何時期都不是件容易的事。在學校裡，我試圖透過跟別人一樣嘴裡唸著天主經來跟其他人打成一片（那時候的公立學校得唸天主經），只有偶爾讓自己小聲咕噥幾句俏皮話。但每到週三下午我就無法掩飾自己的特立獨行，因為其他孩子們都會搭上公車到各個教堂進行「宗教研習」，我卻必須留在位子上，在一個原本可以下班的不甘願老師監視下自習。我有時候會在放學時被同學嘲弄地叫「共產主義者」，而我知道那其實是在罵我是個「無神論者」。有一次有些男生拿起石頭追趕我回家，但結果我跑得比他們快。

如果我沒有因這些無法解決的歧異而與其他人有隔閡，或者如果當我開始問「為什麼」的時候，就已經有了「上帝」這個不太是答案的大答案，會怎樣？我總喜歡認為，這個答案一定無法滿足我，我會繼續追尋，帶著我的「為什麼」去直接挑戰祂。但說不定我也可能成為另外一種人，隨便找個可以自我安慰的答案就滿足了。

當然，除了無神論之外，還有別的事情讓我家顯得突出，比如我家「向上提升」的快速程度。起先我們住在蒙大拿州巴特市的一間出租屋子，當我進入青春期時，我家已經搬到新英格蘭郊區滿是綠蔭的有錢人住宅區。我父母在兩人分別是十八和十九歲時私奔，守禮地在十個月後生下我。我出生的時候，父親在巴特當銅礦工，他父親是聯合太平洋鐵路（Union Pacific）的鐵軌切換員，而我母親則是宿舍清潔員。在獎學金的幫助下，我父親拉著我們完成脫離礦坑這項幾乎不可能的任務，他先是到匹茲堡念冶金學研究所，之後做了許多白領階級工作，帶我們到紐約、麻薩諸塞州，一直到最後遇上了無法橫越的太平洋，才在加州南部落腳。

這一路走來（我們搬家的次數多到我在進大學之前總共上過十一個學校），巴特郡一直是某種神秘的評判標準和「原真」所在。我兩歲的時候父母就帶著我搬離那裡，不過，拜鐵軌切換員祖父給的打折火車票之賜，有幾個夏天我們回去度過一、兩個月時光，而我總是很珍惜那些回憶。我知道那是個神聖的地方，而且不只因為那邊的崇山峻嶺。只要家裡有任何人展現英雄般的行徑、犯了罪，或做了根本是自我毀滅的事，瑪西雅姑媽就會說此人「有巴特精神」。一直住在它的孩子們心中的巴特，並不是一個地方，而是一種永遠堅持反抗的狀態。那一代人進行的種種階級鬥爭（礦工們的罷工、找不出原因的爆炸、遊行，和街頭狂歡等），歸根結底就是這種精神。套句我父親和瑪西雅姑媽常說的話：我們不會讓任何人亂搞我們，一向不會，也永遠不會。

巴特做為一個地理上的地方，講到它時總需要加點解釋。外人想把它視為「廣大天空之州」[2]的一部分（它確實位於那裡），想像牛仔會在那裡到處跑，所以我必須從頭開始跟他們說，巴特其實是一個人口密集的都市，全盛時期吸引了六萬人來從事礦業開採，而這些人大部分來自歐洲（義大利、愛爾蘭、威爾斯、塞爾維亞—克羅埃西亞、保加利亞和羅馬尼亞等地）。去年夏天，我和兒子到巴特的墓園，在世界工人工會（Industrial Workers of the World）創立者法蘭克・李特（Frank Little）的墓前獻上一些野花。在那裡，我們發現一些上頭寫著

2 「廣大天空之州」（Big Sky Country）是蒙大拿州的暱稱之一。

阿拉伯文、斯拉夫文和中文的上世紀墓碑。除此之外也有可能是來自蘇俄的猶太人墓碑，至少他們的人數足夠讓蒙大拿州第一座猶太教堂為他們舉辦儀式。

巴特居民（你可以叫他們是「巴特人」，儘管我還沒聽任何人這麼叫過）用盡一切方法要跟蒙大拿這個神秘的牛仔之地做區隔，甚至稱這裡是「美國的巴特」（而不是蒙大拿的巴特）。他們其實也想跳脫這個國家，比如你總是可以聽到有人很驕傲地講述這段軼事：在愛爾蘭的科克郡，有一名女子正要送兒子離開那片被飢餓侵襲的土地，她給兒子的指示是：「別在美國停留，直接到巴特去」。巴特的市容也是特立獨行：它有一棟棟已人去樓空的紅磚建築，而早已廢棄的採礦機具則從山腰突兀地探出，宛如硬是從岩石表面冒出來的石英結晶。

但今日，在工業繁盛發展期之後留下的巴特上城區這個空殼裡，人們再也不能逃避「廣大的天空」了。舉例來說，這裡已沒有空氣污染可以幫你阻擋從四面八方進逼的強烈陽光。有一天我在NPR電台[3]聽到一場訪談，一名住在蒙大拿州哈福瑞（Havre）的希達察族人[4]掙扎著想回答主持人的問題：「廣大的天空」到底是怎樣的情形？最後他總算想辦法描述了它是怎樣地「無邊無際」。在我聽來，他的意思是那天空無所不在，可以把你整個人都吞掉。你可以穩穩站在地面上，相信地心引力會把你牢牢抓住，但下一秒，咻地一聲，一部分的你就被吸上天空，地上只留下一小陀你。我總是想像這就是發生在我一個表哥身上的事，他住在蒙大拿東部的一座農場上，十九歲那年，他突然拿了一把來福槍轟死自己。我猜他就是被那無垠的藍天吞噬了。

銅礦吸引人們來到巴特。礦場業主想變得更富有，礦工們希望能餵飽孩子，他們的妻子則努力洗衣服。但我在去年夏天一個明亮到刺眼的日子重訪那裡的時候，卻有了另一種看法：巴特是人們想逃避天空時會去的地方。第一，他們不止挖了深達地下一哩的坑道採礦（那大概是人可以離天空最遠的距離了），還一定非常想到那裡，才願意冒著通道可能會塌下來壓死人、氣體可能爆炸把人炸得粉身碎骨的危險跑進去。然後他們還造了熔爐，用它排出的有毒氣體遮蔽天空，使每一個從礦坑出來的礦工都不會暴露在蒼穹之下，即便是在他們前往酒吧的那一小段路上也不會。而在酒吧裡令人安心的黑暗中，則有可靠的香菸煙霧能使任何

3 NPR全名為National Public Radio（全國公共廣播電台）是一家非商業性美國媒體。

4 希達察（Hidatsa）族，北美印地安人的一支。

入侵的自然光都顯得柔和。這些都是人們為了避免被那無垠的空無生吞活剝而大費周章做的事，至少當我還是個孩子的時候是這麼認為的。

但我當時並不知道那個地方的歷史，也還不知道用「階級」做為一種分析範疇。型塑我孩童時期的那些範疇，比階級或社會學家能提供的其他概念（如性別）都來得原始。我的童年世界是藉由欲望和壓抑、渴望和抗拒、猛力推和被甩回來所定義。你如果偷偷向外窺探，眼睛就會被狠狠地戳痛，你如果探手出去，就會被用力打下。所以你會嘗試各種新角度來窺視和探索，但卻會發現新的箝制向你罩下。你用力推著這面牆，往上跳試圖越過它往外看，或者想從底下爬出去，直到你的膝蓋磨破、血流如注。

如果要說有什麼範疇規定我屬於兒童，那就是年齡，而我以兒童身分進入的是一個對兒童宣戰的世界。我們是入侵者，因為我們什麼事都做不對，必須時時接受非難。在家裡，我們得透過做家事來克服自己的無用，比如我六歲時就被規定要洗晚餐的盤子，當時我還得站在一張椅子上才搆得到水槽，而當我弟弟年紀夠大的時候則要負責擦乾。但無論是在這件事還是其他任何事情上，我們都永遠做得不夠好：盤子要重洗，鍋子上的食物殘渣要完全弄乾淨才能拿去泡水。學校是另一個充滿著糾正的地方。我寫的字總是不夠整潔，不然就是算加法時少加了一個數字。我在皇后區一個小學校念三年級的時候，遇到一個名叫薩芭提妮的老師，她規定我們坐的時候一定要雙手交叉放在桌上，腳底平貼地面，因為她說：「我們必須學會自我控制」。儘管顯而易見的是，如果我們真有任何一點自我控制，就不會在教室外頭的遊戲區跑來跑去、尖叫著大玩特玩了。

在這場以兒童為敵的戰爭裡，我們都是輸家，帶著各自的傷痕進入人生下一個階段。我母親在很小的時候就被扔給我的曾外祖父母照顧，表面的理由是我外祖父母沒有足夠經濟能力照顧她。儘管在當時這是可能的，因為外祖父（在就當時礦工而言的正常範圍內）嚴重酗酒，以致於外祖母得不顧端莊直接找上礦場工頭請他協助，要他直接把薪水支票交給她。可是，外祖父母卻能順利自行撫養接下來生的兩個孩子，沒問題。而我母親，他們不要的這個孩子，卻如同被監禁在曾外祖父母位於英屬哥倫比亞尼爾森市的房子裡，快要窒息。那幢維多利亞式房子，簡直是為了展示紀念加拿大重要歷史事件而製作的珍貴茶杯和銀製湯匙而存在。如果要為我的外祖父母講點話，也許他們之所以沒有在經濟能力好轉時把我母親接回去，是因為她的功能其實是要替代我曾外祖父母另一個早夭的女兒——

她在很小的時候就因二十世紀初期某種難以治癒的傳染病而過世。我母親的任務是要擊退籠罩著那座屋子的悲傷，但我猜最後是悲傷獲勝了。

據母親表示，我父親過去也有類似的缺憾。他非常崇拜我祖母，也就是他的母親，而在我記憶中，祖母是個肥胖、總是坐著不動的女人，細軟的頭髮老是在腦後綁成一個小髻。但祖母的眼裡（那是一雙非常深沈而湛藍的眼睛！）卻永遠只有她的長子戈登，此人在巴特據說不但是個酒鬼、鬧事鬼、奸夫，甚至還是個殺人犯。（在我父親那邊的家族中，他不是唯一一個據說曾殺過人的傢伙，殺人在巴特顯然不是一項很嚴重的犯罪。）戈登叔叔跟祖父一樣是個鐵路工人，他在三十歲那年被自己所維修的火車碾死，不知道是因為喝醉摔下鐵道還是被人推下去的。但我父親努力獲得的一切成就（他的學位和以巴特的工人階級標準看來不錯的財富），都從來不曾動搖戈登在祖母心中的首席地位。

小孩的討人厭和依賴性似乎是所有成年女人都不得翻身的原因，至少這是我從自家經驗得到的印象。我母親的憤怒是家裡的風暴中心，這份怒氣的對象分別是我父親（但他可以一大早就出門，晚上拖到很晚才回家），和我。她每天清潔、刷洗、煮飯，還有經常詛咒到我小時候就覺得有點超乎常理的程度，因為我的玩伴們說她講話很「惡毒」。有一次我出於反抗忍不住把這句話告訴她，順帶宣布我恨她，結果她拿一塊肥皂洗我的嘴巴。

在這些早年時光裡，我母親所夢想的一種中產階級式、井然有序的生活，跟現實中的失序混亂，在「家」這個地方卡死成一種無法解決的僵局。當我們住在匹茲堡的時候，我和弟弟一起住在一間狹小的臥房，有天晚上我醒來，發現他竟然把自己尿布中的大便掏出來往牆上塗。那房子裡應該有三間臥室，其中一間我們分租給一對夫婦，他們每天晚上的大吵大鬧（或是某種自虐儀式，因為我母親說「有些人就愛這樣」），轟動整棟房子。當我大約十二歲時（至少是大到長出第一叢噁心陰毛的年紀），我們住在麻薩諸塞州的瓦爾森（Waltham），我的床是放在屋子一個凹室裡的沙發床。如果要上廁所，我得經過客廳，但晚上的時候我母親會獨自在那裡一面燙衣服、做雜事，一面對父親的遲遲不歸越來越憤怒。有一天晚上，我因為太害怕要再一次從她身旁經過，憋尿憋到最後忍不住尿床。後來我實在睡不著，決定坦白跟她說，結果她怒摑了我一巴掌之後才准我去把床單換掉。

我第一次嘗試有系統地進行某種素樸的科學觀察是在家裡，因為我想了解和預測我父母的行動。比如我母親是怎樣從「和善」變「惡毒」？這之間的轉換有什麼可預測的模式嗎？如果有一天她平靜地教我煮飯和縫紉，是否接下來的隔天就一定會是充滿怒罵、摑耳光，而我會悲傷哭泣的日子？我也想了解神秘的酒精和它會產生的效果。我父親從青少年時期就開始喝酒喝得很凶，至少這是我外婆的說法。她並不喜歡說他的壞話，也不喜歡批評她幾個孩子們的配偶，但這個安靜、壓抑，拋棄了自己長女的女人，本身其實就不太跟人講心裡話。不過她確實責怪我父親把酗酒習慣傳染給我母親，此習慣對他們的身心傷害在我八歲那年開始變得明顯，因為那是他們第一次發生嚴重到受傷見血的酒醉駕車車禍。那晚他們半夜才回到家（當保母照顧弟弟的是我），腳步蹣跚、咒罵不已，血從他們臉上往下淌。據我的觀察，酒精改變人的方式是把他們戴的禮貌面具摘下，讓某種（我覺得是）「真實的自我」得以浮現，而這個自我的特徵就是放肆的憤怒和輕蔑。不過，那場意外的效果是讓他們的臉上永遠留下疤痕，因此他們的真實自我也鑲上了「損壞品」這樣的標籤。

跟家裡比起來，學校是寬敞的、嚴格的，而且燈很亮。起初我非常討厭上學，每天早上出門前都會嘔吐，我不是故意的，只是太害怕。我害怕老師，而且

（雖然現在很難承認這點）也害怕跟母親分開，因為做為她的孩子，畢竟她的黑暗能量還是支配著我的生活，就像天候變化一樣，只不過大部分發生在室內。我小時候有兩個重複出現的惡夢：第一個惡夢是我像平常一樣放學走路回家，但卻怎樣也找不到我家在哪。我們家附近的街道完全沒變，但我們家住的那棟房子就是消失得無影無蹤。第二個惡夢是我被一隻獅子追，但我永遠找不到我家可以躲進去。也有一些好夢，在夢中我會飛，所以可以飛走。

我一直到四年級才為上學找到一個目標：如果我上學，爸爸就會稱讚我。但這件事不純然只有好的一面，因為他對我的評價越好，母親就對我越憤怒。這是我家中的派系分別：父親跟我一派，母親和老實說沒什麼發言權的弟弟妹妹一派。母親很重視教育，她自己只有高中畢業學歷，但她只要沒在煮飯或打掃就會拿起小說看，然後把情節告訴我。但家庭派系凌駕於我們對書的愛好之上，而且誇張到如果我是我爸的最愛，那我等於是他的分身，也就是她的敵人。她從來不會阻止我讀書，但她也從不准我忘記我是誰：我是個孩子，而且更糟的是還是個女生。「你別以為自己有多高明」，她會這麼說，意指我在打掃這方面的缺乏才能。而我試圖「高明」地超越的東西終究會追上我，等著瞧，因為我終究會變得跟她一樣，而且還得我運氣夠好有人要我。意思是，像我這麼陰鬱、退縮又不打理外表的傢伙，不可能有男人要我。

但如果各位讀者讀到這裡，覺得這就是一般描寫失能家庭和虐兒父母的故事，那就表示我沒把這個故事說好，而且還把我自己評價父母的標準不恰當地投射到另一個時代下的階級。因為那是一個把小孩視為搗蛋鬼的時代，而不是像現在一樣把小孩變成某種待執行的藝術計劃。要解釋我父母所扮演的複雜角色並不容易，他們一方面壓抑我同時又啟發我，用力箝制我但又會放手讓我走。我這個曾經是個小孩的人，如何好好地講述這些大人的故事，他們的企圖心促使我們從一個城市移動到另一個、從一州到下一州，同時在這樣持續移動的過程中，形成彼此的深刻羈絆？他們也被自己的渴望驅使，其中部分是一般對地位和財富的渴望（一輛車，更大的房子和第二輛車等等），也就是我母親後來斥之為「空洞的物質主義」的東西。但如果你回想他們一開始的生活狀況，又有誰能怪他們呢？我滿十二歲那年，他們開始擁有一些從某種角度看來宛如護身符之類的東西，一些他們在巴特的時候無法獲得的事物，比如框好掛在牆上的奧杜邦[5]畫作、咖啡桌上的《仕女家居雜誌》以及《生活》[6]，買新傢俱而不是二手傢俱等。但他們的渴望更進一步，朝著某種模糊的「更多」趨近，某種更大的挑戰或冒險。他們也是反抗者，而我敬重他們這點，就算我在反抗他們的時候也一樣。

啊，要命。即便到現在事隔多年，這其中的悲哀還是令人難受。我父母一開始是那麼的年輕而勇敢地踏上旅途，最後卻成了那樣的一團糟。我父親之所以沒有死得像個邋遢的醉漢，全是拜阿茲海默症之賜，因為他最後住的療養院裡沒有酒可以喝。至於我母親，她沒能活到看著我長大，得到她所渴望的一切。她想要的那一整套生活（附帶一些她沒想到的），晚了一整個世代才實現：冒險、理想、朋友和火熱的戀愛。她也在我們倆能好好和解之前就死了，因為她終於第三次自殺成功。前兩次她只成功洗了胃，但在第三次，她成功吞下足量的藥丸，直到死後才被人發現。

我們稍後再回到我父親這個宛如濕婆[7]下凡的自我毀滅天才，畢竟是他教會

5 奧杜邦（John James Audubon，1785-1851）美國早期著名鳥類學家和畫家，以其耗費鉅資的美國鳥類調查以及鉅細靡遺的鳥類生態畫而聞名。

6 《仕女家居雜誌》（*Ladies' Home Journal*）和《生活》（*Life*）都是代表中產階級生活品味的雜誌之一。

7 濕婆（Shiva）是印度教的主神之一，在其眾多神性之中，破壞是主要特徵之一。

我要永遠追問「為什麼」，因此啟動或至少推動了這整件事。但我們現在還在「史前」時期，在整個狀況變得清晰、問題形成之前。那時我也還不太會讀書，整天想的是四處探索，到戶外看看新地方。我想要的是一座可以爬的小丘、一個可以繞過的彎角、一個可以沿著它奔跑的海岸。在匹茲堡，我只能在我們住的連棟屋子圍起來的一個小地方跑，那是個寸草不生的地方，所有小孩子都擠在那裡玩。但當我們搬到皇后區時（請再次記得那是很久以前），情況豁然開朗。當時那裡還有長滿樹的無主土地，不知通往何處的神秘街道。我們在麻薩諸塞州住的兩個地方更棒：瓦爾森和漢彌爾頓（Hamilton），那裡有樹林、草地和小溪。我在探索圖書館的書之前，是用自己的身體去探索，爬上岩石和樹，騎腳踏車跑來跑去。這是我在想要答案之前想要的東西：我想要動、奔跑和攀爬。

每個孩子都想要這些，但我的情況大概特別符合艾德華・威爾森稱之為「自然嚮往」[8]的那種。部分原因可能在於，除此之外我根本沒有其他可以探索的地方。那時候沒有購物中心，只有百貨公司，而我很少去那裡，因為我的衣服若不是我媽自己做的，就是從西爾斯（Sears）公司的郵購目錄上挑的。除此之外，當年的人工造景（至少以它一開始在都市近郊的表現）實在是千變一律到令人麻木的程度：每一塊磚瓦都設計得跟其他的一模一樣。真正的大自然則是另一種強烈對比，它精於表達細微處的微妙不同。沒有兩根樹枝、兩朵雲或海裡的兩波浪濤是一樣的，每一個都要我們仔細觀察。

事實上，我變得很討厭人工建造的環境，因為它不只很乏味，也同時拒絕我進入。當原先的一塊無主之地改起了房子（在當時的皇后區時常發生），我就再也不能進去那塊地方玩了，這就跟十八、十九世紀時，我的英國祖先們開始把原本公共的土地圈成私有地的作法一樣。我生命中的第一次「政治」行動，如今會被稱之為「生態恐怖主義」（eco-terrorism）：我招募了另一個八歲的同伴，幫我一起破壞一棟「模範住家」，它位於距我家一條街外的新興住宅區。我們選了一個平日，等到售屋人員傍晚五點下班之後闖進去，撕下他們張貼的紙張，打破窗戶玻璃，往牆上潑墨水，把漆得整整齊齊的牆壁弄得面目全非。接下來的好幾個月我都活在恐懼中，深怕被抓到，因為我知道為樹木和空地申冤的行動比搗蛋

8 艾德華．威爾森（Edward Wilson）是一名美國生物學家。「自然嚮往」（biophilia）在威爾森的定義下，主要指人類想跟自然和其他生命形式親近的本能欲望。

還糟糕：會被認為是犯罪。

我的戶外生活可說是沒有限制可言，特別是在我父親教會我騎腳踏車之後——這項技能幾乎跟讀書一樣可貴。我用身體進行探索和讀書的時候，我家的失能反而幫了我一把，因為一方面我母親的憤怒促使我躲進書中，而當她不在乎（或說疏於照顧）的時候，則讓我可以毫無限制地在外頭玩。她告訴我們，她不會限制我們做任何事，因為她在外祖父母的過度保護之下過著窒息般的生活，她不會對自己的小孩做同樣的事。所以對我們來說，沒有哪裡是太遠而不能去的，沒有任何地區是危險到不能靠近，也沒有任何時間是晚到應該要回家的。我父親對於身體上的危險也同樣不在乎，他是個運動健將，在巴特高中是跳台滑雪的比賽選手。即便在實驗室和辦公桌工作多年使得他上半身狀況很差，他還是很相信自己的體力。我們住在皇后區的時候，有一次他租了一艘小船帶我們到東河划船，但划著划著，天空開始變暗，強風和海流帶著我們越來越往海灣去。當時船上沒有任何救生衣，而且除了我父親之外沒有人真的會游泳，但儘管父親變得不自然的沈默和專注，臉上還是沒有一絲恐懼。

一九五〇年代後半的某天，一個龍捲風侵襲麻薩諸塞州的漢彌爾頓，我們在那裡的家名符其實位於鄉下，周圍盡是松樹和榆樹。父親那時出門工作了，而母親、弟弟、妹妹和我在家裡從一個窗口跑到另一個窗口，爭相看著周圍的大樹被強風吹倒。身為一個孩子，很自然地，我想出去外面跑，看看自己的力氣能不能跟龍捲風對抗，結果我母親說好。如果各位讀者需要證據證明她當家長有多不適任，這就是了。她為什麼讓我和當時還不滿八歲的弟弟在這種天氣出門呢？說不定她認為，從外頭風那麼強和樹倒成這樣看來，反正這恐怕就是世界末日了，我們不如就來個現場體驗吧！又或者，我們母女之間難得地心有靈犀了一下，我們都看到風暴中蘊含的自由，知道誰都會想出去滿懷狂喜地體驗一番。

總之，弟弟和我頂著時速一百哩以上的強風，朝位於四分之一哩外的橋走去。他落在我後頭，所以當一棵樹在我們之間砰然倒下時，我回頭一看，驚訝地發現他開始無助地嚎啕大哭。他那時看不到我，因為我蹲下來躲到一座石牆旁，所以他可能以為我被倒下的樹壓死了。但即便在那個時刻，我也沒意識到這有多危險。我只是很訝異，平常跟我吵個不停的小弟竟然有愛我到會為我哭。

當我還是個孩子的時候，對於未來沒想太多（哪個小孩會呀）。我只知道未來的我會跟現在的我不一樣，會有現在的我無法得知的目標和欲望。再說，未來也完全不在我的控制之下。我們隨時可能搬家，我可能會從學乘法的班一下子被迫跳到正在教長串除法的班級，或者從具體的幾何學一下子跳到三角函數，讓我苦苦追趕才能勉強及格。但當我還是不免開始想像未來的時候，我想像的是越來越寬廣的探索可能，會有更多的山丘和山谷、海岸和沙丘。我會成為一名律師，至少在我讀了克萊倫斯・丹諾[9]的自傳之後幾個禮拜是這麼認為，或者也可能成為一個科學家，這是在讀了居禮夫人傳記之後的想法，但我最想做的是學會開車，買一部車，然後自己開車穿梭在未知的林蔭大道上。

我很慢才透過死亡認識到，這樣的探索可能是有界線的。但若沒有這樣的認識，也不會有我所謂的「狀況」出現，逼著我要找出一個解釋。儘管我失去寵物的頻繁程度令人作嘔（比如我養的一隻跛腳德國牧羊犬「凱薩」在街上被車撞死，另一隻小貓則被父親的車子碾過），但我四周的人類似乎命都挺硬的，即便我晚上常怕父母會因為酒醉駕車終於被抓去關，永遠回不了家。我多半還是在書中跟死亡相遇，它的功能是推動情節轉換或為故事劃下句點，比如貝絲在《小婦人》裡的死、羅蘭在《羅蘭之歌》[10]裡的死、阿基里斯在《伊利亞德》裡的死等等，她／他們的死都是偉大而必要的。

我父母所有的書我都讀了，只有少數幾本他們不讓我看。禁止我看的書包括金賽博士講男性情慾的書，我還是翻過了但不覺得有什麼意思。另外一本也是因為跟性有關的內容而禁止我看的書是米卡．沃爾塔利的小說《埃及人》[11]，但我也還是不管三七二十一看了。我父母最應該小心的其實是這本書：布爾芬區寫的《寓言年代，或神話之美》[12]。因為這本書我一看再看，而且不只是因為眾神之間的種種香豔私通。我從這本書裡學到（大部分是從古代挪威人和希臘人身上），我們都會死，而英雄們打從一開始就在對抗這樣的情況。更有用的是《魯拜集》[13]，我父母擁有的是有附美麗插圖的版本。這些波斯人到底是些什麼人？

---

9 克萊倫斯．丹諾（Clarence Darrow，1957-1938）美國著名律師，有美國史上最偉大辯護律師之稱。

10 羅蘭之歌（La Chanson de Roland），法國十一世紀史詩作品。

11 米卡．沃爾塔利（Mika Waltari，1908-1979），芬蘭著名歷史小說家，《埃及人》（*The Egyptian*）為其著名作品之一。

12 布爾芬區（Thomas Bulfinch，1796–1867），美國作家，將神話以較為大眾接受的方式寫作，《寓言年代，或神話之美》（*Age of Fable or Beauties of Mythology*）為其代表作品之一。

13 《魯拜集》（*The Rubaiyat of Omar Khayyam*），十一世紀波斯詩人卡亞姆（Omar Khayyám，1048–1131）的四行詩集。

他其實我根本不曉得，但當卡亞姆說：「啊，狂野的自然足以稱為天堂！」時，他說出我心底的話。所以我也努力消化透過一行行優雅的四行詩節傳來的壞消息：現世人生「就像落在沙漠灰僕僕臉上的雪，只能閃耀一、兩小時……」

我一直沒有真正理解這件事的悲哀，直到我外祖父洩漏了這項事實：死亡不只是空虛而沒有光彩可言，它還會以快到讓人摔斷脖子的速度找上門。我並沒有很了解外祖父，因為就像我家的大多數年長男人一樣，他的話並不多，就算真的開口也是惜字如金，不甘不願的。外祖母曾跟我說，祖父年輕時就跟我聰明的阿姨珍一樣，曾是個迷人的聰明年輕人，這也是外祖母會愛上他的原因。而經過我父親不懷好意的推波逐瀾，再加上外祖父本身的高顴骨和鷹鉤鼻「證明」之下，他曾經有傳言說外祖父是美國原住民，或至少有部分血統。但正式版的說法是，他是個出生在西蒙斯（Simons）家的白人，原本跟家人住在蒙大拿東部平原務農為生。外祖父的母親因難產過世之後，他和其他手足們被分別送給不同的家庭撫養，所以他的姓氏才變成奧克斯立（Oxley）。但後來他從奧克斯立家逃跑了，因為這家人把他當成簽了賣身契的奴隸般奴役。他逃走之後跑去跟庫特奈[14]族的人生活，所以他的青少年時期就在學習捕魚、追蹤和打獵之中度過。但跟其他同屬此階級的男人一樣，他終究也還是去了巴特的礦坑工作。在那裡，他克服了先前提到的礦工酗酒問題，在中年的時候終於往上爬到一個不錯的位置，擔任領班工作。他抽羅力牌（Raleigh）香菸（因為會送折價券），一找到機會就釣魚，儘管他從沒帶我一起去過。

有一個夏天早晨，我們一起站在他的花園裡，他讓我看他種的得獎蜀葵花和香豌豆，就在那時（我不知道為什麼他會突然想到要講這句話），他說：「一切消失得好快。」反正是類似這樣的話，說你怎樣覺得自己擁有了一切，但一下子就全沒了。就當時的他來說，確實是那樣。當時他從礦工的工作退休快一年，而再過不到一、兩年，他就心臟病發死了。也就是說，他成年之後，只有短短幾年的時間可以長時間在地面上度過，吹著風、曬到太陽。就在我眼前，他逐漸凋零，換句話說，一個曾經強壯、充滿活力的人，最後只能在稍縱即逝的花朵之中老去、有志難伸。大概只有那些被巴特的冶煉廠弄得灰僕僕、面目全非的山丘，才會永遠保持下去吧。

14 庫特奈（Kootenai）族，美國西北部原住民的一支。

當然了，我會問我父母有關死亡的問題，同樣當然地，他們會誠實回答我。這是我母親最大的美德之一：她說，不管是什麼問題，我們都可以問她。而且除非是牽涉到性或生殖的問題（我們會得到一些關於卵巢啦輸卵管啦等等完全不提到實際行為的聲東擊西之詞），其他時候的答案通常是有道理的。我想不起我們是否曾經直接談到死亡，但我可以確定她的回答會是這個：沒有所謂的來世，我們活在這個世界上，然後我們死了。死亡是個事實，早點認清這點。還有，妳無所事事的站在那裡幹什麼？

沒人能向我解釋的是：死亡這個事實會如何降臨到我身上。要接受死亡，就等於是要相信（或至少能實際地想像）一個沒有我的世界。但相信任何事正是一個「現實主義者」要拒絕做的事。我沒有任何證據能證明，有一個沒有我的世界存在。我怎麼能呢？所以，就算死亡在世界上蔓延，奪走小貓和英雄們的命，我還是沒有理由認為它就會找上我。

接著，就在我快滿十三歲之前的幾個月，我的月經初潮來了，伴隨而來的是這項認知：我也被標記為將會邁向死亡的人。我不想長大（因為長大就是向死亡這個敵人的陣營靠近），而且不成功地試圖抗拒每天晚上弄頭髮、早上出門前抹上一點口紅的壓力。到底擦口紅有什麼意義？是要表示我已經吃過給小孩子吃的棉花糖，準備好依照命令往前邁進？我基本上歡迎母親的介入幫忙，至少在幫忙減輕青春期的不適這方面，比如給我減緩經痛的藥膏和有襯墊的少女胸罩等。但大多數時候，她想徵召我進入成年人行列的種種努力，在我看來就像小牛的母親跟牠解釋牠們即將被宰的命運一樣。我被徵召到生物學的偉大死亡行列中：我出生、我生殖，我死亡。

我得到一個結論，有一點能區別我跟前面這一長串已被死亡擊倒的人，包括我的曾曾曾祖父母們，更往前推到愛爾蘭、蘇格蘭，還有更前面的塞爾特族（Celts）最初發源的歐亞大陸上的人。我們的不同點是：他們當然也知道我們面臨的「狀況」是什麼，但我即將找出為什麼。而我當時已經知道，這不只是一種抗議，也同時是一個疑問。我外祖父試圖警告我的是：妳的探索會有盡頭（可能在那最後一座山丘後頭，或是在鐵路的拐彎處），在我前方有個括號或最後的標點符號等著我，而且那個終點不一定會等到我完成了英雄任務才來（就像羅蘭和阿基里斯的例子一樣）。它可能會混在一些事情中突然冒出來，讓我來不及抓住任何東西加以抵擋。也就是說，對當時還不滿十三歲，等於還是個孩子的我而言，我已經沒有時間了。

# 第二章　打字練習

我之所以開始寫日誌，並不是因為打算要記錄自己朝「真相」邁進的過程。我還沒狂傲到覺得自己有什麼重要的事情好說，就算講話對象是未來的我也一樣。這件事的開始一點都不偉大，它不過是一種打字練習，因為我不想上九年級女生都得上的打字課。在我的經驗裡，只要是「限女生」的課或集會，總是伴隨著帶有貶低意味的內容。就像有一次我們女生被叫去集會，結果聽到的訊息就是從此以後，我們的身體會開始產生一些簡直就是毒物的東西，必須透過一個不明的孔道每個月排出去。規定女生一定要上打字課這件事，暗示著我們身上那老是沒人敢明說的性器官，跟從事一種辦事員之類的職業之間有某種關連性，也許這整件事根本就是種懲罰。所以我就想，如果我自己學打字，應該會比較保險，至少不用被某個早就被體內累積的「毒物」給打敗的中年女人監視。但我要打什麼呢？「我開始懼怕那些基礎打字練習了」，在開始練習之後大約一個月我如此寫道。這當然有點誇張，因為其實沒人真的逼我做這件事。後來我寫道：「我猜秘訣在於誠實地寫下心中想法，不要管它看起來會怎樣。」

於是我開始寫下一些未經潤飾的文字，它們大多零碎而毫無章法，內容是關於我在麻薩諸塞州的洛厄爾（Lowell）度過的第一個夏天。我在那裡交了幾個朋友，而除非我們逼到母親願意開車帶我們到海邊去，就只能一直待在被人工環境包圍的地方。就美感上而言，來到洛厄爾對我來說實在落差太大了，因為我是從漢彌爾頓的開放空間來到一個到處都是廢棄紅磚磨坊的地方，從潺潺流水的小伊普司威奇河（Ipswich River）（小孩子幾乎可以滑著一艘木伐在上頭航行），來到黑暗、疲憊、工作過度的梅里馬克河（Merrimack）。但洛厄爾有一個大優點，就是那裡的公共圖書館。我後來發現，這座圖書館就是早我幾十年生的傑克．凱魯亞克[1]年輕時愛用的那一座，他在早期小說裡曾寫過，他「開始對圖書館裡一些看起來很老舊的經典書籍產生興趣，有些書甚至已經散了。直到接近閉館時分，他邁著穿上靴套的雙腳，總算在圖書館裡最黑暗的書架上找到它們。」

那些沒在他手上整個散掉的舊書，大概都輾轉到了我手中，因為從這裡開始的日誌，充滿了簡短而現在看起來挺丟臉的讀書心得。比如我覺得《夜未央》[2]很「難懂」而且「不太可能發生」，因為那是一本關於「一個十八歲女孩愛上一個已婚又還愛著他老婆的三十多歲男人」的故事。我以類似的笨拙眼光，認為阿嘉莎・克莉絲蒂[3]的某本懸疑小說「讀起來很刺激，有很精彩的情節和有趣的角色」。此外，我在滔滔不絕地講了細胞分裂有多美（也是在圖書館裡讀到的）之後，就寫下了這段話，真不知道該怎麼說：

另一個有趣的科學發現，是我在《科學人雜誌》[4]上讀到的，也就是一篇有關反質子的文章。人們對於這項發現所代表的意義做出種種揣測，但他們說的大多不出我所廖，而且離我覺得真正有想像力的意義還差得遠。

1 傑克・凱魯亞克（Jack Kerouac，1922-1969），洛厄爾出身的美國小說家和詩人，最知名作品之一是《在路上》（*On the Road*）。

2 《夜未央》（*Tender Is the Night*），費茲傑羅（F. Scott Fitzgerald）著，一本具有自傳性質的作品。

3 阿嘉莎・克莉絲蒂（Agatha Christie，1890-1976），著名英國偵探懸疑小說家，最廣為人知的作品包括《東方快車謀殺案》（*Murder on the Orient Express*）和《尼羅河謀殺案》（*Death on the Nile*）等。

4 《科學人雜誌》（*Scientific American*），創刊於一八四五年的美國科普雜誌。

沒錯，我當時正沈迷在反物質的發現上，但我難道真的覺得應該用「想像」來評斷《科學人雜誌》上的評論嗎？還有，我覺得「真正」有想像力的物理學又是什麼呀？這在日誌裡一點都沒解釋。我這些早期作品真是「青少年」這個字的最糟糕寫照了。如果要換個比較包容一點的方式來說，那就是：五十年還真能讓人改變不少。你學會少寫幾個錯字，而且絕不會用「非可廢止的」[5]這樣文意不通的字來寫作（這個字出現在我第一次寫的日誌上）。你的寫作風格會變得沒那麼做作，比如說絕不會再寫出這樣的句子：「最近，我在思考所有生物的生命的全然無意義」（同樣出自第一次的日誌）。更重要的是，你會學會閉上嘴巴不要再談什麼「全然無意義」，然後，就像我們現在常說的，努力活下去。唾棄青少年時期的自己是很正常的事，不然你要如何「長大」？當然了，我是在一九五〇年代進入青少年時期，當時的心理學家給年輕人生命中這段時期設定的「重大發展任務」，就是要逐漸擺脫存在的焦慮和所謂不切實際的野心，以便進入僵化的「成熟」狀態。

幾週以後，大約從第十五則日誌開始，我放棄了原先練習打字的目標，沒有特別說明地換成手寫文字。我猜打字可以等以後再練，但我發現寫作（不論用什麼工具進行）可以大大地幫助思考，而思考是我當下決心要做的事。人當然可以不用透過寫字來思考，大部分人從古至今都是這樣，但如果你能把一天的思考濃縮成幾個符號，保存在某種表面上（不管是紙還是電腦晶片），你明天就不用重新再想一次了。你甚至可以給它取個名字，比如「昨日的思考」或是「生命的意義」，然後把它放在口袋裡帶著走，好像某種代幣，你還可以拿它去換成更抽象的東西。我之所以到頭來成了一名作家，就是因為寫作能讓思考變得容易一些。儘管當時我還是個措辭能力尚未充分發展的十四歲小孩，但我已明白，如果我想要了解「狀況」，就必須思考。

我是從父親那裡領會這點的，至少他是最堅持要我這麼做的人。當你遇到一種難以解釋又令人不安的狀況時，你會怎麼辦？你可以陷入慌亂，或向其他強大的情感屈服，比如恐懼。或者，你也可以躲到一本書、填字謎，或（從我身邊大人們的情況看來）一瓶琴酒裡。但對於未知、具有威脅性的事物，你還有另一種

5 原文為「unrevocably」，實際上並無此字存在，為作者當時自創字。

可能的反應，那就是思考。我猜我父親還是個孩子的時候就已經領會這一點，因為他在這方面真的特別厲害，這可以在一些小事裡看出來，比如他會扭動自己的耳朵，而這樣的小把戲能讓你在孩子群之中鶴立雞群。我父親除了一堆超人般的能力之外，還有過目不忘的記憶力，就算我只遺傳到一小部分，也已經足夠讓我在祖父母家附近跟其他孩子玩「電影明星」這類遊戲時成為常勝軍。這個遊戲是比賽誰可以說出最多電影明星的名字，儘管我除了迪士尼類型的電影之外很少看其他電影，我還是可以在其他小孩子都已經用盡電影相關的記憶時繼續講出新的名字（比如泰隆．鮑華[6]和伊麗莎白．泰勒[7]）。我父親小時候無疑也有類似或更好的表現，也許這些能力讓他可以跟更大的孩子們相抗衡，特別是他的哥哥們。

如果原先他還不是一個有思考習慣的人，那麼他在礦坑的時候就一定得成為這樣的人。各位讀者可能會認為採礦是一種粗暴的肉體勞動，男人們鼓起肌肉用力去猛敲山和石頭。當然是有這樣的層面在。我父親離開礦坑到實驗室和辦公室工作許久之後，採礦的後遺症還是留在他的背部肌肉裡，那時的經驗也仍銘刻在他左臂上一個由骷髏頭和交叉骨頭構成的刺青上。在我看來，這個刺青是他留在皮膚上的遺跡，紀念那段被他留在巴特的粗礪時光，在那裡，人們面對死亡時眼睛連眨都不會眨一下，甚至有時還挑釁它。但採礦也是一種需要頭腦的工作，不只要結合水管工和木工的技巧，還得再加上電工和爆破專家的能力。你得要能一眼看出一根樑柱的承重力或一顆石頭的強度，然後立刻在腦子裡做計算，因為在礦坑裡，只要走錯一步或放錯一根炸藥，你就可能被炸成碎片，或至少有幾根手、腳指被炸飛。所以，這就是你要在腦中進行的步驟，而且連我這樣的小女孩都可以學會：首先，掌握狀況。要確定你已經收集到所有的事實，而且只有事實（不是民間傳說，不是所謂的傳統智慧，不是某種不加深究的假設）。然後檢視這些事實之間共有的模式和關連，形成假說，測試它是否有效。如果無效，就再重頭來過。

這就是最基本意義上的科學，而正是科學拯救我父親脫離礦坑。他獲得了獎

6 泰隆・鮑華（Tyrone Power，1914-1958），美國演員，曾演出包括《碧血黃沙》（Blood and Sand）和《控方證人》（Witness for the Prosecution）等電影。

7 伊麗莎白・泰勒（Elizabeth Taylor，1932-2011），美國著名女星，代表作包括《埃及豔后》（Cleopatra）和《朱門巧婦》（Cat on a Hot Tin Roof）等多部電影。

學金（很可能是雇用他的阿納康達礦業公司本身提供的），白天在巴特礦工專校上課，晚上則繼續到礦坑工作。在巴特，沒有念文學或天文學這回事，所有學校開設的都是跟冶煉或採礦相關的技術課程。在冶煉學裡，吸引我父親的是礦物的晶體結構。原子堆疊起來形成一個細密交織的集合體，它們彼此之間是如此繁複而多層地扣連在一起，使得你幾乎無法用尖頭鎬或其他切割工具來刺穿晶體。我猜他想了解自己在礦坑裡到底面對的是什麼，到底是什麼使得物質那麼堅硬，岩石那麼難以被化為可用的金屬。在他狀況好的日子，他會帶我一起瀏覽他的礦石收藏，指給我看雲母石上的鱗片、含銅的石頭上面的綠色光輝、還有鐵質氧化變成的紅色部分。他也會把實驗室裡的樣本帶回家，有些東西挺安全的，比如裝在瓶子裡的一小截亮黃色硫磺，有些則沒那麼安全，比如一小球我可以放在手掌中滾動的水銀，渾然不覺它的毒性。我透過這一切經驗學到的是：所有眼睛可看到的、手可以摸到的東西、每一顆石頭或每一粒砂，都是一個小線索，通往宇宙是如何組織和形成的這個大謎團。我們身為會思考的人類，有義務解開這個謎團。對於自己能成為這個大事業的一份子，我感到受寵若驚，但同時也總是小心翼翼，免得因為問了一個蠢問題或回答得不夠快，而招來一陣尖刻的冷嘲熱諷。

對從來不需要掄起尖頭鎬去鑿岩石的我來說，之所以開始養成思考習慣，起初的部分原因其實就是要解決問題。因為比起其他的面對方式（比如陷入恐慌或極度的恐懼），思考顯得有用多了。早在我進入青春期、開始寫日誌、形成我的人生目標之前，應該是不到八歲左右吧，我就立下一個規則：「想事情的時候一定要用完整的句子來想」。不能向內心想尖叫或哭泣的欲望屈服，而是專注想著文法規則，把字一個一個串成句子。這是我努力讓自己在壞情況之下生存的方法之一，而所謂的壞情況，就像在冬天的星期日午後，有時我父親會在沙發上一面「休息」，一面喝酒喝到從休息變成「睡著」（我們會婉轉地這樣說）。通常在這個時候，我那從女性雜誌上學到「伴侶婚姻」[8]這種新觀念的母親，就會開始大發脾氣，任何正好在她附近能聽懂人話的生物就會遭殃。面對她的指責，如果我試圖開始辯解或閃避她的命令（比如「可是我早上有洗碗啊」或「他先打我的」），就被會說是在「頂嘴」，而這樣的過錯等同於言語犯罪，會招來一記耳光和辱罵，比如「你這該死的臭小鬼」。像這樣的時候，專心在腦中湊出「完整

8 「伴侶婚姻」（companionate marriage），主張結婚是為了夫妻彼此陪伴而不光是生養小孩。

句子」的法則就很有用，不過前提是你不能把腦中想的說出口。

你可以這樣看：思考就是一種電流活動（一群神經元通上電，彼此連接起來），但這樣的心靈電路系統必須在一個液態環境裡才能運作，這個環境充滿賀爾蒙和其他可以被心靈認知為「情感」的小分子。當這個液態環境開始變成黏稠的焦油（或甚至更糟，進入趨向崩解的漩渦模式）的時候，唯一的解決之道就是趕快強化神經元的支撐結構，保持系統路線的乾燥。於是，「用完整的句子來想事情」這個規則就演化成「思考」。

所以，我會經由「思考」得到答案，而不是透過作夢或想像，更不是透過祈禱或向某個想像中的其他存在提出懇求。我可以純粹用意志的力量使「狀況」屈服。就像我寫給自己的話一樣，我已經擬定「一個井然有序的攻擊計劃，而且是有系統、符合幾何學的」。如果A成立，那就進行B，依此類推。我是那麼有信心這個方法會成功，以致於當我提出這個問題：「如果身為個體的人類，我們明知自己的存在是如此短暫又微不足道，那要如何才能活得快樂？」，我還能在同一篇日誌接下去寫道：「等我解決現在的困惑之後，就會嘗試回答這個問題」。

我第一個要面對的問題是：如何判定哪些是最赤裸、最原始的事實。如果要展開任何哲學疑問，首先要確認的就是這個。但我立刻面對到一個難題：別人的可信度。別人真能說出有用、可靠到我可以據以推論的東西嗎？不管怎樣，到頭來學校並不是一個能提供可靠訊息的地方。比如說，有個理科老師是從聖經《創世紀》得出他的生物學知識，而且對任何「想像」岩石已經在地球上存在超過六千年的人輕蔑地嗤之以鼻。我在這課堂打發時間的方式，是專心跟擋在他的講桌和我座位之間的垃圾桶培養同病相憐的感情。這個垃圾桶灰灰的、矮矮胖胖，看起來可憐兮兮，形狀不是圓桶型而是圓錐形，我可以模糊地想像有個我們沒看到的人，他的工作就是每天晚上把垃圾桶倒乾淨。就像我可以直觀地理解每個我遇見的人的心理狀態，我當然也會想像這些物件也會以自己的方式「活著」。如果垃圾桶有感覺，那麼它每天承受所有朝它扔過去的垃圾，會是什麼感受？是否每一片扔進它裡頭的垃圾都令它難以下嚥，還是它從自己的默默犧牲奉獻之中勉強獲得些許驕傲？

我還可以舉另一個老師的例子。我唸八年級的時候，某個英文老師有一次在放學之後硬把我留下來，因為她指控我寫的《伊利亞德》讀書報告抄襲別人，理由是那些文字「顯然」不是我寫得出來的。或許她要我感受一下被阿基里斯的怒火重擊太陽穴的感覺，她還當場宣布我這份讀書報告的分數不及格。同樣是我唸八年級那一年，當時我在洛厄爾的穆迪（Moody）中學就讀，有一天，宛如軍人般嚴守紀律的校長康敏斯先生在走廊叫住我，一臉嚴肅地說，前一年我的智商分數還非常優秀，如今卻大大滑落。我其實並不怎麼訝異，因為青春期對我的傷害可不只這項。如果我的身體都會變得濕漉漉的快要發霉了，我的腦袋何嘗不會？儘管我深思了幾天之後才醒悟到，真正表示我的智能在退步的跡象，是我竟然把此人講的話當真，因為「智商」這個概念本身才是被最新研究結果嚴重質疑的東西，不是我的才智。

當數學課教的是幾何學或代數的時候，我還上得滿有成就感的。但當學習主題變成想像的數字的時候，這堂課就成了另一個使我對學校感到厭煩的理由。「想像」的數字是什麼鬼呀？怎麼會有人可以一臉正經地教這個？如果一個歷史老師一直在談國王和將軍的軼事，他會突然宣布接下來要講小妖精和精靈嗎？就算這種事真的發生好了，我對這些奇妙生物至少還稍微有點了解（多半是透過科幻作家艾西莫夫[9]），也知道它們是用來反諷人類的理性判斷。可是想像的數字是另一回事。請各位想想看：想像的數字指的是負一的平方根的倍數，但「負一的平方根的倍數」其實沒有真正能對應的數字，因為如果你把負一乘以負一，得到的當然是正一，這也就是為什麼笛卡兒[10]在十七世紀嘲弄它們是「想像的」，拒絕接受它們的存在。還有誰比發現了「笛卡兒平面」[11]的笛卡兒本人更德高望重？那個無限延伸的平面，可是讓抽象的等式化為宛如有生命的直線和弧線，在紙上遨翔、起伏，有了具體形象呢！

當時我的數學老師是個邋遢的白髮女人，她那對總是露出疲態的雙眼，讓我猜想她每天應該是搭公車回家，而且家裡有個比她還老的媽媽在那兒等著她。對她來說，顯然教「想像的數字」這一天，不過是另一個她得靠著寫黑板度過的日子，不存在任何一絲矛盾。但我有疑問，所以我舉手了，也算是幫大家一個忙，指出「負一的平方根」實在很怪，至少從我們到目前為止學的所有數學知識來看是這樣。我覺得她有訝異地眨了幾下眼（但也只是微微地），說這是一個有趣的

9 以撒・艾西莫夫（Isaac Asimov，1920-1992），出生於俄羅斯的美籍科幻作家、生物化學家。著作豐富，最著名的科幻作品包括基地（Foundation）系列等。

10 笛卡兒（René Descartes，1596-1650），法國著名哲學家、數學家與物理學家。

11 「笛卡兒平面」（Cartesian plane），由實數線交叉形成的數學平面，也稱為直角座標系。

論點，然後就繼續往下一路講。總之，至少我努力警告過我的同班同學們了，雖然他們沒一個看起來像是有在聽課。如果你連問都不問，就這樣接受想像的數字這種東西，那麼不管別人決定把什麼鬼東西塞進你的嘴巴，你都會乖乖吞下去吧。

我想要相信（在年紀更小的時候也許真的相信）我父母是可靠的訊息來源。畢竟，他們的閱讀量都很大，而且都喜歡爭執、討論和指出我們家族以外的人所犯的種種錯誤。這些人當中，有高到危險的比例被他們列為是沒血沒淚的傢伙、奇怪宗教的狂信分子，或是佔著閒缺整天無所事事的白癡。舉例來說，我每天早晨走路上學的時候都會遇到一群年輕的修女（實際上是見習修女），她們的年紀沒比我大多少，總是穿著長長的灰色修女服，眼睛盯著地上，以被鐵鍊拴著的囚犯般的隊形跋涉到山丘頂上，不知道要去參加什麼黑暗的儀式。如果她們的人數不是那麼多，或者最後沒有兩名高大的成年修女壓陣的話，我可能會試著跟她們攀談，或至少點個頭，但結果我連跟她們來個眼神交會都沒辦法。當時的我只是一面走我的路，一面感謝神或命運或不論什麼東西做了這樣的安排：給了我一對儘管有過錯，但絕不會想把孩子送到上帝手中的父母。

但我這對理性主義的無神論父母是可以信任的嗎？各位讀者們可能會以為我父親會是真相的試金石，因為他對邏輯的堅持，以及永遠要追問「為什麼」，但其實在面對一些小事的時候他是個慣性說謊者，而我們幾乎每天都在溫習這一點。我母親花很多力氣準備晚餐，餐桌上總是會有肉、做為沾醬的肉汁、馬鈴薯和自家烘焙的甜點（比如我父親最愛吃的焦糖鮮奶油派），每樣東西都煮得軟軟的，因為我父親的牙齒很不好。但等到他打電話回來說他還在開會回不來（或根本沒打電話），食物都已經在盤子上放到冷掉了，我們小孩子只好獨自先吃，母親則憤怒地坐在一旁，菸一根接一根地抽。我們都知道所謂的「會」是在酒吧裡或汽車旅館房間裡開的，因為他回家的時候（如果他回來得比較早，我還沒上床睡覺），總是滿口醉話、神智不清，全身都是酒味。我不認為他會對水銀特有的重力或水的沸點這類事情說謊，但當然啦，如果是為了吵贏一個同樣醉醺醺的傢伙就可能會。

至於我母親，我曾經對她信任到試圖找她幫我解決我的困惑，因為畢竟她是我的最大訊息來源，她是個會猛讀小說和雜誌的人，而身邊可讓她傾訴的人只有我。有好幾個月的時間，我一直在觀察大人們（說穿了其實多半是我父母）的行為，最後得到的結論是，他們的行為可以歸為兩大類：有一類行為主要是為了生存，比如吃飯，另一類則是為了生物學上的繁衍，包括化妝和做飯給孩子吃。如果他們還有花時間做其他的事（比如寫詩或嘗試跟外星生物接觸之類的），我倒是沒找到這方面的證據。總歸一句話，大人們就是要持續把人類的生殖細胞傳承下去，把地球塞滿人就對了。

我把這個發現視為一項了不起的總結，甚至稱得上是重大理論突破。當我去找我母親，想把這項發現跟她分享時，她正彎身在浴室的洗臉台上洗她的絲襪（在我看來，這是另一件為了促進繁衍而不得不做的事）。我開口問她：人活著，難道只是為了延長自己的壽命、繁衍後代？這樣到底有什麼意義？

她其實應該可以想到很多說法回答我——如果她有足夠的自信，能從洗臉台上直起身，深吸一口氣好好想的話。因為她其實讀了夠多的書，可以給我一個具有解放性的、現世（而不需要是宗教）的回答。她其實可以跟我說：「不，我們可不只是被妳講得那麼庸庸碌碌的陸生動物。就算妳沒有宗教信仰也應該能明白，我們也會為了愛或其他抽象的感受如美、正義和真相而活。」但她根本無意回答我的問題，只是帶著她一貫夾雜著輕蔑、不屑的眼神怒瞪著我，問我為什麼在那裡閒晃不做事。一直要到很多年後我才明白，這個問題等於是對她個人的嚴重侮辱，直接戳到她的痛處：她對自己本身存在所感到的平凡和空虛。

我們搬到洛厄爾之後，她沒有像以前那麼常打我，原因很簡單：我長得已經快比她高了（換句話說，比較難打到）。這對她而言一定是個很難調適的轉變，就像幾年後我弟弟的力氣越來越大，也變成我父親要面對的問題。對於已經習慣強力管教方式的父母來說，這套終究行不通了，因為到了某個時間點，小孩必定會長大到不會再隨他們打。於是，他們就得搬出更新而迂迴的武器來對付我們，比如言語侮辱和侵犯隱私。有一次我放學回家之後，發現我房間抽屜裡的東西全部被倒出來扔在地上，因為我母親打開它們偷看，認為它們亂到她不能接受的程度。我可以選擇哭泣（應該也稍微哭了一下），儘管我知道這只會害我在接下來幾個小時寫功課和看書的時候眼睛都很痛。我把被扔在地上的衣服撿起來收回抽屜，但直到今天我還是不明白，為什麼沒在穿的衣服就必須藏起來不給人看到，還有，而如果妳明明已經要大費周章把它們藏起來了，幹嘛還得一定要按照某個方式把它們折好？

但我母親所犯下最糟糕、至今我最不能原諒的罪過，是指控我對父親懷有亂倫的意圖。我已經不記得這整件事到底因何而起——如果我當時真知道。她並沒有真的說「亂倫」（反正我那時應該也還不認識這個字），當然更沒有提出任何證據佐證。她只是直接宣布了一項科學事實（「佛洛伊德說」），女孩子們總是會「在性方面」被自己的父親吸引，而這顯然是我之所以喜歡父親勝過她的原因。當時我勉強控制住我的臉，用意志力保持著一種輕蔑又滿不在乎的表情，但我內心其實已經崩潰。難道說，那些在我心中無比珍貴的時刻——每次我說了一句話把父親逗笑了，每次他花時間解釋某個自然現象給我聽——如今全都成了某種扭曲欲望的證明？

我並沒有在日誌裡寫下母親的這項指控，因為它記錄的都是更高遠的事情。甚至在我自己的腦海裡，也還不存在一個能把這件事歸類的範疇。當時的我根本難以想像自己對男人（或其他人或東西）有性的欲望。對我來說，性只會偶爾出現在小說女主角身上，而且往往害她變得很窮或死掉。我在圖書館裡的心理學書籍上讀到性慾這回事，它被嚴肅地稱之為一種「驅力」（在我看來好像會有個人拿著鞭子趕你前進之類的），而我偶爾也會從自己身上一些先前沒探索過的地帶得到一些神秘回應。我母親老是警告我要小心這股驅力，因為她把自己之所以從青少年變成家庭主婦歸咎（有時則是歸功）於此，也正是這同一股驅力害慘了我小時候在巴特的玩伴之一，也就是我表姊佩絲蒂・珍，因為她才大我兩歲，但已經是個媽了。顯然我們如果想逃出生天，一定會弄得灰頭土臉，因為如果你壓抑自己的性衝動，結果一定就是墮落。我母親用她不知在哪讀到的故事做為例證，這個故事是說有個修女多次把鉛筆塞進自己的陰道裡，以便確保醫生會去「照料」那塊地方。

至於性行為本身（請各位別忘了，那還是一個把性等同於「交配行為」的時期），當時我其實剛從貝妮絲那兒得知一些令人不安的訊息。貝妮絲是我在洛厄爾最好的朋友，而她的一個表姊聲稱有看到父母在「做那件事」。貝妮絲信奉希臘正教，所以我們很多時候都在討論宗教，但我們也是站在同一陣線的盟友，一起面對青少年時期所帶來的種種討厭事情，比如「生理期」和必須好好「發展人格」的壓力等。有一次我們走路上學的途中，她突然問我想不想知道她的表姊到底看到了什麼，我有點怕怕地跟她說想。她講得有點吞吞吐吐，因為我們以往從未談過這方面的事。我腳步沒停地往前走，想裝得很酷，但她描述的情況簡直就像這兩個人突然雙雙從肚臍眼長出角來，然後就用角把對方刺死一樣，實在荒謬滑稽到不行。我脫口講出一句裡頭有「耶穌」或許還加上了「基督」之類的話，她聽了之後就責備我怎麼可以這樣隨便直呼上帝的名字。但她跟我其實都知道，真正可怕的事情不是這個，而是她剛才講的事。因為如果大人們費心打扮、打情罵俏、用盡心機就是為了做這檔事，甚至還認為它決定了他們的一生，這些人怎麼會有資格主導我們的人生？

差不多在這個時候，我對母親講的話開始能不聽就不聽，就算是她叨叨絮絮地向我傾訴她最近看了什麼書、昨晚又不得不跟哪個愚蠢的白癡虛應故事的時候也一樣。我在日誌裡寫道：「她覺得我冷酷又自閉」，這正是我竭力想達到的效果。她還不只一次警告我，我的「冷酷」會讓我永遠交不到男朋友，這句話的意思是說，基本上我這個人不值得被愛。但是，就算她指控我有佛洛伊德說的那種渴望，我也並不恨她，因為我知道，如果一個人對外在世界拋出這麼刺人的羞辱，此人身上必定也有著同樣的東西，它才得以滋生。

我很想知道她到底對我有何不滿。我是代父親承受她的責難嗎？或是代珍阿姨？還是我代表這兩個人的詭異混合體——某個比她有自信、反應更快、更有幽默感的人？家庭最可怕的地方，不在於你一生都得帶著某種被認定的角色而活

（大家在抱怨的都是這個），而是你總會被家庭中的某個人唬弄，結果扛下本來是他／她應該負的責任。你可能以為自己是個獨立自主的個人，是活在宇宙裡的一個獨特自由意志體，但其實從許多方面來說，你都不過是某個缺席的家庭成員或死去祖先的替代品罷了。有時候你甚至跟她們的角色整個對調，就像我們剛搬到洛厄爾那年，有天晚上我聽到母親從臥房裡呼喊我的名字，我過去一看，發現她整個人癱倒在地上，身上只穿著一條內褲，嘴裡模糊不清地說她站不起來。我父親要不是睡死了就是醉到不省人事，我只好變身成母親（或至少是這場爛劇碼裡某個狀似母親的角色），把像是一個巨大、軟趴趴嬰兒的她拖到馬桶旁。

又或者，她並沒有不喜歡我，只是聽信了當時很容易被簡化地呈現的佛洛依德式說法，認為小朋友們全都不擇手段地想上他們的父母。有一次她告訴我，我父親對我祖母有一種不正常的愛慕之情，而這就是為什麼他會是這樣差勁的丈夫，無法跟別人形成一種成熟而負責任的關係。按照我母親對佛洛依德理論的理解，人類世界充滿了上一代和下一代之間的不正常欲望（在她女兒和她丈夫之間、她丈夫和她丈夫的媽媽之間），而且全都繞過她來進行。

但事實跟她這種聳人聽聞的想像正好相反，青春期其實在父親跟我之間造成一種隔閡。在我進入青春期之前，我父親可能多多少少想像我可以繼承他的志業（意思當然是成為一名科學家，因為這是「聰明」人要做的事），儘管我不像他那麼聰明，大概也沒人能，因為他自稱智商有一八七，我們其他人相較之下簡直跟地上的蟲子沒兩樣。不過他仍然常說，我長大後搞不好能提出一些可以小小改善人類生活的科學發現，至於我可能完成的科學突破，他最常掛在嘴邊的例子就是我可以發明治療青春痘的方法之類的。但當我十四歲了，他越來越難否認我會逐漸轉變成一個女人，而對他來說，一個女人如果成為科學家，那就跟變成某種人面蛇身的怪物一樣，男女的角色亂七八糟，根本荒謬至極。所以跟我相處的時候他變得比較小心翼翼，不確定到底是要稱讚我的新衣服，還是要罵我數學沒考一百分。我不可能既是個女孩（至少是一般意義下的女孩），同時又是父親的年輕翻版。在這兩者之間，只要我在一邊做得好一點，就必定導致我在另一邊被扣分，得到的結果就是類似這樣的機諷：「喔，小芭認為她也會做菜啊？」你做了會被罵，不做也會，而且最好不要礙他們的事。

如果你的父母也不是不聰明、理性，思想也並不落後，卻還是搞成這樣，你會難以相信他們。而當你連自己的父母都無法相信的時候，能相信的事情也不太多了，就算是科學也一樣。電子、行星、基因等等，都因我父母對它們的肯定，反而使它們的存在本身變得可疑。我有親眼看見過電子這種東西嗎？我是否曾仔細研究過，我之所以相信它存在的那個理由本身是合理的？我有沒有採取必要的步驟，去證實我在天空上看到的光點就是行星，而不是某個漂浮在太空的物體殘塊？我當然沒有。關於這些假設性地存在的事物，我的訊息來源完全仰賴科學家，意思是，我預設了這些科學家在講述自己的觀察和推論時，說出來的都是「真相」，他們不是一些不懷好意的騙子，竭盡全力傳播一個龐大的虛構故事，也不是受某個幕後首腦指揮的精密機器人。如果我要做到完全的嚴謹，就不能容許自己預設任何事情。

促使我寫下第一則「事實」的動力，是在我受一個浸信會朋友之邀，到一個浸信會的夏令營（或「休閒園區」）度週末之後。我想全美國一定有數千個類似這樣以宗教為主題的夏令營，試圖一面透過戶外活動引誘年輕人信教，一面用讚歌和白汁雞皇[12]安撫大人。這個營地的名字會讓人以為這裡有個臨海的海灘，但

12 白汁雞皇（Chicken à la King），據稱源自法國的一種雞肉料理。

它有的其實是一個有棧橋的小碼頭，往前延伸到一座淡藍色的湖（其實比較像是池塘），還有對於地球有在自轉這件事的過量感恩祈禱：「上帝，感謝您賜給我們這一天！」我很盡力融入別人，跟別人一樣低下頭，而且基本上閉緊嘴巴不亂講話，免得令我朋友失望，因為她曾怯生生地表示希望能拯救我的靈魂。但她有所不知的是，我在以下這則日誌裡對她的教徒同志們的評論，顯示她的努力被大打折扣：

到頭來，海洋公園這地方沒有令我多失望，因為我已經對最壞的狀況有心理準備。在這裡游個泳什麼的其實滿好玩，但那些早就跟不上時代的浸信會教徒們糟蹋了這個地方，他們三句話不離昨天晚上的講道。在離開家度過一段腦殘時光之後，我總會覺得其實我家也沒那麼糟。

但我一寫下「腦殘」這個字之後，就立刻心生歉意把它塗掉了，趕快補記這些參加夏令營的人都「很整潔、誠實，而且一般來說都很友善」。因為，我有什麼資格這樣批判別人？再說，這些浸信會教徒跟我父母比起來，誰才更教條主義、故步自封？沒過多久，我的傲慢就垮了，充滿羞愧的自我批判：

每當我像這樣太苛責別人的想法、太自以為是的時候，我一定要記得提醒自己，我真正明白的其實只有兩件事：第一，我存在。雖然我可以說我活著或我是個人，但這兩者其實都是看你怎麼定義，所以我沒辦法完全確定。第二：除此之外，我根本什麼都不知道。有人或許會說這種想法很蠢或太極端，但我覺得人最好是從最小限度、你真正確定是真相的東西起頭，然後從那裡開始往前。

所以，我得到以下這兩項無可否認的事實，往後一切的追尋探問，都必須由此開始：我存在，而且我什麼都不知道。

如果我當時不是只知道有個叫做「哲學」的東西存在，聽過幾個著名哲學家的名字，完全不曉得其實已經有許多大人（多半是男人，很有錢或至少得到很多皇家贊助）也一直在跟苦惱著我的同樣問題搏鬥，情況可能會稍微好點。拿笛卡兒來說好了，我知道他那句似乎可以成功道出人存在基礎的名言：「我思故我在」。但我當時覺得那不過是套套邏輯，因為「我思」的意思不就是「我在」嗎？如果你不存在，怎麼能思考？而如果你要表達自己存在的狀態，就不可能不做一丁點的思考，至少你得想一下要用什麼字吧？但我當時不知道的是，其實笛卡兒之所以展開這一連串的哲學思考，出發點是跟我一樣的徹底質疑。他拒絕接受當時普遍被接受的「既定事實」，就算是人可以透過感知獲得的證據也一樣質疑。更重要的是，他拒絕排除以下可能性：這整件事，也就是我們對整個宇宙的認識，可能是一場騙局，或視覺上的幻覺。我跟這些前人之間儘管有著性別、年齡、階級和家庭背景上的不同，但不知怎麼的，我涉足到的其實正是好幾世紀以來西方哲學的基本問題，是這些老男人們一遍又一遍地以各種方式在問的：這到底是怎麼回事？

當我的世界賴以成立的整套邏輯開始分崩離析的時候（當你決定世界上的唯一既定事實只有「我」存在時，大概就會這樣），如果能有這些已過世的白男人站在我這邊，至少心理上還有些安慰。如果你陷入西方式的二元對立主義，也就是永遠把心靈和物質視為對立的存在，那麼你根本不可能從「我」到達「非我」。在日誌開始之後幾個月，我開始抱怨一種我稱之為「思考循環」的東西，也就是當你試圖在「我」這個限制之下探索外在世界的時候，得到的結果差不多就像置身在遊樂園裡那種四面都是鏡子的房間裡一樣。以下這則日誌沒做任何解釋地以一種絕望的心情開始：

如果說上次我寫東西時的心情是困惑的，那麼現在可說是整個迷失了。我曾決心要保持冷靜、不要激動，用客觀的角度思考等等，如果能一直這麼做的話，是滿有冷靜的效果的，但突然間我又陷入思考循環了。我想解決之道是，我必須跑到我的外頭往裡看或看看四周才行。但當然這是不可能的。所以我又陷入死胡同了。

我試圖用一種較非關個人的方程式逃離「我」的束縛：這是「有」，那是「無」，而「有」之中包含了認知者（舊的「我」）和被認知的對象：

任何有認知能力或可以被認知到的東西，都可做為「有」而存在。知道到底有多少可被認知到的東西存在是很重要的，但我看不出自己怎麼有可能知道這個。因此，「無」只能是「有」的反面。也就是說，「無」就是不能認知也不能被認知。

但是，這時就出現一個令人惱火的問題：你要如何去認知或領會「無」？在什麼樣的狀況之下，「無」會被併入「有」，而此時你自己的位置又在哪？即便是想要去理解世界的這份欲望本身，都被我質疑了，因為如果經過仔細檢視，欲望根本沒什麼道理：

我覺得生物的主要心理學成分是欲望。理性完全是跟知能相關的（當然），但欲望是這麼的原始，我讀過的所有心理學書都沒有好好解釋它。問題是：欲望的存在目的和基礎是無欲望，還是不完整（沒有被滿足）的欲望？生命的存在目的是死亡，還是活著？欲望似乎是一種無法被滿足的渴望，渴望自己的不存在，而事實上也是如此。

在一篇又一篇宛如幽閉恐懼症者所寫下的日誌裡，充滿著這樣的無解矛盾，由我父母所型塑的「現實世界」則做為一種擾人的背景而存在。我焦灼地寫下這樣的字句：「如果『某人』或『某個東西』要建造一個宇宙而相對於永恆的時光我能活在裡頭的時間等於只有一瞬間那為什麼水溝裡要有髒雪得剷、水槽裡有髒碗盤得洗、有功課和衣服和晚餐和其他的一切？」也許你賴以支撐世界的整套邏輯是有缺陷的，你其實根本無法區分「這個或那個」、「真實或虛假」，「這個東西或那個東西」。在沒有黑格爾辯證法[13]的幫助下（我當時還不知道它的存在），我短暫地經歷到某種「不確定」狀態：「沒有任何東西是完全真或完全假的」。但當然這樣的路也走不通，因為「如果那件事物是真的，必然表示它本身是真，同時也意味著至少有某個東西為真，而它的反面為假。這樣一來，我又回到了原點。」

所以，這個偉大的思考使命，到底帶給我什麼？對於這段充滿矛盾和形而上學糾葛的時期，我最多只能說，就一個十四歲的女孩來說，我聰明到可以把所有

13 黑格爾辯證法：德國觀念論哲學家黑格爾（Georg Wilhelm Friedrich Hegel，1770-1831）發展出的辯證法，對後世哲學（如馬克思主義）產生深遠影響。

我想出的不成熟假設全部成功摧毀。只要我腦中冒出任何試探性的解釋、理論或假設，馬上就會被一種類似邏輯上的免疫系統攻擊，它會消滅所有不夠強壯或有缺陷的東西。也就是說，我的腦袋變成了一個憤怒的捕食場，滿布著被吃了一半的大理論和精妙推理的屍體。我被賦予一項獨特任務，卻悽慘地失敗了。我是存在，但我卻存在於一種不斷欲望、渴望的狀態，因為我什麼都不知道。

上帝拯救了笛卡兒，使他免於落入類似的泥淖，或者更準確的說，笛卡兒祈求上帝拯救他（在他的例子裡，這十足是個大逆轉）。當笛卡兒發現以下的可能性：他所認識的宇宙可能根本不是那麼一回事，有可能只是一個惡魔般的上帝設下的大騙局，結果他說：啊，上帝是完美的，祂本身就是，這也意味祂是完美的善，所以祂不可能是個騙子。笛卡兒的上帝充滿著慈愛，祂一定會仁慈地讓我們對事物的認知跟事物的真實內在相應，讓我們可以自由地透過理性獲得最終的真相。我無法了解這個過程中所提到的上帝是什麼意思，但我對於笛卡兒想要的倒是能有些同情的理解：在所有表面上的混亂和矛盾底下，一切其實都沒問題。

在大約四到六個月期間，也就是我十四、五歲之交，我也透過宗教得到撫慰，雖然不是充滿著上帝的那種宗教。宗教（也就是充斥在我四周的基督教信仰）總是對我有某種吸引力，對我來說，它就像是一種不需要使用者做任何思考的現成形上學，而我在日誌裡多次寫到這個主題。身為一個無神論者的好女兒，我拒絕接受宇宙是被某個遙遠的家長式角色主掌，但我被基督教信仰裡的戲劇性所吸引，特別是它那由暴力和犧牲所構成的底蘊。然而在實際的實踐上，基督教信仰又是另一回事。每當我走進它的實體院落，比如某個公理會教堂（我為了能加入它所屬的女子籃球隊才去的），就發現裡頭跟學校那種毫無生氣的美學感覺沒兩樣，只不過把旗幟換成了耶穌肖像。我寫道：「現代的新教是一種社會組織，讓我們可以打籃球、羽毛球、保齡球、跳舞和看週日時裝秀。我在『我們的』教堂裡看到最不搭調的一件事，就是有一個女孩在祈禱。我嚇了一大跳，真的。」

天主教則因為它的「特效」、它的彩繪玻璃和薰香而顯得比較吸引我。我知道，它想把它的信徒運到某個另類次元享福（大概是位於充滿無聊紅磚建築的洛厄爾上方），但在我看來，它為了達到超越塵世的目的而實際做到的，其實只是一些很詭異的事。我曾參加過幾次天主教青年組織在週五晚上辦的舞會，我會跟一位女性朋友一起去參加這個充斥著汗味的活動，試圖融入群眾。但我既不想去跳舞（因為我不會跳），也不想被人看到我沒在跳舞，因為我想起這個宗教的中心儀式其實就是分食人肉[14]。在一九五六年的除夕夜，我正式以文字宣示棄絕天主教：

現在我對宗教的態度已經確定了：我肯定它。以前我總認為，基督宗教信仰裡也許會有對我來說很重要的東西。有一次我看到一輛上頭寫著「上帝就是答案」的車，它讓我印象深刻。但後來我發現，其實我可以選擇一種有信仰的生命，永遠相信有個父母親般的守護者存在，一切都有某種類似父母親的角色在看著。或者，我也可以選擇孤獨。後者從表面上看是比較困難的，而且意味著當人死的時候就是死了，生命也很可能是毫無意義的。我的決定（伴隨著一段心靈奏樂），其實很簡單……

我並沒有記錄自己是怎麼認識印度教的。我當然沒有任何信印度教的朋友，在學校也不會有人談起這個主題，因為在學校裡，所謂「已知」世界的邊界就跟羅馬帝國全盛時期的差不多，再加上一個美國。印度做為一個交雜著成群乞丐、熱鬧的廟宇、偉大的非暴力獨立運動、種姓制度和其他種種的豐富、多樣地方，根本不在我們的課表中，甚至連「咖哩」（curry）原先也只是做為一個動詞出現[15]。但我不知道從哪裡拿到一本平裝本的《奧義書》[16]，在寫下前述棄絕基督教的文字不到幾個月之後，我就宣布我「皈依」印度教，至少是就它最抽象的哲學形式而言，還有扣除所有炫麗的神祇。如果這是發生在十年或二十年後的一九六〇或一九七〇年代，我最先皈依的很可能會是佛教。但印度教似乎是可以帶我脫離笛卡兒那夢魘般的二元對立主義的救生圈，而且幸運的是，它也不要求我假裝擁有任何一絲的信仰。

印度教帶給我的不是任何頓悟，而是一種暫時的安心。首先，它似乎證實了而且甚至是表揚我的無知。我寫道：「《奧義書》裡頭說，真正有福的人是明白以下這段話中精神的人：『我連自己什麼都不知道的這件事，其實都無法確

14 作者在此意指天主教禮拜儀式中的一個重要程序，就是以象徵的方式重現耶穌基督把自己的血與肉分給信徒吃的故事（以紅酒和麵餅代替）。

15 此字最初在英語裡意指「梳理馬匹」。

16 《奧義書》（*Upanishads*），構成古印度經典《吠陀經》（*Vedas*）的四大主要文獻之一。

定。』」我也無法知道任何事情（如果「知道」是一種可以征服某種心靈獵物的捕捉行動的話）。也沒有所謂的「我」可以黏著「非我」不放，只有一個無限的實體存在，也就是梵[17]，我們只是透過一層極薄的幻覺面紗而暫時與之區別。我讀到這句話的時候，正坐在廚房和後門之間的一個小門廊上，一面看書一面模模糊糊地聽著我母親和妹妹準備晚餐的聲音，結果我寬慰地笑出聲（但其實是對我自己輕笑）。所以我不需要再像個拿把小刀攻擊一面峭壁的瘋子一樣追尋真相了，因為一切都已經在那裡，完滿無缺，而我跟一切已完全合一。我需要做的只是放棄一切——野心、欲望、好奇心，甚至如果我夠堅強的話，還有晚餐。

我自然沒把這個突然的「皈依」行動告訴任何人。也許我低估了我父母，但我不確定他們除了吉卜林[18]和甘地之外對印度教還有多少了解。反正我又能對他們說什麼呢？「喔，我跑到宗教那邊去了，但別擔心，那跟上帝一點都沒關係，至少不是一神教式的那種大神就對了」？因為《奧義書》沒有附帶任何相關指示（比如沒有任何可以照著做的印度教祭禮），所以我可以完全秘密地實行我新發現的宗教，默唸「唵」[19]，拼命鎮壓我那帶著欲望的自我，提升自己以超越「我」的限制。

有一部分的我孤注一擲地想要完成這項取消自我的任務，而且是以一種很直接而身體力行的方式來進行。我放學之後會循上學的原路走回山坡上，珍惜地欣賞由紅磚、人行道和小片小片沒有好好照顧的小草地所構成的背景，因為在這塊沒有大片樹林和草地的地方，它們就是我一天之中能接觸到的「大自然」了。我有時會走著走著，突然一股衝動襲來（難道是從那大名鼎鼎的「性衝動」變種而來的？），讓我好想整個人撲到地上，用臉頰摩擦小草，讓自己被吸回大地裡。因為，儘管跟土比起來，我身上的碳成分比矽多些，但我不也是由跟土地一樣的成分所構成的嗎？按照《奧義書》似乎在講的，我不也因此有某種「回歸大地的權利」？讓我拋掉這副臭皮囊，這個宇宙中的瑕疵，這個把我與「全體」分隔開來的薄膜，讓世界回到完美的「合一」之中吧！

17 梵（Brahman），在《奧義書》中意指最高的存在或絕對實體。同一字也可指婆羅門，印度種姓最高階級，掌管知識。

18 吉卜林（Rudyard Kipling，1865-1936），出生於印度的英國作家和詩人，曾獲得諾貝爾文學獎，主要作品包括《叢林之書》（*The Jungle Book*）等。

19 「唵」（Om），印度教中具代表性的神聖符號與語彙之一。

但我對這項任務從來沒有熱中到必須有人來把我從某家人的草皮上拖走，或要有人猛力搖晃我才能從神遊的狀態中醒來，主要的理由是飢餓。我可能會要自己不吃晚餐，練習清心寡欲，而且按照百科全書上對於印度教的說明，我也應該要小心各種經過偽裝的牛肉製品。但一想到好吃的漢堡（肉排當中帶點粉紅色，外頭的麵包則在塗了油的平底鍋上烤過），通常就足以讓我放棄一切外國宗教了。此外還有另一種形式的飢餓，感覺很像某個決定在我腦中住下的鼩鼱類小動物在那兒發號施令，使我不管再怎麼讀書、吸收新概念和知識，都永遠不覺得飽足。特別是當《銀河系》（*Galaxy*）和《震撼科幻小說》（*Astounding Science-Fiction*）雜誌寄來的美妙日子，我怎麼可能還交叉雙腿坐在床上喃喃唸著「唵」呢？再說，我真的會願意停止問為什麼嗎（在我看來這跟死沒兩樣）？

我不需要在日誌裡宣示揚棄印度教，因為我在一九五七年間就漸漸不再提到它了。我短暫地瞥見了那巨大、平靜無波、宛如鮮血般溫暖的「梵」之海，然後拒絕讓自己沈入其中。是的，我知道自己是這個宇宙，這個「有」之中的一部分，但我同時也跟它有所區別。在二元論和一元論之外，還存在著無法迴避的「當中的一部分」和「有所區別」之間的辯證，而我既無法也不願意逃避它。除此之外，我對「梵」的信任也不比我對笛卡兒所謂「完美的神」來得多。如果人的意識是這個幾近完美的「合一」世界裡的缺陷，那麼我想要這個缺陷再繼續存在久一點，因為在我沒費任何功夫，也並未有意識地追求之下，事情將開始變得「有趣」，而我在洛厄爾圖書館所看的一切書本，都沒讓我對這樣的發展有所準備。

# 第三章 走出森林的那棵樹

我實際寫在日誌上的大部分事情應該都是沒錯的，問題在於我沒寫下來的部分，特別是第一年所寫的日誌。某種無法言說的事情以我無法控制的方式間歇性地、不規律地發生，而它之所以無法言說，是因為它本身就沒附帶任何話語。人們常說「過生活」[1]，彷彿生活就像一隻公牛，我們可以透過一根穿過牠鼻環的繩子拉著牠走。但在我的經驗裡，人們其實多半只是在拼命閃躲朝自己飛來的東西——就像某種帶著令人眼睛快瞎掉的強光、完全出乎意料的大爆炸，威力足以把最井然有序的計畫炸得粉碎。無疑地，如果是一個負責任的說書人，就會在這些嚇人的突發狀況和我拼命想找出「真相」的努力之間，試圖講出某種

1 原文為「leading a life」，字面直譯為「帶領著一種生活」。

道理，我猜此人可以說：「如果你用頭撞牆撞得夠久，結果不是你的頭就是牆會破」。

在我前八個月所寫下的日誌裡（寫作地點是洛厄爾），當中只有很少數地方間接提到這些詭異事件，也只有我才能解讀得出來。我之所以刻意決定不把這些東西寫下來，說得好聽點，是因為我所經歷到的事情完全是偶發的單一事件。我是個好學生，所以我的日誌只會寫有關「偶然和決定論」、「宗教的吸引力」、「欲望的本質」，以及「是否時間的流逝只是種幻覺」這類題目的短文。但事實上，我只是根本不曉得怎麼討論那個主題，而且我自己知道，只要我試圖去描述那些非常難表達的事，結果很可能是痛哭流涕，陷入自憐自艾。

我清楚記得它第一次發生的情況，那是我開始寫日誌大約一年前的事。我母親決定，我們「一家人」應該在禮拜天下午一起做點什麼（這又是她從女性雜誌看來的家庭經營策略）。沒人能有藉口不參加這些遠足活動，無論是要做功課或生病都不行，除非此人已經出現一些誇張的症狀如發燒或嘔吐等。在那個還沒有很多高速公路或街上大塞車的年代，我們的「遠足」多半就是全家擠進車子裡，然後開出去兜風。小孩子坐後座，大人坐前座，一面抽菸一面拿些大家其實都知道答案的老問題出來吵，比如我爸為什麼似乎不太想多花時間跟我們在一起。有時候會有個類似觀光景點的地方或至少是個路邊的小酒館做為折返點，如果是小酒館，大人們會進去喝幾杯啤酒，小孩子則在外面等。如果我當時知道酒醉駕車有導致我殘廢或死亡的危險，或許我對那些週日下午的無聊旅行還會多點注意。但在當時，在宛如一大塊冷硬石頭般的無聊罩頂之下，我沒有其他任何事情可做，只好逃進自己的想像世界。

就是在那個禮拜天，我們的目的地是一場在漢彌爾頓舉行的馬匹秀。就算到今天，我也說不出它到底有哪一點稱得上是「秀」，因為不管是現場的動物或人類，都不會讓你感覺到有半點會被娛樂的可能。我們家也沒人對馬有興趣，不管是把牠當做一種有美學的生物或做為運輸手段來說都沒有，儘管我是有一次試圖騎上一匹看起來似乎挺溫和的斑點母馬，牠跑到我家附近的一塊野地上休息，但結果差點成了一場大災難。我爬上一道石牆，然後往牠身上一跳（牠身上當然沒馬鞍，我到哪兒去弄一副來呀？），這個動作惹得牠身旁的小馬朝我猛踢，因為牠想把我從牠母親背上踢下來，同時母馬也開始拔腿飛奔，幸好我在被牠摔下來之前勉力跳下來，慌忙跳到旁邊躲開。我對自己的傲慢感到相當羞愧：人怎麼會認為馬很渴望載著我們到處跑，讓我們的鼠蹊部在牠身上彈來彈去？

我們之所以去看這場馬匹秀的唯一原因（至少對我爸來說），就是有機會對當地的上流人士嗤之以鼻。這些上流人士以經典的封建方式入侵到我們的生活——也就是當我們的房東。到了秋天的某個時候，他們會穿上馬褲和緊身紅夾克，騎馬穿過圍繞我們屋子四周的野地「打獵去」，而我們則躲在一片松樹後方嘲弄地看著他們。如果說這場馬匹秀的目的，是讓我們可以更仔細看到這些有錢人的詭異騎馬文化，那顯然是沒成功。我妹妹還留著當時拍下的幾張相片，相片裡的她大概才四歲，正蹣跚地走過草地，我母親坐在一張野餐桌旁，悶悶不樂地望著跟相機鏡頭成直角的某個地方，我則已經走到遠處斜倚在籬笆上，在晚夏蒼白的陽光下凝視著樹林，對於時光的緩慢流逝只有滿滿的不耐煩。

然後事情就發生了。某個東西把眼睛可見的世界剝除掉了，把連接著它的一切意義、推論、關連、標記和語言也一併帶走。我前一刻還看著一棵樹，但下一秒，「樹」這個字就消失了，連帶地從我學會說話以來十幾年所累積有關「樹」的概念也全不見了。那是一個突然閃現在我面前的地方嗎？還是某種實體，一種不可見、原始的物質，所有人類已知且認可其存在的世界皆由它而來，進而發展成一種神奇的精妙構作？我不知道，因為這個實體，或是殘餘物，是如此文風不動、沈著自若地沈默著。令人感到有趣的（有人會說不安的）是，當你把所有人為附加的東西都拿掉（字彙、學名、記憶中跟樹有關的詩句、光合作用和毛細現象云云），就算是這樣，都還是有某種東西留下。

我及時回過神來。我家人的臉又重新回到它們該在的地方，樹木爬回自己的林子，而我們聚集起來準備開車回家。吃過了一頓在我記憶中似乎沒人講話的晚餐之後（也很可能是因為我根本沒在聽），我回到跟妹妹同住的臥房整理思緒，試圖振作。我對人生意義的某種基本信念受到了挑戰，至少這點是肯定的，因為我當然值得（事實上每個人都值得）擁有一個比毫無意義的世界好一點的東西，更何況我連偶爾冒出一些找不出意義之處的世界都覺得不太滿意了。

事情難道不是這樣嗎？我們努力活過自己渺小的生命，然後死去，但只要有足夠的智慧，你會得到某種光榮的意義做為回報，天空會被點亮（或許就在你死去那一刻），就像黎明的北極光一樣，彌補你活過的一切無聊和苦痛。這就是「意義」的意思：一種特別的添加物，就像鹽或大蒜粉，可以讓最惡臭的肉都顯得可以入口，甚至是美味。我床旁的小桌上跟平常一樣躺著《口袋版詩集》[2]，而朗費羅[3]則透過一首當時我還可以不帶任何諷刺之意背誦的詩提醒我：「生命是真實的，生命是真誠的」。我感覺更對味的是〈奧茲曼迪亞斯〉（Ozymandias），雪萊在這首詩中正面迎戰死亡和人生的徒勞無功，但還是能勉力使人的尊嚴毫髮無傷。此外還有惠特曼，在他的篇篇詩頁中，你幾乎可以感覺到他在飄著紫丁香味道的夜晚因欲望而輕顫著。這些詩人只是在克盡其責，而這其實也是所有人的責任：用人類的熱情和偉大一層又一層地塗上周圍的世界，試圖掩蓋藏在底下的東西，無論那是什麼。

所以那天晚上我決定，無論我在那天的馬匹秀當場體驗到的是什麼，都只是個意外，就像你在一個陽光太強的大熱天待在車子裡太久，眼前會冒出一些彷彿印在視網膜上的斑點一樣。我前一天晚上沒怎麼睡，不超過三、四小時，所以才會那樣。我從小學開始就是個長期失眠患者，常常晚上看書看到眼睛酸得看不下去，然後就躺在床上，心裡很害怕會被發現我到天亮都還沒睡著。失眠會讓你的腦袋怪怪的，我這次一定就是這樣。那個經驗是很古怪沒錯，但很多事情也很怪呀。

然而，那樣的經驗卻持續發生，而且不只發生在我太累的時候。隨著它的重複出現，我也越來越必須承認它的存在。比如我可能正在學校裡，專心記住拉丁文的詞類變化或對數表，我會突然注意到自己握著鉛筆的手，然後我就發現自己正看著由黃色和粉紅色、直線和曲線構成的組合，那是我從來沒看過的景象，而且我相信這個宇宙裡也不會有另一個人看到同樣的景象，不會跟我有相同的理解，我周圍世界裡一切熟悉的元素都被抽光。又或者，我可能看書看到一半抬起頭來，看到地上一塊被陽光照亮的地方彷彿有脈搏般地跳動，感覺到它跳起來挑戰這整個場景的牢固性。有時候我寫著：

> 我挺確定這不是真的，確定到我完全被吸進去，要費很大的勁才回得來。但它之所以顯得不真實，原因又似乎只在於它太不可能發生。在那樣的時刻，就連我自己都變得不真實了。我不知道我身在何處，腦中的思緒就像一句在遠處悸動著的低語。那感覺就好像只有我的意識存在，而不是我這個

2 全名為《口袋版詩集：英美詩傑作選》（*The Pocket Book of Verse: Great English and American Poems*），一九四〇年出版的英美詩選。

3 朗費羅（Henry Wadsworth Longfellow，1807-1882），十九世紀最受歡迎的美國詩人之一。代表作包括〈夜吟〉（Hymn to the Night）、〈人生頌〉（A Psalm of Life）等

人，我既是周圍環境的一部分，但又不在它們之中。好怪。每樣東西看起來都好怪，彷彿我從未見過它們一樣。

它有可能在我獨自一人的時候發生，也有可能在四周有人（包括家人和朋友）的時候發生。比如說，我可能正在跟一個朋友講話，然後「毫無預警地，我對現實的感覺變了，她的影像和聲音和存在，連同她周圍的一切，都似乎像水流下一片玻璃那樣滑開了」。

我拼命想找出導致這種狀況出現的因素，如果不是心理上的，那就是環境上的。在幾個月之後我逐漸明白一件事：晚上、下雨天或陰天我都不會出現這樣的情況，意思是一年之中大約有九個月的時間我要被隔離，或者（正如我即將發現的）被關起來。為什麼陽光會是關鍵，這點我至今仍不明白。我曾經在某處讀到，某些奇怪的心理狀態會被光引發，儘管通常會是強閃光或頻閃光。在我的情況裡，什麼閃光都不需要。當太陽（特別是午後的太陽）傾斜到某個角度、透過百葉窗被折射出來或是彈到一片紅磚牆再照到我，我就遭殃了，我什麼也不能做，只能靜靜等待未知的景象來訪。

如果要說這些發作有任何其他的模式可言，那就是它們往往會在某種轉接的時刻發生，通常是在你從全神貫注於一件事（比如拉丁文的動詞）轉移到下一件事（比如鉛筆）的瞬間。我想每個人在專心讀一本書或絞盡腦汁思考的時候，若突然被分了神，都曾有短暫地暈頭轉向一下的經驗。也許我只是比別人更難以平順地在這些轉換之間遊走，結果卡在這些夾縫之中，而且我會在那裡逗留一番，四處看看。又或許，其他人也有跟我完全一樣的經驗，但只是把它們像隻蒼蠅一樣拍開了，因為，看到某種你根本無法置喙的東西，或試圖回憶你無法回想的東西——而且只有當它決定要繞回來看你的時候才可能——到底有什麼用？

我腦中根本沒有任何範疇可以存放這些東西，因為就連「意識的變異狀態」這樣的說法都要再過十年才被發明出來，而我也要到好幾年後才知道「精神疾病」這回事。如果要說我在寫日誌的第一年找到什麼文學上的參考，那就是《白痴》裡的梅思金王子[4]，他每次癲癇發作之前，都會閃現一段強烈到使他的肉

4《白痴》（*The Idiot*），俄國作家杜斯妥也夫斯基寫的長篇小說，主角梅思金王子（Prince Myshkin）患有癲癇症。

眼幾乎看不見的短暫神智清明時刻（儘管這非常有意思，但很難說跟我的經驗類似），同時帶來許多對基督教和蘇俄民族主義的洞見（儘管對我來說頗為費解）。所以我想出自己的解釋方式，把在圖書館讀到的零星心理學資訊拼拼湊湊，而它們的意思似乎是說：最日常瑣碎的認知行動，也需要令人驚訝的創意努力才能產生。光子不只是在視覺皮層上印下一個小影像，然後在底下寫著「樹」之類的字。你得花些力氣才行，你得把一個神經訊號的模式和另一個做比較，跟你記憶中貯存的所有影像篩選過一輪，直到找出相配的，諸如此類：

我突然發現，構成現實的是我們透過眼睛、耳朵等等感知的感覺材料，但它們其實都是我們的心靈（還是該說大腦）製造出來的，當然一點都不可靠。我當初就覺得這真是個基進的想法，如今在書上也讀到一樣的東西。所以這個想法特別重要，因為我是靠自己想出來的。伯特蘭・羅素[5]說回憶也一樣不可靠，所以，現在我根本不知道自己該何去何從。

從科學的角度來看，發生在我身上的事情就是：我會不時地停止認知活動，拒絕把如槍林彈雨般襲來的光子轉化成已被命名而熟悉的物件。有很多東西以聲音、顏色和光影的形式傾洩而下，但我的腦袋不會進行整理和分類。反正這是我獨創的理論：我只是暫時不想做一個有意識的人類，有點像罷工。我沒有卯起來用我所知的一切文字來攻擊（舉例來說）一棵樹，或者把它斥之為太平凡無奇不值得我的注意，然後就去想下一件事情。我沒有，我反而讓它們自由奔馳，為自己發言。假設我是一個有意識的點，而這個點的任務就是要把感覺資料組織起來形成一個和諧的現實，那麼我這個點暫時停止存在了。而在這些發作的期間，不論我看到什麼，或以為自己看到了什麼，都不過是一些視覺上的幻覺而已。

但我還不準備放棄這個可能性：說不定我獲得了某種能力，可以看到其他次元或象限。那當然不是一個「地方」（像納尼亞王國或奧茲國），但我讀過的科幻小說和一些片斷的科普知識卻讓我覺得，這樣的次元是有可能存在的。在科幻小說裡，總是有可以搭乘火箭或更精密交通工具穿梭其中的多重世界，而科學也認為有其他的次元存在，它們被折疊或藏匿在我們自己的世界裡。所以我可以用

5 伯特蘭．羅素（Bertrand Russell，1872-1970），英國哲學家。

另一個角度看待這些發作：可能有另一個緊緊貼合著我們的宇宙存在，通常我們看不見它，但有時候，當隔離著這兩個宇宙的那層膜變得比較薄的時候，那個宇宙就會穿透過來跑到我們的世界。我的運氣好，可以偶爾接觸到這個宇宙，儘管不是我自己決定要這樣。有時候（可能每隔幾週，有時候則每隔幾分鐘），一道裂口出現在分隔膜上，然後我就穿過去了，因為我人生的守則之一就是：如果一扇門開了，那就走進去，至少看一下裡頭是怎麼回事。

理性上，我覺得認知罷工的這個理論比較對，但導致我往另一個方向去的並不是神秘主義。我非常固執地拒絕任何帶有神秘主義氣息的東西，除非各位覺得被我弄得那麼抽象而蒼白的印度教算數。但我同時也是個經驗主義者，而經驗主義是科學的一大支柱。你可以也應該盡情運用邏輯和理性，但如果你選擇忽略那些看似雜散的資料（它們沒辦法被放進你預先設想的理論中，甚至可能挑戰了你一向認為無庸置疑的一切），那你就大錯特錯了。我確確實實地「看到」了，不管藏在我們所知世界底下的東西到底是什麼，我都不打算否認它的存在。

儘管我當時並不知道，但我經歷到的這些發作其實有個名稱：「解離」（dissociation）。根據心理學書籍上的說明，這意指「失真感」。所以要不是某個人自己不真實，就是此人周圍的世界不真實（如果這兩者真能區分開來的話）。如果「解離」的發作頻率高到一個程度，就達到成為一種疾病或「障礙」的表定標準，成了「解離型障礙」（dissociative disorder），等同於「失自我感」（depersonalization）或「失現實感障礙」（derealization disorder），可能會伴隨其他多種症狀，包括情感麻木、憂鬱或失憶，但這些症狀我都沒有。這些資訊可以在最新版的《精神疾病診斷與統計手冊》[6]裡找到，它把解離型障礙形容為一種認知崩潰，「一種在意識、記憶、自我認同或認知上的整體分裂。換言之，上述領域之一並未正確運作」。更不祥的說法在目前的線上版《人類疾病和行為健康百科全書》（*Encyclopedia of Human Illnesses and Behavioral Health*），對於往往伴隨解離症狀出現的「思覺失調症」[7]，它做出以下解釋：

6 《精神疾病診斷與統計手冊》（*The Diagnostic and Statistical Manual of Mental Disorders*，簡稱ＤＳＭ）由美國精神醫學學會出版，經歷多次改版與更新，是以美國為首的許多國家診斷精神疾病時的首要參考。

7 「思覺失調症」（schizophrenia），在二〇一四年前的中文譯名為「精神分裂症」，但因為此名稱往往帶來先入為主的污名，故台灣精神醫學會在二〇一四年的中文版《精神疾病診斷與統計手冊》第五版中更名為此。

訊息以電子信號的型態在大腦的神經細胞流動，觸發神經傳導物質的釋放。這些化學信差把訊息從一個神經細胞傳到另一個。若是健康的人，神經傳導的運輸狀況通常很順暢，但在思覺失調症患者的情況裡，神經傳導的運輸遭遇到很大阻礙，可能會在不該停住的時候停下，或者偏離原有路線跑到可怕而不真實的地方去。這些運輸上的混亂導致精神症狀的發作，使思覺失調症患者跟健康的現實脫節，彷彿被困在另一個現實世界裡。透過服用精神治療藥物，思覺失調症患者往往可以回到日常的正常現實世界裡。

換句話說，對現實的「不正確」認知可能會讓人感知到「可怕的」、「不真實的」，或不健康的「其他」現實世界，但通常都可以透過藥物來解決。

我當時就已經懷疑，我那些發作狀況可能會使我被送進精神病院「懲戒」。梅思金王子最後不就是被送進療養院了嗎？而且在一九五〇年代的麻薩諸塞州，精神病院多得是。那些充滿壓迫感的陰森森建築，是為了把一些拒絕按照常規做事或「胡言亂語」的人關在裡頭。還要再過幾年後，我母親和她的姊妹珍才會

（自願或非自願地）經歷屬於她們的精神病院時光，原因是現在我們所稱的憂鬱症，但在當時，她們的狀況被認為是從事全天候家務勞動的女人特有的病。但在匹茲堡的時候，我確實記得曾有一位表情特別空茫的鄰居，（據我母親說）她曾接受過電擊治療，因為她沒有做晚餐或打掃房間——意思是說，如果她的神經循環被電擊到服從命令，這些家務就可以比較上手？

這種事不會發生在我身上，因為所有規定要做的事我都做了，而且除了家事那部分之外，我還做得挺好的。比如我每天晚上都乖乖戴著母親給我的金屬髮捲夾子睡覺，儘管那簡直快把我的頭骨弄凹了；每天早晨到了該上學的時候，我都是功課已經做好，穿著得體，隨時可以出門；我每週打工當三到四次的保姆，把大部分賺來的錢拿去買唱片（古典音樂的，儘管大多是浪漫派，偶爾也聽一點爵士樂），和訂閱科學雜誌。可是，雖然我從來不覺得自己符合被抓去關起來的條件，倒是曾擔憂對我的家庭犯下類似叛國的罪。因為我在失調症狀發作期間看到的東西，似乎是在嘲弄我母親對「現實主義」的堅持，以及我父親對於礦物代表的堅固、實在的著迷。人類不只是靠著愛和忠誠聯繫在一起（或更一般來說，是靠著神經的合作和身體上的互相倚賴），也是透過我們對於何謂「現實」的共識。我們是透過彼此共享的東西（比如我腳下踩過的那顆石頭，那朵在天上的小白雲），逐漸累積成一個龐大的「透過經驗認知到的現實」，我成長期間想當的就是要對此做出貢獻的科學家。如果你踏出大家都同意的「現實」範圍，超出那條界線，那麼你等於是掉出地球，落入自己一個人運行的軌道了。

我之所以進入這種毫無線索可言的混亂地帶，不能歸咎於印度教的誘惑。從時間上來看，我的「皈依」是在失調症狀成形好幾個月之後的事，而我想透過印度教獲得的主要只是「通行方法」，讓我可以在自己想要的時候進入「另一個地方」，而不是只能等它決定出現時才突然跑來（就算是在冬天又長又黑暗的洛厄爾，它的出現頻率也已經太高了）。我曾經盼望冥想可以讓我達成願望，但喃喃念「唵」似乎帶我往不同的方向去，至少不是我在《奧義書》上看到的那樣，因為我進入冥想的時間，總是無法久到可以驗證到底它是通往宇宙完美和諧所帶來的麻木感，還是某種非常接近無聊的東西。

我曾經有一次非常想跟人談一談那些感知偏離的經驗。一九五六年秋天，在我開始寫日誌幾週之後，我跟我的朋友貝妮絲在一次拉丁文家教課上起了爭執。校方並沒有自動把貝妮絲視為可以進大學的人，因為她缺乏家世背景的背書，像我就還有我父親的白領階級這點可依靠。她的父母在洛厄爾市中心區經營一家小咖啡店，樓上就是他們的家，我和貝妮絲常常可以在店裡拿到一個免費的甜甜圈在上學途中吃。如果以一天大約相處一小時左右來說，她是個很不錯的朋友，但我們主要是因為情勢所需而成為朋友。因為洛厄爾高中裡分成好幾派：愛爾蘭派、「法國」派，還有極小一群猶太派，但她們都不歡迎我加入她們的午餐桌，所以只剩下希臘派了，貝妮絲是其中之一，她們在某方面來說其實也是「圈外」人。當她決定透過精通拉丁文在「學術道路」上贏得一席之地時，我說我可以幫忙（儘管我無法不注意到，拉丁文其實是古早時代征服她國家的羅馬人使用的語言）。

我不知道這回我們到底是怎麼聊起神這個話題的，因為我們以前其實討論過，而我以為已經沒必要往下談了。她會說沒有信仰是不自然的，而我會告訴她，要求人要有信仰這件事本身就是不自然的要求。信仰需要努力，而我幹嘛要做這種努力，去相信她，貝妮絲這個人，身旁一直都有個我們看不見的人或虛擬人物？而此人的唯一特性就是完美（擁有完全的善、完全的愛和完全的理性）？難道我得說謊，跟她說：「噢，是的，我知道妳說的是誰，我看到他了，就在妳肩膀上，還是那束剛才閃過的不可思議之光」？

或者她會說我這樣不道德，因為如果沒有神的導引和獎賞，人怎麼可能是行道德的？這個我可以回答，因為我已經仔細思考過這個問題而且得出結論：基督徒認為是「罪」的事，反正我也都不想做，唯一我覺得還行的原則是仁慈，比如「己所不欲，勿施於人」等等。再說，十誡其實不比女童軍守則來的難，為什麼有人想把一個虛假的神放在比另一個更高的位置呢？

我們這次的爭執起因是拉丁文中意指神的字「deus」的詞形變化，我在解說的時候強調（我承認這真是多此一舉又賣弄學問），我們可以拒絕某種單一的「神」（god）這個概念。我的意思是，這個拉丁字是複數形而且是陰性，所以至少對使用拉丁文的羅馬人來說，「神」不是某個單一的光點，而是一整系列的存在，而且祂們全都不足以做為道德典範：想想朱彼特和他的怒氣，朱諾和她小心眼的嫉妒心，維納斯和她的浮華。「那又怎樣？」貝妮絲不智地反擊，「羅馬人根本是異教徒。」這當然會激得我指出，羅馬人可是直接從古希臘人那兒承繼了萬神殿這東西，而希臘人可說是西方文明的發明者，且對貝妮絲來說應該更是如此。我在此無意提出某種種族優越論，我也根本沒資格這麼做，因為當希臘羅馬這兒已經發展出畢達哥拉斯定理的時候，我的祖先們還在把臉塗成藍色，膜拜橡樹呢。但我這樣（再一次地出於純粹知識上的壞心眼）把希臘多采多姿的古代多神教傳統，跟她想要我「信仰」的那種飄渺抽象的神相提並論，大概還是戳到她的痛處了。

她以驚人的猛烈方式回擊，深褐色的雙眼因滿含譴責而顯得凌厲，她說無神論者不只是不道德，他們還很「膚淺」，陷在庸俗的日常生活裡，但她和其他有信仰的人可以到達更高的境界。我起先想不出那個確切的字，只知道她的意思是我沒看到重點，只在事情的膚淺表面打轉。對了，是「平庸」，這就是無神論者的問題所在。而當她這麼說的時候，我可以感覺到「平庸」的重量壓在我身上，就像一隻巨大浮腫的豬，垮垮地攤在我家屋頂上（事實上是所有家庭的屋頂上），遮住了大部分的天空。

我向手邊唯一可用的武器求救，也就是「精神性的」這個鬆垮、內涵不怎麼精確的概念，我在日誌裡至少還有點品味地承認它是一個「貧弱的字，但你知道我的意思」。我在尋找一種概念，它可以同時包含她的信仰和我對知覺的探索，既包容充滿線香味道的東正教神秘儀式，又容得下我所看到難以用言語形容的鮮明美景。我跟貝妮絲說，有些精神性的直觀洞見可以跟宗教完全無關。「是嗎」，她想知道，「那到底是什麼？」因為對她來說，「精神性的」不只是某種從教堂尖塔上升起的一縷輕霧。它有臉、有名字，而且可以透過精確的儀式程序被召喚。如果我有這些所謂「精神性的直觀洞見」，我能夠詳細描述或解釋它們嗎？

不，我當然沒辦法，我在後來的日誌中寫道：「我無法、不想也不應該告訴她」。但如果我不是採取這種消極推諉的態度，而是有足夠勇氣或表達能力告訴她的話，我會說什麼呢？說我們各自認為是真實的東西（她的宗教以及我那無神論的、愛好拉丁文的理性主義），都可能只是在為某種天大的騙局背書而已？它們是人類想像力的產物，而且顯然不是根據我逐漸認為那才是真正「真實」的東西（儘管我堅持的理性主義抗議連連）？

所以我在這場論爭上退讓了，貝妮絲勝利地回家，而我則還是怒氣沖沖，跑去問正在廚房忙著煮晚餐的母親：有沒有可能某個東西是真實的，但卻無法解釋它？「當然沒有」，她說，「如果某個東西是你無法解釋的，那它就不是真實的，也沒有任何事實根據」。對我來說，意思是在她看來，所有人類經驗都可以在韋氏大字典裡找到完美解釋，不在那本字典裡頭的東西就是不存在。人類所經歷過的一切，都已經被命名、按照字母順序排好，儲存在一本書中，當然還再加上《美國大百科全書》（*Encyclopedia Americana*）的補充。我得出自己的結論，那就是：有一整個範疇的經驗根本不適合跟這地方的人說，所以你最好乾脆別開口。

那天晚上，我試圖在日誌中釐清思緒，我用一個很長、盤根錯節的段落談論人類對於優越感的需要，我的寫法是那麼的狀似客觀，以致於根本無法判斷我到底是在表達傲慢還是歉意。「每個人」，我寫道，「都認為自己是獨特的，都喜歡認為自己擁有知覺的強大力量，而那份知覺本身具有非比尋常的深奧特質。」而對於信仰宗教的人來說，有神就可以打通關：

> 人類認為自己是神的特殊創造物，但神其實是人類最令人毛骨悚然的發明和奴隸。神是人在現世人格的延伸，人類奴役著祂，要祂必須賦予人類榮耀。人類可以為了自己的自私樂趣任意加以詮釋的所謂最高存在，就是神。

但我的優越感、認為自己很特別的這種想法，或者用比較現代的名稱來說（當時這個詞尚未被發明），所謂的「自我肯定」，又是從哪來的？當然不是來自我比別人漂亮、會運動或聰明，儘管當時我覺得自己是比許多人稍微聰明一點。不，那是因為我認為我認識到這個世界的「真實」，因而了解或推論出「非常重要的事」。這件事連我那聰明無比的父親都似乎不知道，而我可不打算跟貝妮絲這樣的「老粗」分享。

這實在是很丟臉，但若拉開點距離來看，也很有趣。如果解離／失自我感是某種「失調」的症狀，你可能以為這些經驗會導致痛苦。你可以到dpselfhelp.com這個「失自我感社群」網站上看看，上頭的文章多半是描述難受的疏離感、不成功的治療，或舉步維艱地回到某種搖搖欲墜的「正常」狀態的漫長過程。比如有位女子就抱怨自己腦中「怪異的抽象念頭，比如那個電風扇／地毯／洋娃娃／飛機到底是用什麼做成的，還有他＊的它為什麼在那裡？」，她接著問：「為什麼我會生病／為什麼我認識的人沒有一個能理解我的狀況／我到底要怎麼辦／我應該去找醫生做健康檢查還是接受自己就是有精神障礙？」還有其他諸如此類的文章，這讓我得到一個結論：自認為有「失自我感失調症」的患者，對解離症狀的反應跟我徹底不同。是否正因為對精神疾病的無知，使得對我而言，這些如今被視為「病狀」的情況沒那麼具有威脅性？我不知道，但這些人想要治好的「症狀」（比如「怪異的抽象念頭」），對我而言卻像是一份特別的贈禮。即便到了今天，我已成為一個顯然頭腦清楚而負責任的大人，我還是認為，會去質疑事物的真實性，可以問出「他＊的它們為什麼會在這裡」這種問題的人，應該是個哲學家，而不是被當成精神病人。

確實，正如精神科醫師會指出的，當我開始出現解離症狀時，我的社交關係是有些薄弱。在（有可能是）我的朋友之中，並非只有貝妮絲排斥我所抱持的無神論。當我住在天主教信仰濃厚的洛厄爾時，我知道大家是有意識的拒絕跟我來往。同時，我的兄弟姊妹們也從我的日誌與眼中消失了，他們被電視這種新玩意的出現吸引，這使我覺得他們似乎比我愚笨，而相對的，對他們來說我也一定顯得自命不凡、一副高高在上的樣子。我只有一次喜歡上某個男生，但當他開始跟校車上其他男生一樣嘲笑我的青春痘和「怪」時，這段單相思也悽慘地告終。事實上，正是差不多在這個時候，我開始用「其他人」做為一個分析範疇，這個範疇跟「我」不同，也跟「事物」不同。我在跟貝妮絲爭論神的時候沒能告訴她的是，我根本連「她」本身的存在都要費很大一番力氣才能相信了（也就是說，相信在她的臉孔、聲音和姿態背後，有一個跟我一樣具有意識的存在者，或者根本不像我，而是個難以想像的外星人）。相信她或甚至是我的家人是具有獨立心智的這件事，已經讓我使盡全力了。在這裡，到底哪個是因哪個是果，實在很難講：我是因為跟其他人疏離，才導致「解離」狀況出現，還是因為我的「解離」發作，使我跟其他所有人之間產生了隔閡？邏輯推理告訴我，後者的可能性較大。如果我質疑一切物質性的存在本身的真實性，我又怎麼能理所當然地相信其他人具有理性、意識和感受呢？因為畢竟「其他人」在最廣義的層次上來說，也是物質性的存在，儘管他們的活動方式顯得比較靈活。

如果說我需要成人的世界給我些什麼的話，肯定不是讓某個「擔憂」的專家質問我的感受，把我的思考導向所謂更「健康」或「有益社會」的道路上。我需要的是更好的老師，或是一個仁慈的圖書館員，告訴我讀書是要有某種順序的，而不是一口氣全部都讀。在這些書之間，其實有條看不見的線把它們連起來。比如說，你首先必須要有些物理學的知識，然後再去做些有關量子物理學或反物質的白日夢；要先唸過康德之後，再來唸黑格爾和尼采。總體說來，儘管有家庭內的緊張關係、社交上的孤立、青春期持續帶來的種種恐怖情況，以及間歇出現的哲學式絕望感，我其實並不會不快樂，或者就算會，也還沒到我覺得必須寫下來的地步。有太多事情正在發生，太多事情值得我發掘和吸收，而我生來就不是個多愁善感型的人。我宛如一台不眠不休尋找答案的機器，愛的是被我稱之為「真相」的東西，不管它的顯現方式是什麼。它可以是卡在書頁上的小小真相分子，也可以是在世俗生活最明顯之處尖叫著要你注意的巨觀模式。同時，我也被青春期流洩出的美學所震懾：這個世界厚顏的美麗，在絲毫沒有我的幫助之下，每天宛如魔法般重生。洛厄爾這個在冬日陽光下呈現一片紅棕色的地方，看起來「就像位於底格里斯河或幼發拉底河畔的蘇美人城市」，而高年級女生的體操課就像「太陽女祭司之舞」。「這些事情讓我著迷，」我在十六歲時寫道：

蜜蜂；直線；海洋；每一個字都可能是擬聲法的展現；柴可夫斯基、李斯特、鮑羅定（Borodin）、拉威爾、德布希的音樂；古埃及人；其他星球；我看到的星星不只離我幾兆英哩遠，甚至可能存在於好幾千年以前，如今早已消失；格陵蘭；人群還有其他所有人。我喜歡這句話：「孤獨，孤獨，完完全全地，孤獨，孤獨地在一個狂野而廣大的海洋裡。」

如果這是精神疾病，或是一段所謂比較「有問題」的青春期，那麼我想我的危機處理能力還挺好的。

# 第四章　沒有細節的地帶

一九五八年初，父親宣布我們要搬到加州，因為他在那裡找到一份薪水更好的新工作，我當下的感覺是：也該是時候了。在期盼搬家的心情下，我寫道：「洛厄爾是一個我只想坐火車經過的城市，而且經過的時候還一面心想：幸好我不用住在這裡。」我們在那裡住了一年半，已經比通常來得久，所有的教堂、建築物和房子都已經帶著一抹淡淡的熟悉感。我覺得，當一個地方變得如此千遍一律，無論你往哪裡望去，觸目所及都是已發生過的事物所留下的殘跡，那麼你唯一能做的就是往下一個地方去。回憶的內容不一定必須是悲慘的，但無論你以怎樣的方式喚醒回憶，過去必然永遠是關於死亡，也就是曾經存在但如今已不在的人、事、物。我的家人找到一個從回憶的噁心累積逃脫出來的必勝法，那就是收拾一切搬家。

我也明白，「家」這個概念也迫切需要更新，至少在我滿十八歲那年它完全過期之前得這麼做，因為我母親一向說得很明白，只要我滿十八歲，我就像寄養家庭裡的小孩一樣「超過被撫養年齡」，如果不想被放到街上自生自滅，就得努力讓自己有資格進大學。當時我並不覺得這種作法很嚴苛，因為我明白家族（至少是我的）只是一個暫時而不穩定的單位，就像元素週期表最底下那幾個被隨便命名的元素一樣，比如釷和鑪。我們進入一種隨著管理職位而來的吉普賽狀態，重點不是要落地生根（或者用化學的語言來說，跟其他的家庭或族群「鍵合」），而是要跟著家裡的經濟支柱遷移，他被一些看不見的力量驅使，從一個辦公室移動到另一個，一個公司到另一個，一個品牌到另一個。然後，當他不再需要我們替他提供住在近郊區的體面形象掩護時，這個家庭就會開始分裂，成員各自走上不同的路。

到了這個時候，我父親明顯已經為了錢而放棄科學研究（他曾認為那是唯一值得人努力獲得的白領職位）。不過，由於他身高超過六呎，長得很像狄恩·馬丁[1]，而且誰喝酒都喝不贏他，也許他注定會被從實驗室拔擢到管理階層，最後到了一九八〇年代他退休時，薪水是五位數的上半快到六位數之多。又或許，他其實很拼命地爭取各種晉升——把刺青藏在燙得整齊筆挺的白襯衫和西裝外套下，從喝劣等威士忌升級到喝馬丁尼，練出能持續低於標準桿的高爾夫球技，努力對在國內飛來飛去開會樂在其中等等。表面上他給的理由是：這一切都是為了我們。某個星期天下午，他在酒後的感傷中跟我說，如果可以由他做決定，他會選擇開心地在實驗室裡消磨時光，但他有個家要養，所以他只好屈從於公司種種無止盡、無聊又貶低人的要求。如果他不是這樣，而是乾脆地朝他如此輕視的公司階層揮揮手，說：「看到那一陀臭大便了嗎？我呀，會一路往上爬到最頂端去。」這會讓我比較不那麼難受。

但我其實不太清楚他為什麼選擇去加州。拜《生活》雜誌之賜，我知道加州的一般刻板印象：快樂、曬得黝黑的人們開著跑車四處玩，在一個又一個的海灘派對狂歡。如果那裡的陽光真的發揮神奇魔法，把我變成一個「青少年」會怎樣？論年齡我是屬於青少年，但我對這個人口階層的認識，只限於被媒體誇大渲

1 狄恩・馬丁（Dean Martin，1917-1995），美國歌手，演員，以自信、冷硬的形象聞名。

染的「青少年犯罪」，或是在「美國音樂台」[2]裡宛如小大人般進行求偶儀式的青少年們。我不只可以應付青少年時期，如果有某種青少年應做事項清單的話，我應該也都做齊了：讀杜斯妥也夫斯基，打勾；讀卡謬，打勾；神遊到常識和所謂現實世界都消失無蹤的地方，打勾……在洛厄爾，我可以順暢地從學校生活轉移到家裡吃晚餐，接著一整晚沈浸在《地下室手記》裡，當中沒有任何中斷或不協調。但誰能在亞熱帶環境下讀杜斯妥也夫斯基呀？或者在一個以衝浪做為主要海上活動的地方讀康拉德[3]？我抵達加州的時候，是縮緊肩膀準備抵抗腐敗的威脅。

我知道這個地方跟先前的不一樣，但也不是每件事都在我預期之內。這是我第一次接觸到所謂的「現代」，而我的意思不是指多厲害或學術性的東西，那只是我父母用來形容新環境裡（在他們看來）比較高級東西的詞。洛厄爾既古老又總是彎彎曲曲不順暢，但洛杉磯（至少在我們住的西半部白人區）的每樣東西都乾淨又滑順。洛厄爾那充滿花邊裝飾和小玩意的十九世紀建築外貌已被拋諸腦後，取而代之的是毫無裝飾、平面、粉蠟筆色的牆，除了折射日光之外似乎沒有任何其他功能。我覺得這樣的「現代」給我很多自由，至少一開始是如此，因為它宛如在邀請我把空白處填滿。

這裡也看不到教堂，至少當時它們在洛杉磯市西部的近郊住宅區並不那麼明顯。就算我想回顧宗教組織的輝煌和缺陷，也沒有教堂可以讓我安靜地坐著觀察。不過，從我們家所在的日落大道，只要走二十分鐘就可以抵達「所有宗教的教堂」。這是除了氣候之外，暗示著洛杉磯根本上怪異之處的第一個線索。在這裡，圍繞著洛杉磯唯一的小淡水湖，所有宗教都方便地擺在一起展示，透過各自的廟宇、神殿或說明牌來呈現。呃，其實也不能說是所有宗教，天主教和印度教是最鮮明呈現的兩個宗教，而且都只展現出它們最柔軟、最可愛的形式，暗示著宗教的本質是讓人緩慢、悠長地神遊到與萬物合一的無限境界。當然，這樣的「教堂」絕不可能出現在新英格蘭，在那裡，宗教團體互看對方不順眼，而且它們的聖堂可一點都不像主題樂園。「所有宗教的教堂」曾經是某部電影的場景

2「美國音樂台」（American Bandstand），是一個以青少年歌唱舞蹈表演為主的電視節目，播放時間從一九五二年到一九八九年。

3 約瑟夫・康拉德（Joseph Conrad，1857-1924），英國小說家，主要作品為《黑暗之心》（*Heart of Darkness*）。

（可能是某一版的《唐吉訶德》，因為那裡最引人注目的東西是一座風車），後來被一個心懷宗教並容理想的成功印度教士給買下。在這裡呈現的種種印度教面向中，最讓我難忘的是一塊說明牌，上頭寫著這位印度教士死後好幾個禮拜，屍體仍持續散發著甜香，指甲也還在生長。

就連這個城市沒有計畫地四處蔓延這點也讓我覺得有趣，因為它說明這裡的空間有多充裕。店鋪不需要擁擠地開在上方還塞了好多層辦公室的大樓一樓。事實上，在那裡幾乎看不到任何辦公室或辦公大樓，暗示著不管這裡的生意是什麼（光鮮亮麗的餐廳、超市和購物中心），都是自己跑出來的，沒有任何官方監督。高中所在地並不是一棟嚴肅的方正大樓，而是由零零散散的獨棟小平房構成的「校園」，每一棟一次讓一個老師或課程使用。如果你已經學會抽菸，甚至可以直接走出「教室」到外面的停車場來一根，根本沒人會注意你。在我們離開洛厄爾之前的幾個星期，有個女孩被人拖進高中的地下室強暴，這個罪行是如此令人髮指，只能被低聲討論，而且只有像我母親這樣徹底的「現實主義者」才敢開口。但在我的新學校，這樣的事情不會在同樣的場景發生，因為這裡根本沒有任何會害你逃不出去的地下室或其他隱藏的黑暗角落。

但我對這個地方並未放鬆警戒，而這是對的。我們在三月份搬到洛杉磯，那時學期已經過了一半，我只能狼狽地努力跟上三角數學的課程進度，結果我一直沒能真正搞懂它。比方說，誰會看著一塊大黃派，然後想出餘弦的概念啊？三角形和圓形、銳角和圓弧之間的深刻、神秘關連又是什麼？更可怕的是一堂大刺刺地名為「生活調適」的必修課，因為任何人只要看我一眼，就知道我根本和「調適」沾不上邊。我大多數衣服都是母親自己做的，包括我在洛厄爾時非常引以為傲的那件「黑衛士」[4]風的蘇格蘭格紋洋裝，上頭有白色飾領和翻袖設計。但在洛杉磯，時尚的女孩都穿著貼身毛衣和緊身直筒裙，我那件洋裝看起來就像某種民族劇裡的戲服。大概是我第三次上這門課的時候，老師發了一份「人格測驗」給我們寫，上頭有一些選擇題，要我們回答自己有多熱切地想跟朋友相處（但在當時我一點都不想）、對婚姻的看法，還有對目前現況的總體滿意度等等。我很快把測驗寫完，滿心期待能知道一些有關我那神秘的分身，也就是我的「人格」

4　黑衛士（Black Watch）是原先在蘇格蘭區徵召的英國皇家步兵團之一，該兵團所穿的蘇格蘭裙顏色為深藍綠相間。

的事。但我想錯了，一等大家都寫完，老師就叫我們跟隔壁同學交換測驗卷，讓大家可以「更正」答案。

我高高舉起手，問了一個再明顯不過、甚至根本是常識的問題：如果像老師剛才說的，每個人都有自己的獨特人格，那怎麼可能會有所謂的「正確答案」？我問這個問題時腦中一直在想：這是怎樣，在搞共產主義啊？因為在我當時的認知裡，這就是我們的國家大敵共產主義者會做的事（用國家力量強制摧毀個人特質），而這門課竟公然這麼做。我得到的是一些安撫小孩式的答案，說我才剛上這門課不久，過一陣子就會比較了解狀況等等。於是我一言不發地站起來，拿起課本，抓著我那很可能陷自己入罪的測驗答案，頭也不回地走出教室。跟可能在洛厄爾發生的狀況比起來，這整件事神奇的地方在於：在這裡，我可以走出去，沒有人會試圖攔阻我。

但到了快放學的時候，我這個行動越來越像是逃跑，而不是一次光榮的反抗。我知道我的測驗答案「錯」得厲害，錯到破表，錯到接近瘋狂。它們會暴露出我是個「偏離常軌」的傢伙，在這個陽光普照，表面上看起來很友善的新世界，根本沒有我容身之處。我回到家，上樓進自己的房間，然後開始大哭。現在已經來不及做精確的檢證，判定當時那些熱燙燙的眼淚中，到底有多少是出於受傷，多少是出於幼稚的自憐，但受傷的感覺是一定有的。我原本已經開始相信（特別是因為青春痘終於在前一年開始消褪），到底要跟越來越龐大的「別人」這個範疇產生多少關連，是由我來決定。而康拉德也讓我強烈傾向跟別人多產生聯繫，他透過一個又一個故事說服了我，如果一個人不去追尋愛，不努力造福別人，或甚至是產生些許聯繫，那麼他就離悲劇不遠了。《勝利》[5]裡這麼寫著：「可悲啊那個人，他的心沒有在還年輕的時候學會去愛、抱有希望──去相信生命」。換句話說，不要像康拉德筆下的角色一樣，在已經太遲的時候才決定採取行動。在日誌裡，我不止一次責備自己的傲慢，甚至覺得那「非常可憎」，也承諾以後當我有機會跟人發展「情感聯繫」的時候，就要改掉這毛病。

但是如今這項人格測驗顯示，那可能根本無法由我決定，我或許已經在野外待得太久，身上產生沒人希望在室內出現的無禮味道了。我讓自己做的那些事──讀書、思考、熬夜寫筆記──都無法為我是個夠格的人類作證。我成了一

5《勝利》（*Victory*），康拉德於一九一五年出版的小說。

個必須從人類社會驅逐的怪物，這樣規則才不會被破壞。我不屬於這裡，而校方和其他所有人遲早會發現這點。

我擦乾眼淚下樓去，小心翼翼地向母親表露我對加州生活的難以適應，因為顯然我無法融入這裡。但我到底期待什麼？要她可憐我嗎？其實加州生活對我母親而言也很難適應。我父親很少在家，而搬來這裡使母親遠離她在洛厄爾建立起的一切人際網絡，在我們離開那裡之前，她已經當到全市家長會的總主席了。所以我講完之後，她一面重重地熨著我父親的手帕（她之所以必須那麼費力熨燙它，只因為我父親的西裝外套上需要它直挺挺地露出一角），一面告訴我，我老是覺得自己比別人「特別」，這就是我的最大問題。因為我一點都不特別，我就跟其他人沒什麼兩樣，而我最好習慣這點。

不過，在沒有父母的幫助下，我還是努力從「生活調適」課轉班成功。隔天我到位在另一棟房子裡的教務處去，跟某個坐在櫃台後的大人說我沒辦法再上這門課，因為它違背了我最基本的原則，結果她和善地讓我轉到打字課（我從「打字練習」換成手寫日誌之後就沒學好這項技巧）。她可能以為我是某種強硬派基督教徒，認為「生活調適」課過於俗世主義到冒犯人的地步，因為它都沒談死後生活。

經過這件事之後，我不再擔憂自己的「偏離常軌」，而是開始以新角度看待自己。我認為自己是個反抗者，不管心理上、政治上再怎麼保守的人，都不能說我這樣不對。因為至少這已經是朝社會連結邁出的一步。我承認其他人「確實存在」，而我是以跟他們彼此相關的方式存在著。我終究還是屬於人類這個大集團的一份子，儘管我扮演的角色是要從內部翻轉它。我到洛杉磯幾個月之後，投稿參加一份報紙舉辦的徵文比賽，比賽題目是「青年在社會扮演的角色」或類似的說法（只有在報紙編輯對自己的工作穩定度顯然有超高自信的時代，才可能弄出這種題目），我在投稿的文章中闡述了這樣的自我角色定位。結果很不幸地全軍覆沒，但我寫的大方向是，除非青年人持續提出挑戰，否則「社會」往往會趨向停滯和墨守成規。我沒有抱怨種族不平等和核子戰爭，那在我當時對事物的形而上關切之中並不佔太大的比重，而是勸誡大家要站出來，對一切抱持質疑，不把任何事視為理所當然。得知投稿落選的時候，我安慰自己：反正我也不會去領獎，因為那所謂的獎，是可以跟在《躁動年代》（*The Restless Years*）裡演出的某個年輕明星約會一次。

我到底反抗什麼呢？嗯，當然是高中制度這個大方案，它的目的是要把所有人轉化成就算彼此互換也沒什麼差異的個體，能夠住進南加州近郊同樣就算互換也沒差別的房子。我學會抽菸，而且我不需要離開家裡才能精通此道，因為我最喜歡的珍阿姨在偶爾一次的來訪時，讓我抽了她的薄荷味Newport香菸，之後我進階到偷父母的Camel香菸來抽。高中最法西斯的一項活動是足球「鼓勁會」[6]，規定全校學生都得參加，抽菸就是把這段時間打發過去的一個方法。凱西是我在加州交到的第一批朋友之一，我們兩個會躲在女生廁所裡兩間相鄰的隔間裡，把一根菸來回傳著輪流抽，同時外頭洗腦式的加油口號聲透過窗戶流洩進來。我們以為如果站在馬桶上的話，有人從門底下往內看就看不到我們，但那時（足以記在美國公共衛生史上的這一刻）我們卻沒想到，香菸的煙味是可以被人聞到的。

或者你也可以說我是在反抗平庸，但只有在「平庸」代表一種幾乎是全世界人的「拒絕承認」這個意義上，他們拒絕承認自身存在的「真實狀況」，包括每個人都面臨某一天將到來的死亡。讓我幾乎要發瘋的一點是，有可能大家就這樣持續自己的日常生活，完全不知道正在發生的事情：地球穩定自轉，日復一日過去，最終走向每個人都無法倖免的空無黑暗。我在洛杉磯度過的第一個夏天，是在暑期班補修物理和透過讀紀德的《窄門》[7]練法文中度過，我在日誌上寫道：

常常在教室或跟人對話時，我很想大叫：「這又能改變什麼？」因為我生命中有百分之九十四的時間都是在做完全無關緊要的瑣事。對於其他人感到非常要緊的事，我往往冷漠以對，這是我主要的反抗方式。老是被那些事情綁住，不管在學校或工作（我當時在一個電視維修服務公司兼差當接線生），都讓我想尖叫和摔東西。

我在學校的第一個學期交了幾個朋友，他們大多是跟我一樣反應快、用功、想上大學的孩子，我們會一起吃午餐，偶爾在放學之後也見面。在這裡交朋友不太難，因為人們並不會用宗教區分自己，也沒人對我的無神論有意見或試圖讓我

6「鼓勁會」（pep rally）意指在學校的運動比賽前把全校師生聚集起來為球隊加油的集會。

7 紀德（André Paul Guillaume Gide，1869-1951）曾獲諾貝爾文學獎的法國作家，《窄門》（*La Porte Étroite*）是他在一九〇九年出版的小說。

信教。這種規模的學校也甚至讓我找到幾個和我同樣格格不入的人，比如凱西，她有錢而且有足夠自信，對於要我們變成某種標準好萊塢青少年的這種狂想，她可以一笑置之。大衛的家離我家不遠（可憐、總是不開心的大衛），如果我們對彼此真有除了友誼之外的想法，他可能會成為我的男友。我們放學後會跑去他家，他家客廳裡就有一個真正的酒吧，如果沒有其他人在家，我們就會盤腿坐在地上，一面品嚐他父母收藏的烈酒，一面聊聊有關傢俱之類的話題：「那東西真的有什麼作用嗎？」「人幹嘛要勉強用這種顯然很不方便又重的東西？」我也認識了第一個有「政治」關切的朋友，迪娜，她是猶太建國主義者（Zionist），曾經在一個公社生活了一年，對農民社會主義（agrarian socialism）抱持著超乎我理解的狂熱。

大多數時候我跟瑪莉娜在一起，她大膽地穿著鄉村風長裙和戴金屬大圈式耳環來上學，並介紹我認識當時剛萌芽不久的波西米亞觀念。我跟她相處的時間比其他朋友都來得多，常常去她家找她。她家裡有位快活得令我羨慕的媽媽，牆上掛著明亮、濃豔、民族風的織物。我們有時候會一起唸化學，或至少嘲笑它一番，有一次我們把即將來臨的一場大考（在四月二十六日星期五舉行）命名為「黑色發拉日」（Black Faraday），紀念十九世紀的化學家麥可・發拉日（Michael Faraday）。我們以找尋民族音樂為藉口，遠征到威尼斯海灘[8]探險的第一家咖啡館，也是瑪莉娜找到的。偶爾有人會拿出一把吉他，彈出一些我要很費力才能聽懂的音樂，但瑪莉娜卻聽得入迷地跟著擺頭。這些場所令我印象最深刻的地方是，一切都不以營利為目的。熱水和即溶咖啡就放在入口附近的一個小桌子上，如果你想的話，可以在旁邊的一個罐子裡留下一些零錢。這跟我在平日晚上和週末打工的餐館恰恰相反，在那裡，原則上連一包糖都要付錢。

我父母並不知道我們跑到洛城逐漸發展起來的「夜店區」（當時那裡並不叫這個，其實也沒其他任何名稱），而且這是好事，因為當地報紙似乎認為那裡是「毒蟲」和性方面「違常」者的溫床。實際上，這些所謂的違常行為在我打工的餐館更多。那裡有個非常陽剛的中年女油炸師傅，她開始在餐館快關門時以探詢的眼光看著我。儘管我佩服她身為廚師的精湛能力，但如果她下班回家後有另一種生活要過，有可能還牽涉到一個更小更亂的廚房，很抱歉我並不想進一步了

8 「威尼斯海灘」（Venice）是位於加州洛杉磯市西區的一處海灘。

解。

至於藥物或所謂的毒品，沒錯，在咖啡館文化中無疑是出現一些藥物。瑪莉娜和我結識了法蘭克，他是個跟我們年紀差不多的吉他手，後來在一九六〇年代還真成了一個搖滾明星（多年後我無意間看到一張他的唱片封面才知道）。有一次我開車，瑪莉娜坐在乘客席，她把放在腿上的一個紙袋打開，讓我看裡頭滿滿塞了一堆棕色的片狀物，她說那是法蘭克的大麻，因為某種原因他要瑪莉娜幫他保管一下。我當下不顧瑪莉娜焦急的反對，堅持把車停下來，把那些東西全部倒進一個排水溝裡，我深怕若不趕快這麼做，警察會把我們抓起來，或者我們會禁不起誘惑用了它，然後立刻墮入犯罪和毀滅的深淵。

這種剛萌芽的反主流文化所帶來的真正危險，其實只在於讓社會大眾看到一些人公開規避自己身為成人該負的責任，動不動就在那裡坐上好幾小時，看不出他們跟任何工作、辦公室、工廠或家庭有關的跡象。而這令我感到無比寬慰，就像我剛被宣布患有某種致命疾病，卻發現有一小群病患生存下來了，意思是：假如我在十八歲左右變成大人，這不一定表示我得放棄自己在乎的一切，硬被塞進一種不斷操持家務的人生。如果你想的話，大可以在一家咖啡館裡坐一整天甚至到半夜，抽菸、聊天、喝苦苦的咖啡，或者下一盤西洋棋。儘管我一直弄不清楚這些人到底是如何維生（比如他們是有自己的家，有個會不斷自動跑出錢的銀行帳戶，或者是睡在長椅上），從外表實在是看不出來。

我很佩服瑪莉娜，而且程度超過先前交過的所有朋友，因為我知道在我們兩個之中，她才是真正的尼采信徒。她比我明白這個道理：面對荒謬愚蠢時，最好的回應是把它當笑話。如果你告訴她，我們其實生活在宇宙大爆炸之後的零碎殘骸中，住在一個不怎麼樣的銀河系裡的一個不值錢的星球上，她會翻個白眼然後笑一笑，彷彿這種悲慘情境還有讓人覺得滑稽的可能。如果你告訴她，我們每個人都注定將被死亡吞沒，她會靈機一動，想到她曾在巴士車廂廣告上看到某個樣子不錯又價格合理的公墓。「這些事情能越早開始想越好，」她講話的音量大到足以讓附近乘客不安地欠動，「而且你看這價格多合理！」如果我能忍住沒笑個不停，我會跟她胡扯下去，說如果這城市已經沒有空間容納持續暴增的死人怎麼辦。市府會不會開始把草皮挖起來埋人？其他乘客們有的把眼光別開，有的乾脆換坐別處。從頭到尾沒人加入討論。

可是她也很變幻莫測。儘管並未握有任何實質證據，但我母親曾說她是個

「假貨」。如果我問瑪莉娜某件她幾週前告訴我的事，她可能會加以否認、說她忘了，或反正只是隨便說說。她曾經有些自豪地告訴我，她會根據不同場景編出三種截然不同的人格來應付，這當然是通過「人格測驗」的方法之一，但我聽了之後不免懷疑，那麼這一刻跟我相處的是哪一個瑪莉娜？是身為好學生的她，愛惡作劇的她，還是初出茅廬藝術家的她？有段時間我一直相信她是某種創作天才，但有一天下午，她給我看一首她寫的詩（我想是關於月亮和微風之類的），但以我有限的法文和拉丁文知識來判斷，那跟她桌上那本西班牙文課本裡的某一首詩一模一樣，只不過翻成了英文版。我向她提出這個問題時，她只是聳聳肩，試圖讓我覺得自己像個笨蛋，不了解某種明顯的詩化融合原則之類的。

人真的有可能跟任何人溝通嗎？至少是在某些算是重要的事情上？我在洛城度過第一個夏天時，曾如此向我的日誌報告：

> 現在是學校午餐時間，我沒有跟朋友在一起，而是自己看書。我從書中抬起頭，看見草是綠的，太陽是溫暖的，感到很開心。我重新回到朋友之中，她們正在討論某些再抽象不過的東西，之所以抽象，是因為那實在是太過瑣

碎膚淺，以致於跟現實完全無關（她們大概在討論分數和快到的考試）。所以我開口了，臉上帶著微笑，我告訴她們，那些東西根本無關緊要，完完全全無關緊要，所以開心點吧。她們笑了，不是因為被我點醒之後鬆了一口氣，而是因為訝異。我環顧四周，看著周圍的臉孔，再度明白我跟她們、她們，還有更多的她們之間，存在著一堵牆。

有時候我坐在一輛巴士上，觀察其他乘客是否顯現出他們是獨立、有意識的存在。「有些人會看書，」我在日誌寫到，「有些人望著窗外，而我看著他們。我很想跟他們說：『你們在這裡啊，人類們。這個時刻、這個地點以及在此的我們永遠不會有第二次機會了。快點覺醒吧！』但巴士已經開動了，而有些人必須下車。」

我想要人們做的事很簡單，我想要他們朝我一擁而上，然後對彼此說：「天啊，這是什麼？發生了什麼事？」我想要他們從自己的房子和車子跑出來大喊：「看看這個！看哪！你們也看到了嗎？從青草和樹木中湧出的奇妙汁液，還有太陽無私、不求回報地大量提供我們的種種恩澤？」在我的幻想中，他們有的人會開始抓住一個陌生人，展開一段有生以來最認真嚴肅的對話，有的人會雙手朝天空一攤，有時出於狂喜，有時出於恐懼地仰天長嘯。路人會擁抱彼此，人人流下恍然大悟和驚喜的眼淚。那會是孤獨、虛偽的終結，也是在浪費了多年時間後，人類真正開始做自己本來應該在這裡做的事。如果人們並不想這麼戲劇化地回應我的呼求也沒關係，我只希望他們至少可以偶爾給我一個會意的眨眼，或是傳給我一張小心折好的紙條。我在日誌裡寫道：「各位，為何你們連一點暗示都不給我？」

我當時不會這樣描繪自己，但我那時已經開始變成梅思金王子了，一個虔誠的傻子（儘管偶爾我也會化身查拉圖斯特拉[9]），意思是，我對日常現實的把握能力正在流失。我上學、看書、維持身上衣服的整齊清潔，準時出現在打工的地方（起先是電視維修公司，後來是在餐廳當女侍），但有個東西拉扯著我。它看來如此不可阻擋、如此絕對而明顯，使得我在日誌中也不再對它保持沈默。在洛厄爾的灰暗天光中有所減緩的解離症狀，如今不論是發作頻率和強度都增加了。也就是說，我又再度看到事物「真正」的樣子，沒有「覆蓋於其上的幻想」。我寫道：

當事物的真實性消失時，我常常會突然驚跳，接著那感覺就像我才剛出生，從未看過它們一樣。這是一種探險，不過，當我發現自己腳下的地面還在原處，陽光也並沒有變成一聲大爆炸或一串串液態物質時，我還是很欣慰。

但一種新的哲學疑問逐漸攫住了我。如果那些被我短暫瞥見的事物底下的真實，也是經過我「心智處理」的產物，我又怎能知道它們是「真的」？「我的無知程度不止難以想像，」我寫道，「還是無限大。如果我坐下，如果我有能力坐下，做一些邏輯推理，循著每個繞圈圈的思路，最後終於想明白了，我會極度不開心。因為透過邏輯推理得到的真相是苦澀的。我所做、所思考的每件事都被我無法改變的那件事殘酷地嘲笑著，也就是我會死的這個事實。」或者就像我在幾個月後以比較優雅的方式寫下的：「這是一段艱困的時期。我宛如被尼采控制的

9 查拉圖斯特拉（Zarathustra），古代波斯祆教的先知，尼采著名作品之一《查拉圖斯特拉如是說》即藉著描繪此先知之言行，提出自己的哲學看法。

傀儡舞者，而那些控制我的線是看不見的。如果我往下一看，發現腳下沒有任何東西，我就迷失了。」

當某個人跑到離群體太遠的地方，人們出於一種集體的虛榮心，往往會責怪這個群體。一定是此群體中有什麼力量在排擠那個人，不管是家庭失能、社會一般對此人的失望，或者是性方面的拒絕等等。不然就是此人自己的錯，就像康拉德筆下的角色一樣，因為此人沒有好好培養跟其他同類之間的恰當聯繫，也就是忘了「愛」這件事。不管是怪群體或個人，都是預設了人的問題就只跟人有關，其他任何因素都不值得考量。你可以試試看，跟一個心理治療師或其他此類「協助」的從業者說，是朦朧的陽光害你這樣，或者是那些沿著鐵道雜亂生長的漆樹讓你充滿恐懼，那些人一定會想聽到你說自己童年遭到虐待。這不只是精神醫學，很不幸地也是其他太多小說（就連一些最好、最引人入勝的也一樣）所抱持的想法：除了偶發的疾病或災難之外，型塑我們生活的唯一力量就是其他人類，在人類互動網絡以外的地方，沒有任何值得研究的東西。

當然，我們是被人與人之間的互相倚賴所型塑，而且是到了一種幾乎令人感到不好意思的地步。我對這點沒有異議，因為除了某些昆蟲之外，人類是最社會化的動物。沒有跟人依偎或被人擁抱的嬰兒，會死於一種叫做「無法茁壯」的症候群。看起來似乎很成功的大人，也可能會因為失戀或在工作上被持續忽視而陷入憂鬱。也就是說，我們是「群居」的動物，或者用一種更誇張的生物學比喻來說，我們是散布在一個多核細胞中的個別細胞核，共享著細胞質，完全依賴彼此才能維持住細胞結構和獲取養分。如果從整個群體所在的主要細胞體中被摘除出來，會有致命危險，而我很願意在此承認，此危險的其中一種展現形式，就是無法打從心底接受一般社會定義下的「真實」。

所以，沒錯，我是和我一起生活的這一小群人類之間特定張力關係之下的產物，而我們必須如此頻繁搬家的這項事實，更是增大了他們對我的影響力。做為一個家庭，我們必須要能夠毫無困難地四處移動，所以也沒有其他可以與家庭匹敵的長期人際連結（比如朋友或社區組織等），我們對彼此的依賴無從減輕，不管是做為競爭對手、可以拉攏的同夥，還是獲得認可的對象。而在我們搬到加州幾個月之後，這個小小的圈子顯然陷入更絕望的境地。我父親總是關在自己的世界裡，而且程度嚴重到我忍不住懷疑他為何要大費周章把我們一起從洛厄爾帶來這裡。也許那時候他已經跟他的秘書（也就是他第二任妻子）在一起了，因為每當他在家的時候，看起來總像是籠罩在某種龐大而可怕的思緒裡，一手支著下頷，默默地望著遠方抽菸。他的封閉折磨著我母親，而她也把這樣的折磨往四周散播。但我打從能把事情記在心裡的年紀開始，就在看著這樣不對稱的權力角力上演，這對我來說已經一點也不新鮮。對我而言，搬到加州帶來的改變並不是家庭失能的部分，而是具體的外在環境。

在加州，你眼睛所能看到的每平方呎範圍中，細節似乎就是比較少。比如棕櫚樹就是一種簡單的影像，因為跟橡樹比起來，它的樹幹和一根棍子沒兩樣。此外，跟木板瓦或磚塊比起來，粉刷處理的牆面（至少從一段距離之外看來）簡直是毫無特徵可言，不只上頭沒有任何東西可以讓我的注意力當成錨點，更幾乎總是明亮到令人不舒服。洛城一年之中有三百二十九天是陽光普照的日子，波士頓則是二百三十天，跟洛厄爾差不多。這等於是整整多出九十九個強光侵襲的日子，強光使東西的輪廓變得尖銳，也使建築物和路面的平坦表面顯得淩厲。在這裡，一切都無所遁形，沒有雪或雨季所帶來（儘管是假象）的溫和舒適。如果有什麼東西試圖要抓我（這不是說我認為有東西會這樣），但如果有什麼東西真的想從一段距離之外跑來抓我，這裡的天空也沒有多少雲可以幫我把它擋下來。

咦，我說了「有什麼東西」嗎？直到此刻，我一直認為解離經驗是讓我進入到某個「地方」，但因為我沒有辦法控制自己什麼時候進去，所以有可能是某種存在物或信使跑來把我帶過去。如果我無法控制這種經驗的發生，那麼就可能是其他的東西在控制，但我當然想不出可能的候選者是誰。可以這麼說，我到當時為止的成長過程中，學到最大的一課就是沒有什麼東西「在外頭那裡」，沒有上帝，沒有可以讓我們依賴的其他存在，也沒有什麼突然出現的幫助（在這點上我也得說，除了人類自己發明的東西之外也沒有其它的威脅存在）。所以我那些詭異的「驚跳」，或看到的現實的裂隙，不代表某種外來存在物的「干預」。理智地看，它們只不過是正常認知過程的短暫「斷線」，就像其他的一切一樣，完全可以用細胞和分子之間的交互作用來解釋。科學向我們證實，宇宙已經死了，或者至少是由微小的已死物質構成，它們是沒有心智的小顆粒，只會照著已經被規定的路走。

科學（直白的、化約式的、強調牛頓定律的高中科學）本來應該要能讓我穩穩地站在大家都接受的現實上。因為這樣的科學沒有空間讓無法用簡單的話或數學式告訴別人的事物存在，無法對事物有逸出常軌的認知。事實上，我可以想像有人拿這樣的「科學」來治療所有跟離常相關的精神失調症狀。還有什麼方法比以下這一個更能讓逸出常軌的心靈回到規範內呢：給病患一個碼錶、一顆球，和一個傾斜的台子，然後跟她說，只要這三樣東西能讓她想出什麼有意思的東西回來報告，就可以吃午餐？或者是把一名年輕的浪漫主義者送去看夕陽，然後跟他說，他不可以回來講些有關榮耀和振奮的風花雪月，只能報告波長、溫度和光線的角度。這就是科學：看到跟別人所看到完全一樣的東西，找出可以描述這些東西的測量單位，然後用最簡短扼要的話語告訴別人。還有什麼比這個還理性，或可被社會接受？

但科學對我沒有那樣的功能，而且並不是因為我沒有好好學。我在高中時並沒有選修生物課，但我的學校成績足以讓我參加一些到頭來反而讓我對生物學很反感的活動。我得在星期六早上坐長途巴士去參加一些演講，主題之一是分類學，意思是，我們得在不同生物的素描圖之間找到相似點，而且大多是軟體動物（儘管也有脊椎動物），牠們被以這樣靜止不動的方式呈現，我覺得就算是畫牠們躲在殼裡的樣子也沒差多少。再加上主講者根本沒提到達爾文，所以這些相似處也沒有以跟系譜有關的方式系統地解釋，一路聽下來，我覺得花時間去把生物分類成物種和次物種的意義，就跟討論演講者自己抽屜裡的東西是怎麼擺的差不多。如果在「活的東西」（一個本身就充滿迷人矛盾的概念）這個範疇裡有什麼動靜的話，不管是爬行、跑動、衝刺或攫取，那麼生物學家的工作就是把這一切取代成一連串靜止不動的幻燈片，而這樣的工作就算沒有我的幫忙也一樣能完美地做好。

至於高中物理，在我看來它提出的不過就是這樣的觀點：「物質的首要特性就是慣性」，意思是物理世界已經死了——出於某些不知名原因，一個龐大的屍體被丟在時空之中。把一顆石頭從手中放掉，它會往下墜落；行星一直沿著軌道運行；X永遠溫順地被Y拴住。鐘擺左右擺盪，水往低處流。這一切都相當無聊，直到你想到這一點：這一切的動作都是從某個完全隱藏起來的東西而來，某種「驅力」，那又是什麼？一種意志的沈默、隱形、無味的展現，但那是誰的意志？目的又是什麼？

比較起來，化學是一個功能好太多的避難處。我藉由它逃離物理學、三角函數和家庭之中的荒蕪。原因可能是，我能找到最接近父親以前專長領域的學科就是它，也可能是我其實對化學很擅長（至少擅長到能在九年級時因為成績優異，獲得一本封面上寫著我名字的《化學與物理手冊》），總之我對化學可說是貪得無厭。「我腦中想的都是化學，化學，化學，」我寫道：

我是一管過飽和的溶液，我是一張濾了太多東西的濾紙。化學是我睡前想的最後一件事，早上六點半起床後，我的第一個念頭是有關鋁的產生。而這還只是最初等化學開始之前序論的前言而已。我血液中流的不是血，而是膠狀懸浮液。

當然，如果我真的是個科學天才，我就會是在做化學實驗，而不只是讀有關它的書。我會跟萊納斯．鮑林[10]一樣，在高中的時候就跑到廢五金垃圾場去東翻西找，就為了找到有用的東西回去在家中蓋一個化學實驗室。我有一套在一九五〇年代很流行的化學實驗工具組，但如今回想起來，那裡頭有很多沒密封的小瓶裝有毒物質，簡直像是設計來滅絕未來有希望的化學家一樣。但我的工具組只是放在書架上積灰塵，這可能是一件好事，因為我在臥室裡當然沒有水，也不可能有方法把手上的——比方說是鈾的殘渣好了——給洗掉。

我被化學吸引的方式就跟某些人被托爾金（Tolkien）的小說吸引一樣，因為它提供了一個充滿戲劇性和峰迴路轉情節的世界。物理想把自然中的生命力剷除，但化學則揭示：在事物的平靜表面下，有一個領域並不受地心引力的無情支配，在那裡，原子和分子一直在活動，它們推擠和衝撞，舞動和交配（這項活動在初級物理學只被描述為「摩擦」），這是事物令人不安的糾纏混亂部分，對物理學家而言意味著某種不完美。但人能抗拒原子和分子的異色生活嗎？那靜電的吸引、共價鍵之間舒適的親密無間，分子之間作用力那如空氣般的輕吻？主導著粒子之間的配對和分離的規則，對我而言就像仍被我們稱為「原始」社會之間的親族關係一樣迷人（比如對同極粒子相結合這件事的嫌惡，就像對近親相姦的禁忌一樣）。於是，透過這些肉眼看不見的激烈騷動，物質世界應該要自行組合成形，因為那就是這個世界該有的樣子，是它真正的樣子，而且是從科學的角度來說：永遠在變動的粒子聯合，是種種沒有意志的、幾乎是自動發生的事件連鎖。

講了這麼多，差不多等於是承認，當我掙扎著思考一長串牽涉到反應率和平

10 萊納斯·鮑林（Linus Pauling，1901-1994），美國著名化學家，曾獲得諾貝爾化學獎和和平獎。

衡常數的問題組時，我往往會開始神遊。請各位讀者記得，在那個時代，手持計算機尚未出現，幾乎所有問題都需要求助於很長的表格或折磨人的長串計算過程，所以有很多機會可讓一個不想在那裡用鉛筆用力寫數字，而更想去讀小說的人去做一些無用的哲學神遊。當然，科學「產生效用了」，但從美學角度來說，科學真的比神話學好很多嗎？我們為什麼要堅持理論「有用」，但其實還不如把它們放在一旁擺著好看就好？

我沒辦法不注意到，每一項科學的進步（比如解釋為什麼會有季節變化，為什麼閃電會劃破天空），都使得某個明明很厲害的女神或創造神失業了，一個假設存在的精靈死了，不然就是一個活著的東西不再擁有自主性。以在載玻片上爬來爬去的變形蟲為例好了，各位認為牠之所以爬動是因為牠「想」這麼做嗎？不，科學告訴你，牠的動作只是趨藥性的結果——是它細胞膜上小分子的運動，造成對細胞內的蛋白質架的推拉，使聚合物鏈結和鬆開——這些事件的結果造成牠的動作。所以，用科學方式「了解」變形蟲的結果，就是把它變成某種粗製濫造的玩意兒，而且理論上可以用試劑在試管裡合成。以其他方式解釋牠的活動（比如用「想要」或欲望），代表著把牠「擬人化」的滔天大罪。

但是，如果不從事科學的話，我又能做什麼？科幻小說誘使我進入科學，儘管它們讓科學看起來就像純粹想像力的產物，沒講到那些測量和計算結果的枯燥部分。史普尼克一號[11]也起了推波逐瀾的效果，因為那意味著從一九五七年開始，所有聰明的美國年輕人，即便是女孩，也必須加緊向火箭製造技術的大方向邁進，而學習物理和化學就是第一步（至少沒有老師會說：「哇，你真厲害，有沒有想過要當藝術史學家呀？」）。此外還有我無法抗拒的父親影響，但並非他對科學的愛，而是他對科學的放棄。父債女還。如果他不想找出青春痘的治療法，或發現用室溫下的花岡岩發電的驚人方法，那麼我必須替他完成任務。這就是他的「犧牲」暗含的意思：投身科學的夢想必須延宕到下一代，而既然我的弟妹們都看不出有絲毫對科學感興趣的樣子，那麼承擔這項責任的就是我了。

此外至少在我看來，除了科學以外的其他學科（比如歷史或文學），需要的只是閱讀，這點我自己就能做到。文學書是我不管怎樣都會看的，我沒在做其他

11 史普尼克一號（Sputnik 1），是蘇聯在一九五七年發射成功的人造衛星，是地球上第一顆成功發射進入軌道的人造衛星。

事的時候會看，而時常讓我母親生氣的是，就算我有在做事也照看不誤。在刷牙或洗碗的時候，我可以把一本書立在旁邊一邊做事一邊看，而且完全沒必要因為有人走進房間就停下來。讀書是娛樂，科學則是工作，而每個人都必須工作，再清楚不過。若不工作，剩下的選項是像我母親一樣，無法適當抒發的精力形成龐大壓力，逼得她陷入瘋狂。

如果科學承認變形蟲是可以有意志的，承認氧氣原子實際上強烈欲望著氫原子，我可能會稍稍感到不那麼孤獨。但科學的目標，就是要摧毀除了科學觀察者自己之外還有任何自主活動的可能徵兆，或至少是自主的傾向。從高中物理課的觀點看到的宇宙是這樣：一切都被化約成在時空的縐折裡滾動的粒子，古典物理學的撞球台被愛因斯坦擴張成某種龐大、如葬禮般肅穆的地形圖，就像在一個遙遠、即將死亡的星球上，一座沒有太陽照耀的海洋緩緩起伏的表面。這一切都讓「為什麼」這個問題更顯迫切。為什麼世界上要存在任何東西？我們何必用「有東西在」這種短暫的喧囂和混亂打擾宇宙完美的「無」呢？如果其他的一切都已經死了或已經命定了，我們又怎麼解釋人類——或至少是我自己——的有意識生活，這種渺小的不安呢？為什麼？上帝啊，你是不是根本就睡著了？

# 第五章　孤獨，完全的孤獨

我們搬到加州約六個月後，我開始沈浸在一系列時間拉得很長的幻想裡，想像自己是唯一活在世界上的人類——至少以我看得到的範圍來說是這樣。在幻想中，有一天我在一個不是自己家的地方醒來（在最標準版的幻想裡，我在一個很像比佛利山的富裕社區裡找到一份需要待過夜的保母工作），然後很快跳上我的車（這也是一個絕妙的神來之筆，「我的」車喔），要趕去某個我很怕來不及趕到的地方。我白擔心了，因為街道上完全沒有其他車輛行駛，紅綠燈也攔腰折斷了，垂掛下來搖晃著。車上的收音機沒放出半點聲音。插滿二手車店四周的小塑膠旗幟仍然在微風中飄盪，但如今它們就算被當成西藏的祈禱旗來看也行，因為上頭沒有任何廣告文字。在「說不定有一場大災難發生了」這個念頭冒出來之前，這個被遺棄的世界的美，帶給我一陣短暫狂喜。北邊翠綠的山和從牆上披掛下來的九重葛從以前開始就在那兒，但通常它們都被人類弄出來的厚厚煙霧和種種標誌所掩蓋。於是我明白了：整個城市都是我的，天空很乾淨，而這個世界充滿的種種可能性就像朝露一樣閃耀著。我猜這大概就像我坐上一台小飛機，完全靠運氣把它飛到幾千呎高的天上，還沒意識到我根本不知道怎麼開飛機，這種時候的感覺吧。

在我的幻想裡，不到一天我就明白所有人類都消失了，連同他們的衣服、裝飾品一起不見，而且沒有任何掙扎或強迫的跡象。為了讓幻想方便進行，他們的車子沒有散落在路上把路擋到不能通行，而是整齊地停在各自家門口，而且鑰匙還插在啟動器上。沒有任何線索顯示他們去哪了，或是被綁架到哪裡去。我知道這樣的場景在科幻小說裡很常見，通常還再加上夜晚天空裡的怪光、奇妙的預言，還有科學儀器上的不規則讀數。但在我的幻想裡，沒有任何前兆可言，至少我沒解讀到。我在數落著我還有什麼事沒做的聲音中入睡（你要做功課，燙制服，還有準時到餐館打工），醒來卻發現自己徹底的自由了。

剛開始幾天，在冰箱裡的食物還沒開始腐壞之前，我把這當成是四處打探和小小地、有節制地搜刮東西的機會。即便是看起來最雄偉的房子，大門也是我一推就開。我從一個房間走到另一個，測試大到佔滿一整個房間的沙發有多柔軟，拿起東西看看，然後把它們放下。所以，當你把人類的肉體從人工建設、生產的環境中擠掉時，剩下的就是這些：甲殼質的外骨架、木頭、物品表面的纖維系統和支腳等，若沒有它們，我們無疑會軟軟地靠著牆或癱倒在地上。沒有人類在，這些傢俱沒其他事做，只能做為人類身體結構有多不佳的見證者，因為人類竟需要那麼多的墊褥、靠枕、靠手、靠背和其他支撐物，才能不至於整天蹣跚而行！

我的人類同胞所留下的大量物資中，只有非常少數是我想裝進車子後車廂帶走的，可能是一本書，電池，或是一罐煙燻蠔。有時候我會在一個地方流連一個小時左右，讀一本塞在抽屜後頭的日記，著迷地讀著該人如何詳細描繪自己心中的渴望，還有那麼突然地夭折的種種計劃。被人類拋下的寵物可能會是個問題，牠們吠叫著要食物，但我沒辦法為牠們做什麼，只能祈禱牠們跟在精緻的魚缸裡逐漸解體的熱帶魚一樣平靜地到另一個世界去。我啜一口薄荷甜酒，咬下從歐洲進口的巧克力，試著輕鬆地躺在緞面床單上。

在所有人消失約一週之後，我的幻想有了更多焦慮和壓力的味道。我發現我必須找一個地方做基地。首先它必須是一個有游泳池的房子，可以把游泳池當成蓄水池用，再來必須四周有圍牆，才能擋住狗的侵襲——牠們逃出飼主的屋子之後就開始成群結隊行動。我起初覺得「所有宗教的教堂」可以是候選之一，因為它四周有牆，而且中央有個淡水湖，但我從那裡無法完整看到山丘那邊的狀況，而我必須監測四面八方才能即時發現任何的活動跡象。但另一方面，我的基地也不能在山丘的太高處，因為我沒辦法一個人把物資從位於山谷的商店中一路扛到山上，或者有必要的時候得用購物推車，因為過了一段時間之後，我的車子一定會沒油，其他車子的油即使在油箱中也會慢慢蒸發掉。我必須開始在基地裡囤積罐頭食物、蠟燭、阿斯匹靈、衛生棉，還有置物架，這意味著我得反覆跑到曾經很繁華的街上，進入商店內搬東西，有必要的話還得用搥子破窗而入。最糟糕的地方是超市，以往那裡一向燈火通明，你不會注意到裡頭幾乎沒有窗戶，但如今只要你走到收銀台再往內幾步的地方，就是如洞穴般的一片漆黑，空氣中飄著腐敗肉類的臭味。

所以，這樣的幻想是什麼？內心願望的滿足，還是一齣恐怖電影？或者兩者都是？直到今天，我偶爾還是能沈浸在這份幻想裡（我會估算距離和高度，擔心降雨的可靠度），如今我明白那只是一種娛樂，是一系列的冒險電影，這份幻想最初的功能就是這樣。在大約十歲左右的時候，我發現有些場合大人不准我看書，所以我得發展出一些可以代替書的頭腦遊戲。如果我母親沒有禁止我們在車上看書（因為她認為那會讓我們噁心想吐，而這個判斷大概沒錯），情況可能會非常不同。如果沒有那些在巴士上和車上的冗長時間得打發，使我可以用這些自製的幻想來填滿的話，我可能會懂得更多，或者成為一個更實際的人。

高中是另一個充滿難以預測的閱讀禁忌的地方。我起先試著把自己的書藏在某一本無用的公民課本裡頭，想智取過關，但老師會突然把裡頭的書抽走，直到下課後我做些表示悔過的作業之後才還給我。於是我了解到，我必須完全靠自己來娛樂自己。讓他們去叨唸那些既瑣碎又沒必要的支票還是收支平衡之類的東西，或者是國家和地方政府的各種部門吧。說到底，為什麼我生命中那些大人那麼需要我的注意啊？「你在聽嗎？芭芭拉？」是他們最愛的問句，之後還聰明地接著問：「那我剛才講了什麼？」有時候他們一邊問，眼珠子還一邊往外突出那麼多，我真懷疑他們是不是該去看個醫生。不然他們就是沒辦法靠自己內心來確認自身存在，非得要附近其他人（比如我）隨時隨地跟他們有眼神接觸或向他們點頭才能確定。也許他們這種想法是對的。

在許多年的日誌中，我跟自己心中的唯我主義傾向苦苦掙扎，前面描述的那種幻想就是一種戲劇化的表現。有時候這點似乎再清楚不過：在我之外，其他一切都不存在。「噢，這是多麼可怕又苦澀的一種權力，我知道只要我轉身不看，這張紙、我的同學、月亮都將不存在，」我在搬到洛城之後不久就寫下這些文字，「而且就我來說，他們確實如此。」不過我更常圍繞在某種溫和的不可知論上。沒有任何確鑿的鐵證可以證明有其他自主、有意識的人類心智存在，我四周的人可能是某種投影或幻覺，更別提還有像在科幻小說中出現的那些可能：我們都是已經離去很久的外星人遺留在地球上的精密自動機器。不過在一九五九年的時候，我帶著幾分昂揚之情宣布：

經過長久的思考之後，我決定，我必須假定這是真理：其他人就像我一樣。意思是說，他們是有自我意識的，有理念、想法、希望、恐懼、愛、秘密等等。就像我一樣。這聽起來荒謬，但我認為很少人真的相信這點。事實上，相信這點的人是如此之少（從證據看來我認為是這樣），正使得這成為一個重要的概念。我知道我無法證實這點，甚至也無法百分之百確定，但在我看來，跟其他人交往的任何場合，都必須以此為前提（其他人是有自我意識的）。儘管我無法確定地知道，但假設有以下三個選項：（一）其他人只是我個人的感覺想像，（二）其他人也有自我意識，（三）其他人不只有自我意識，而且知道的東西遠比我多。第三個選項是我想我應該覺得是對的那一個（儘管我不知道為什麼）。

請各位讀者注意到這項決定的曖昧性，從「我必須假定」到「我不知道為什麼」。我並未決定其他人是完全存在的，而是決定相信他們存在，因為如果沒有這樣的信念，道德──或者用我當時喜歡用的「仁慈」這個詞──的基礎是什麼？儘管如果你追問我仁慈的重要性何在，我只得承認那不過是一種美學上的偏好，也許再加上一點自我保護的需要，因為經驗告訴我，如果人們之間出現惡意、叫罵和毆打的情況，我通常會是挨打的那一方。

但同時，我也吸收了足夠的尼采思想，使我輕視仁慈以及尼采視為仁慈之發源的無力感。事實上，在我一些太過於理性主義的嚴苛日誌中，我連對尼采也表示輕視。他輕視自己的人類同胞，這點跟我父親差不多，但他們似乎都沒有質疑其他人的存在。至於我，我甚至質疑自己所身處的這個世界本身的現實性，還有充滿著它的死亡或沈默的物件。現實性？它隨時都有可能從視覺範圍和伴隨著它的聲音中流走，徒留我在那個無法以言語傳達的奇怪地方。所以我要怎麼「相信」人呢？而如果我要走上那條道路，何不乾脆走到底，要自己相信這一切的「表演」（不管是人還是其他事物）代表著另一個有意識的整體，一個超級存在，一個上帝？上面那段矛盾地拒絕唯我主義的引言，最後的結尾是，這項「相信」的行動「最多就是到這裡為止，我沒辦法再往前推進。我不會進而相信上帝，因為實際上，發自內心，我無法證明在我之外的任何東西是存在的。」

所以讀者們可以看到我那份幻想的吸引力所在，還有它所源出的唯我主義：我不需要其他人，而就算他們似乎是存在的，會思考、愛人和作夢，好像也不需要我的任何東西，至少不是任何直接、我能理解，因此可以準備給出去的東西。如果我對一個男孩感到一點點互相吸引的火花（這種情況逐漸發生），對方總是會在一兩天後就開始完全無視我——那又怎樣？對我來說此人就是不見了，而且可能從一開始就從未實際存在過。我保持自己的整潔（有時甚至在洗完澡後奢侈地噴一下浴後香水），我也知道什麼叫做「好衣服」。但那個似乎折磨著許多青少年的問題（至少在雜誌和電影上），也就是「別人怎麼看我」的問題，實在是太抽象到難以去追問。首先我得想像他們擁有獨立自主的心智，意思是在某個意義上我得變成他們。然後我得在這些人的心中種下一個小小的「芭芭拉」的形象，這可不是件簡單的事。然後我得弄清楚自己做為一個有獨立主觀意識的人，能怎麼做才能改變那個小小的形象……這過程會沒完沒了，無數鏡子反映著無數的鏡子。

也許我應該在我的幻想中讓幾個人活下來（幾個朋友，當然還有我妹妹），但如果我能選擇哪些人可以活下來，就意味著我參與了讓所有人消失的這件事。所以我得讓他們全部死掉，至少在我腦中，而我沒有讓過程血流成河或混亂失序，只是讓教室變空，屋子變得寂靜，整個世界等著被探索。

當時這似乎並不像是很大的損失，因為當時我沒有理由認為人類（一般而言）是比所謂不會動的物體還來得好的同伴。我認識過比樹還無趣的人，也見過比大多數人還複雜而有個性的樹。有些雲的型態比一個心意不定的戀人臉上的表情變換還引人入勝。如果你想要一個同伴的表現是可以從輕快愉悅到沈重威脅，你可以考慮海洋表面。在我看來，即便在研究認知科學多年之後的今日，在科學認為擁有心智的生物和被科學視為沒有意志的機械化事物之間，其實沒有一條很清楚的界線。比如說在不久之前，在科學家承認動物也具有意識之前，他們深信只有人類擁有感覺和心智，任何認為動物也有這些特質的說法都被斥為是「人類的自我投射」。但到底心智是什麼？它是怎麼在宇宙中散播的？又是以什麼形式的偽裝？我覺得我們最好從基礎開始整個從頭來過（天空、太陽、海洋、牆壁），而就連這樣我都已經吃不消了。

但在幻想中過了幾個月之後，它帶給我的真正教訓是：我其實很倚賴自己的同類。起初我過得還不錯，白天翻箱倒櫃，晚上開手電筒看書。你可以靠死去生物所留下的東西活很久（比如石化燃料，它們就由曾經是活的生物而來），而不用費心去思考死的到底是什麼，或者這些屍體能供我們使用多久。但隨著時間過去，我得面臨一些困難的問題，比如：我的電池、罐頭食品或火柴可以維持多久？我擅長的少數實際生活技能（烹飪、打掃、縫紉）都沒有立即派上用場的機會，因為我吃罐頭食品，有需要的衣物就從別人家或商店裡拿。吸塵器當然已經不能用了，也沒有多餘的水可用來刷洗。如今我需要知道的是人類科技的奧秘：要怎麼換輪胎、修車、把壞掉的門修好、生一個能維持一整夜的火？也許這些全都在學校裡教過，但我都在偷看小說所以沒學到。又或者這些技巧都只會教男生。

如果我沒有讓母親跟其他人一樣死掉（終於讓她一了百了地閉上嘴），此刻就是她的機會可以說：「看吧？你老是覺得自己高人一等，看看你成了一個多無用的人。」她的話是對的。儘管我父母讓我認識到勞動的尊嚴和實際生活巧思的神奇，我卻從來沒有真正注意到，讓我可以日復一日的活著這件事本身，背後需要動員的龐大人類力量。我從來沒在腦海中想像農場工人、肉品包裝工廠、開著商品補給車的卡車司機，或是把商品補上貨架的商店員工。如果你想成為一個唯我主義者，至少是原則上的，那麼你最好要懂一點農耕，還有知道怎麼蓋一個簡單的圍籬。

在我那沒有發生大災難的真實生活裡，自來水會可靠地從水龍頭裡流出來，冰箱裡永遠裝著新鮮食物，但這當中有一個真正的盲點，那就是我沒能認識到，或以任何方式解釋：讓我的心智能活生生地運作的是什麼。不用提什麼「情感支持」，這個詞彙就我所知當時還沒發明。我需要的是能持續穩定有小說、哲學、科學新知和一些新訊息可看，而我對它們的需要就跟任何一隻活著的哺乳動物對食物的需要一樣。如果我是宇宙中唯一一個無可爭議的有意識存在，我到底以為那些哲學、科學和小說是怎麼來的啊？我的日誌只有一次把作者當成一個活人在寫，認為除了作品之外他還有自己的人生，而那還是從作品本身的簡介中擷取的。那位作者是杜斯妥也夫斯基，簡介中提到他曾被判死刑，當他被拖到行刑隊面前時，卻不知怎麼地被饒了一命，而這讓我印象非常深刻。但這有讓我承認杜斯妥也夫斯基是做為一個人的獨立存在嗎？而且是一個比我還有想像力和深度的人？還有尼采，我這一點那一些地讀了他的作品，又在腦海中跟他辯論那麼多次，但我知道他是怎樣的人，或者以最恪守原則的方式說——他是什麼嗎？

我無法在如今輕易地解釋這個盲點，或者重建我當初想填滿的那個複雜心理裝置。尼采以及其他我提到的思想來源，都可能只是我自己想法的投射，或者以較不個人的方式說，是在產生我意識的神經訊號風暴之中跑出來的大龍捲風。這是唯我主義者得處理的東西：某個龐大而沒有內在區別的東西，把「我」和「其他所有人」都包在裡頭。也許「我」和其他的一切之間曾出現某種斷裂，而我對「真相」的追尋只是一種想要癒合的欲望。比如那些小說中的角色：在最初的奇異感消褪後，它們的「熟悉感」吞沒了我。我就是梅思金、拉斯柯尼科夫[1]、德寇[2]，而且可能一直都是。尼采起初「真的震撼了我」：

沒有辯證法、偽數學式的推理，或奇怪術語。他以瘋狂的熱切之情來書寫。我帶著些許猶豫和恐懼讀著他高昂的句子，彷彿我被領著走上歧途了。

但之後我讓自己跟著他晃蕩，讓他不只成為我感知外界時的一部分參照，也參與決定這個世界必須怎麼被看待。所以也許確實沒有任何「外於」我的東西，而我所學到的一切，都只是肯定一個已經預先存在的範本，它一直存在於我內心，或者更正確地說，在某種普世的叫做「我」的東西之內。

我當時不只是讀小說和哲學，也包括科學，而且就連我都能發現巨大的轉變正要發生，或者實際上已經發生三十年了，儘管我當時只是模糊地知道一些新的「不確定性」和「未定」這樣的語彙。首先出現的是這個新聞（儘管我不確定到

1 拉斯柯尼科夫（Raskolnikov），杜斯妥也夫斯基所著《罪與罰》（*Crime and Punishment*）的主角。

2 德寇（Martin Decoud），康拉德所著《我們的人》（*Nostromo*，或譯《諾斯楚摩》）中的主角。

底是哪傳來的），說原子之中大部分是空的，意思是說，如果你持續按壓眼前的桌子，最後次原子的粒子就會排成一列，而妳的手就能穿透桌子。在一個科幻故事裡，有個犯人在做了多次搞得手淤青的嘗試之後，就是用這樣的方式逃出監牢。我不能說我預知了物質的非實質性（如量子物理學揭露的），或者甚至可能帶著絲毫自信告訴你「量子」是什麼，但如果說「真實的」、物質的世界其實是由可以客觀檢證的粒子所組成，那麼我已經在解離發作時以第一手經驗見證了它的死亡。

某一天我試圖跟我父親討論「新物理學」。如今我能承認當時我無法承認的一點：我父親的存在本身，還有其他家人，對於我的唯我主義其實是一種無法否認的駁斥。我或許沒那麼在意其他人怎麼看我，甚至能想像那些看法會是什麼，但我（至少直到當時那個年紀）一直拼命想得到父親的認可。這意味著我必須聽明而憤世嫉俗，專心於科學，而且不管做什麼事情都要是頂尖的，不管是一場西洋棋賽，或是看誰能做出最棒天使蛋糕的非正式比賽。當我在高中畢業時告訴父親，我是全年級超過六百個學生之中的第一名，另一個男生跟我同分所以我們並列第一，結果他的回答是：「你怎麼搞的會沒比他高分？」我聽了之後笑了，因為我就知道他會這麼說，而地球照常運轉。我對於未來和工作的想像，全都被父親的影響型塑：我當然會抱持獨身主義，因為其他任何選擇都會令他非常失望。我會獨自過活，當一個十足的科學修女，專心閱讀論文直到深夜，隔天早起規劃當天的實驗。

那是個星期六上午，他坐在家裡飯廳的桌子旁看一些報告。餐桌是家中唯一大家共用的工作場所，我母親也會把布樣攤在上頭做縫紉。我溜進他對面的椅子，迫切地提出一個有關電子的問題。在這個問題之前我們一定還聊了一下相關話題，至少我會提出一些狡猾的引導性問題。也許他問我學校怎樣，特別是科學方面，正好讓我可以問他一個困擾了我好幾個星期的怪異事實：一個電子可以同時出現在兩個地方。這是什麼意思？這樣的事又能怎麼去描繪？

起初這看來是他能處理的問題。他的右邊鼻腔張大，狀似要發出不屑的一哼，然後開始像往常一樣大發議論，說我在胡思亂想。我無法完全重述他的話，他也沒有真的用「在作夢」這個詞，但他的意思是，科學不是要你去想像東西或在腦海中描繪它們。科學就是測量，也就是收集能夠套入等式的數字資料。語言在這樣的過程中沒有什麼意義。有時候當你用語言去描述的時候，科學的結果似乎有些莫名其妙，但沒有關係，因為你的目的是要得出結果，讓你可以對相似的事情做出預測，做出更好的假設等等。或者就像那些大男人主義的物理家在十年後會說的：閉上嘴，算就對了。

他當然是對的。如果我不能在腦中描繪電子，又怎麼可能描繪一個電子的所在位置？我並沒有把他這番說法完全當成批評，因為在某種程度上，他只是在告訴我一些他認為我需要知道的事——如果我想真的成為一名科學家：不要瞎扯一些看不到也不可能看到的東西，做一個好學徒，把叫你做的事情做好。但這個說法顯然可以接著導出一種對「測量」的質疑，我忍不住問了：我們真的能相信測量結果嗎？我提出海森堡的不確定性原理[3]，至少是我學到的某種修正版，只要是《科學人雜誌》的讀者，不管這個原理以再怎麼粗糙的方式呈現，應該都能認得出它來。也就是說，觀察行為本身會改變被觀察的事物。從這點看來，測量同時位於兩個地方的東西的位置，到底意味著什麼？

此時他的臉非常輕微地變僵了，對我而言，整個場面從都市近郊的父女閒談變成某種非常僵硬的東西，彷彿是從一齣古希臘悲劇中抽出來的場景，比如《伊底帕斯王》，只不過演主角的人是我。我知道我並不是個兒子，只是某個笨拙的化身，父親偉大的天才被誤放進一具女性軀體裡，而這個身體被一波波的賀爾蒙拖著往下沈淪，侵蝕殆盡。我應該要很聰明，跟他一樣，但同時卻只能做一個回應者，讓他有機會展現他的超凡邏輯和教育水準。夾在我們中間的餐桌變得更寬了，所有背景聲音都沈默下來。

他不耐煩地責問我：「你以為實驗室是在幹什麼？」一群人跟可能在那裡也可能不在的東西玩捉迷藏嗎？一個電子或其他任何東西當然會待在某個地方，不然我們在討論什麼鬼？而且他指的不只是我和他在這裡的談話，而是人類之間的溝通、集體努力，還有整個科學界的事情。如果每個人都只要腦中冒出任何鬼東西就開口講出來，如果物質會同時位在這裡和那裡，那幹嘛還談什麼話？

直到此刻之前，我都沒有尖刻地回嘴，因為我沒有足夠的知識可以這麼做。因為，除了英國物理學家亞瑟．愛丁頓（Arthur Eddington）的書和一些流行科幻小說之外，我哪讀了什麼呀？但是，他的話中暗示量子力學只是像我這樣愛幻

3 海森堡（Werner Heisenberg，1901-1976），德國物理學家，提出不確定性原理（uncertainty principle，也譯為測不準原理）。

想的青少年所做的白日夢，這點讓我感到相當受辱，所以我求助於手上最強大的武器：萊納斯・鮑林。我知道他是我父親最崇拜的科學家之一，家裡甚至可能還有他的一本著作。但鮑林是一名「量子」化學家呀——我毫不留情地向父親指出這點——而且就我所知，他可是很努力把這個有關電子的新觀點往前推進。比如氧原子之間形成的共價鍵好了，如果是忠實地把自己固定在某個地方的微小堅硬粒子，那麼有關它們之間關係的物理學，是無法解釋這種共價鍵的。

我贏了，我猜，如果說在一場把你所愛的父親或某種理想化的他給摧毀的比賽裡還有贏家的話。他別過身去，轉而盯著房間對面的客廳窗戶，臉上表情一片空白，肩膀垮下。這不是他在做勢不理我，而是顯示他已縮回自己內心深處。他翹起一隻腳，雙手交放在腿上，眼睛就跟早晨的天空一樣湛藍而空無。

我母親說對了，我愛父親的程度遠勝過愛她，而我一直沒發現這點有多真實，直到那毀滅性的一日，也就是在超過三十年後，當弟弟妹妹和我要把他的骨灰灑到一座湖裡時，那是座位於密蘇里州，離當時我弟弟住處不遠的混濁小湖。當骨灰甕傳給我，讓作為長姊的我先開始灑時，一股狂怒突然席捲了我。這個湖對父親來說根本不夠大也不夠藍，環繞著它的奧沙克山（Ozarks）看起來也太衰敗而粗鄙了。我們應該把他的骨灰灑在蒙大拿州才對，那裡有清澈的湖，會歡迎已經成了砂狀微粒的他，有足夠尖峭的山，能引領他的靈魂直達他一直著迷不已的銀河——至少到阿茲海默症掌控他為止。如果是現在這種湖，簡直跟把他倒進一條排水溝裡沒兩樣，我是因此而哭——我氣這個湖，我氣眼裡沒有半滴淚水的弟弟妹妹，他們竟然會認為這是送走父親的好地方，還有，因為我知道父親也從未給他們太多理由去愛他，我也氣自己竟然在他們面前落淚了。

所以，對於那場發生在我十六、七歲某個週六早晨的對話，我想要相信，他其實完全知道我在說什麼，甚至比我自己還知道得多，而他之所以拒絕接受把電子的那種不可靠當成一種原則，就跟愛因斯坦拒絕接受有個上帝在跟宇宙擲骰子賭博一樣。也許他其實是接受量子力學的，只要它被牢牢限定在最微不足道的領域裡，比如某種侏儒特有的生化突變之類的。但當你開始挑戰物質的實體性，還有測量的結果能放諸四海皆準的可能性時，那麼危及的就不只是科學了。多年前在礦坑裡的工作之所以能讓他在眾人之中出頭，是跟物質硬碰硬接觸的結果。當一個人朝一顆岩石揮動尖鑿的時候，電子並不會有禮貌地舞動著跳開不擋路，而不管它在數字上顯得有多不可靠，但科學最終還是要回到事實上。

更有可能的情況是，他其實不是真的知道我在說什麼。也許他只是跟不上。我不知道他上班時都在做什麼，也不知道他下班後沒回家的時間在幹嘛，但我當時已經開始感覺到，洛城有一些洛厄爾或巴特所沒有的可能性，而且並不是指他有更多參加原子結構演講會的可能。我曾經有一兩次瞥見那些涼爽而幽暗的沙龍內部景象，穿著西裝的男人會在裡頭享受賣香菸女郎的奉承，她們看起來有些狡詐，穿梭在一張又一張的桌子之間，販售擺在腰間拖盤上的香菸。我父親在這種地方看起來很自在——從別人會轉過頭去看他的樣子，你可以說他有種好萊塢明星式的英俊，他會穩穩拿起他點的第四杯馬丁尼，炫耀地亮出小費。顯然洛城分成了兩個世界，一個是充滿粉彩色的都市近郊區，一個是他喜歡窩在裡頭的這種宛如黑幫電影的場所。這些沙龍並不是那種電影明星真會出現的高級餐廳，但它們還是比我父母以前會進去喝酒的那種破舊小酒館高級許多。沙龍裡二十四小時都幽暗無比的燈光，再加上持續播放的低吟式歌曲唱片，都使得相較之下，巴特的酒吧像是只為了把小孩子和日光阻擋在外而拼湊出來的東西。也許在那個星期六早上的餐桌旁，當他別過身不看我的時候，腦中想的就是這個：一個永遠宛如夜晚的休憩之地，在那裡，男人們不需要做任何事來證明自己的聰明，因為他已經把自己的才智轉換成金錢，而且只要他想，就可以在一大早開始喝酒。

我明白到（而他也可能明白）的是，「新物理學」是在嘲弄整個笛卡兒主義式、牛頓主義式的知識架構，也就是我們兩個一直以來所學的東西——根據這樣的架構，因一定導致果，沒有東西會半路跳出來戳你的眼睛。而如果最小粒子的行為變成不可確定的，那麼在某個意義上他就必須承認，其餘每樣東西也都變成不確定了。你可以花一輩子的時間做各種精確測量，把測量結果塞入等式裡，重複做實驗，從來不讓自己的思緒飄向不可見和不可向他人傳達的事物。你可以是世界上最清醒、最直截了當的科學家，完全專注在工作上，對宗教、虛構故事和異想天開的想法完全免疫，然而到頭來，你在最高解析度的顯微照片或顯微鏡上看到的，卻是一張朝你咧開嘴笑的猴子臉，那可以說是反映你自己無藥可救地無知的臉，或者是你極度陌生的某種東西的臉。

跟父親的這場對話結束之後不久，儘管我沒辦法說那是原因，但我的幻想轉而朝悲慘的方向發展。現實問題暴增，使我沒時間讀書或欣賞事物本身的奇異之美。我看上一個游泳池，想把裡頭的水放乾然後收集乾淨的雨水，但卻怎麼也找不到把水放乾的方法。在另一個版本的幻想裡，我是找到方法了，但雨卻下得不夠，我所收集到的一丁點雨水很快就變得污穢混濁，根本不能喝。如果那時代有今日的連鎖藥局或大型超市，我的生活會變得輕鬆太多了，我可以拿到罐裝水，「濕紙巾」，和經過冷凍乾燥的食物。但這些東西在一九五〇年代都不存在，至少還沒有開放給一般人買的零售店。幾個月過去後，就像任何抱持決定論的科學家會預測到的一樣，我變得更邋遢、更消瘦、更暴躁。而且舉大便為例好了，在塑膠袋變得普遍以前的時代，你要怎麼處理它？難道就是不斷地挖新的洞埋起來，還是努力找還沒「便滿為患」的大樓住？

此外還有動物的問題，我剛開始幻想的時候，還沒想到牠們的存在。我以為排除掉人類之後，會讓這個世界上不再有會推擠衝撞、發牢騷的生物來干擾我，而這樣的誤判可歸因於人類這個物種的集體唯我主義，因為人類堅信自己是這世界上唯一算數的生物。我連同物種的生物們是有意識的存在這點都很難相信了，又怎麼會把想像世界擴大到包含蜥蜴和貓啊？但牠們確實存在，而且隨著土地不再牢牢被人類控制，牠們的數目也開始增加。我曾提到先前養過幾隻倒楣而惱人的寵物，在我的幻想中，這些寵物們有的或許還認為「有人類就有寵物食品可吃」，有的或許是聞到我的罐裝鮪魚和肉的味道，總之牠們晚上都集結到我住的大樓牆外高聲嚎叫。此外，由於人類宛如強迫症般的剪草皮行為也終止了，使蛇和其他爬蟲類動物得到新鮮的棲住地，而這也導致猛禽開始從天空俯衝下來覓食。所以我出門時得一面注意腳下有沒有踩到什麼，一面看天空上是否有什麼東西正張著爪子朝我衝來。

然後，在人類消失幾個月後，獅子來了。各位讀者可能會認為，如果沒有人類在，獅子在山上應該會有數量充足的鹿可以吃，但獅子們可能是被充斥在城市裡的那些無知又沒有防禦能力的寵物給吸引過來——當中很多還靠著吃垃圾長胖不少。有些新來的獅子是美洲原生山獅，但牠們之中有少部分是經過馴養的，先前被關在籠子裡，專門用來拍電影。這是我童年時期的最大恐懼，最早可追溯到我四歲時：獅子們會從非洲或不管是哪裡逃到這裡，追著我跑過街上、翻過山丘和原野，直到我跌倒（我總是會），最後只剩下殘留在牠們牙齒和爪子上的血跡。在人類消失之後的洛城，幾乎沒有牠們去不了的地方，我會瞥見牠們潛行在超市和其他可能出現腐肉的地方。有一天早上我打開大門，發現門外放了一隻被吃了一半的小狗，牠可愛的小臉仍然完好無缺，而我無從得知這到底是一項警告，還是一個幾乎更糟的可能：那是獅子覺得我應得的那一半。

# 第六章 在孤松鎮的境遇

當時這似乎是個好主意，我的心情歡欣鼓舞（因為學年快要結束），而且看來是個合理的計劃：弟弟、我，還有我一個高中同學要一起到北加州的猛獁山（Mammoth Mountain）滑雪，因為那裡的雪比較晚融化，然後到離莫諾湖（Mono Lake）不遠的里凡寧鎮（Lee Vining）住在我叔叔大衛家，那個鎮附近是地球上最貌似月球景象的地方。但當我如今試圖重建那場旅程的時候，我發現不只在我的日誌敘述裡，就連旅行路線本身都有很多疑點。比如說，為什麼要住在離猛獁山有一小時車程之遙的里凡寧鎮呢？此外最大的謎團是，為什麼我們滑雪完不直接開車回洛城，而是在車裡過夜，第二天再往東繞一圈進入死亡谷？難道當時沒有任何汽車旅館，還是說沒有我們住得起的？

此外，即便這樣的行程在地圖上看起來有點道理好了，但沒有任何徵象讓我可以對即將發生的事有所準備。當我們出發前往猛獁山時，我完全不曉得我的追尋任務將到達一個震撼的高潮，而我整個餘生（或至少是很大一部分）都將掙扎著想要了解當時到底發生了什麼事。

在我家，滑雪是一項非常普通的娛樂，只要有機會就去。這是從我父親傳下來的習慣，家族中的女性同胞則比較偏好滑冰。來自挪威的礦工把滑雪活動帶到巴特，後來由勞工階級的孩子、礦場老闆和他們的家人延續下來。以依佛．肯尼福（Evel Knievel）為例好了，他是由祖母帶大的（她是我外婆的朋友），他在唸巴特高中的時候是跳台滑雪的好手，畢業後去銅礦場工作一段時間，最後成了一個出名的特技摩托車手。我父親也是在高中時代學會跳台滑雪，在我十二歲時教我滑雪的也是他。滑雪並不難，首先你要到山頂上（可以搭滑雪纜車，或像古早時一樣從滑道側邊一步一步走上去），然後，記得手肘和膝蓋要保持彎曲，滑雪板要對準往山下的方向，然後全速往下衝——任何擋住我去路的人都得小心啦，因為急轉彎和緊急煞車都不是我的強項。

我想，父親在高中時代學習跳台滑雪的過程差不多就是這樣：爬上去，滑下來，然後再爬上去。在那個時代，滑雪時沒在穿什麼特別的服裝，我們就把法蘭絨睡褲穿在牛仔褲裡頭，在風衣裡頭加件厚毛衣，因為就我所知，那種帶著毛皮鑲邊的連帽厚外套在當時還不是一般民眾可以買到的東西。沒錯，從某方面看來，我家人滑雪的方式有點像是自殺舉動，但那正是滑雪吸引人的地方之一。在搬離洛厄爾之前，我們曾去佛蒙特滑雪，那趟旅行回來之後，我在日誌上寫下了這樣的感想（儘管我有些不好意思在日誌上寫到像是運動這樣瑣碎的事，因為日誌上應該只記錄最高深的思緒才對）：

意外的是，我開始狂熱地投入一項運動。我愛滑雪，沒有任何運動比得上它，一切的消遣、娛樂也都不是它的對手。我可以完全誠實地說，我曾體驗過最愉悅的感受（跟快樂不太一樣），是在滑雪的時候。我喜歡它的速度，還有更真切感受到的——它的危險……

提議我們來場滑雪之旅的人一定是大衛舅舅，因為從當時能取得資訊的管道來判斷，如果不是他告訴我們，我們不會知道猛獁山上的積雪到了五月初還是很厚。大衛舅舅是我母親那邊唯一的兄弟，也是還活著的叔叔和舅舅之中最令我喜歡的一個。他總是反應很快，講話嘲諷，愛吊人胃口。比如以下這件事他就覺得很好笑：有一次我母親帶我們幾個小孩開了七小時車去里凡寧鎮看他，到那裡之後，他讓我開他的加州高速公路巡邏車，自己則坐在乘客席，就為了要看其他車子裡乘客們臉上的表情——當他們發現國家的執法權（或至少是國家的公務車）顯然落入一個綁著馬尾的十六歲女孩手上。但這些舅舅式的愉快心情，在幾年後將不復見，因為他年僅十一歲的大兒子摔落到春天水位暴漲的河裡，結果淹死了。在那之後，他變得憤世嫉俗，開始用「黑鬼」、「西班牙鬼」來罵那些被他在高速公路上攔下來的人，最後跟他的母親、姊妹和我們其他人都漸行漸遠。

四月的某一天，我在跟狄克聊天的時候提起滑雪之旅的可能，因為狄克是我僅有的朋友之中唯一對戶外冒險有點興趣的人。他有好多關於公路旅行和搭便車的恐怖故事可講，場景可以一路往南到墨西哥，而且沒有任何大人角色出現。那天，可能是因為學年還有相關的考試即將結束的關係，我一不小心高興過度，提到我有一個舅舅住在離猛獁山不遠處，於是旅行計畫就此展開。狄克得負責開車（至少是大部分的路程），因為不管是出於不用心或懶散，我當時仍只有學習駕照。車子由我母親或狄克提供，那是一輛老舊的黑色福斯，我弟弟跟著一起去，要不是做為某種防止孤男寡女亂來用的「監察員」，就是因為他很想去滑雪（大概兩個原因都有）。我其實跟狄克不熟，而且有必要的話我可以說服母親開車載我們，但我一想到可以在沒有大人的情況下盡情奔馳在開闊的公路上，心情就雀躍不已。

不過，我們還沒開到離洛城三十英哩遠的地方，情況就開始不對了。狄克對這趟旅行很期待，而且在早上抵達我家接我的時候都還相當禮貌，但一旦我們上路，他就籠罩在某種個人的憤怒情緒中，彷彿他是被一群道德上有問題的人綁架到一個他不想去的地方。如果我跟他比較熟，或者我有足夠自信和說話技巧，我其實可以說：「嘿，你是怎樣？這趟旅行也是你的主意啊！」但他的憤怒令我羞愧地沈默了，因為那代表了某種親密性。從我的生活經驗來判斷，「憤怒」是把丈夫和妻子連結在一起的主要感情，甚至可以說是唯一的連結，如果沒有每天上演的冷戰、尖聲叫罵、惡毒指責，他們要怎麼維持對彼此的興趣？而我跟這個男孩之間除了計畫這次旅行之外，根本沒有單獨說過話，而且他還比我低了半個年級。所以那樣的「憤怒」不只是令人震驚地不合宜，更完全讓我不知道該怎麼回應。

所以，在這場旅行開始之後沒多久，我就把內心的期待從一場跟同伴一起闖蕩的冒險，下修到另一場冗長而孤獨的忍耐練習。若要說當時我有在生誰的氣，對象也不是身旁那位讓我難以理解的同伴，而是康拉德和其他所有呼籲我要向其他人類伸出手、冒險放膽嘗試云云的小說家們。我實在應該留在家裡讀卡夫卡的小說就好了。我在一家平裝書店發現卡夫卡的小說，覺得他的作品有不錯的偏離現實效果。我了解到，所謂「有人類相伴所帶來的愉悅感受」，實在是被誇大了，就像「唯一的連結」這種說法，它可能是指跟人牽手之類的溫暖感受，但實際上，這種說法應該要讓人聯想到的是：有人把一隻濕濕的手放在電池正極，另一隻則探向負極的這種危險「連結」。

我只能純粹依靠意志力來處理心中的失望感受。我把狄克「刪除」，對於相信他存在的這點持保留態度，誰知道其他人到底是不是真的存在？我那不太牢靠、時有時無的唯我主義帶給我的最大好處是，我不需要活在別人的憤怒或拒絕所帶來的壓力之下，而我實在是搞不懂他們為什麼會那樣。接下來的幾個小時，我讓自己沈浸在無止境地平坦、單調的莫哈維沙漠（Mojave Desert），還有這個熟悉的問題裡：「這到底有什麼意義？」我的意思是說，如果你把這一切都兜在一起——想像中的數字，可能差不多也是想像中的電子、反物質的奧秘、我母親無止境的沮喪、《魔山》[1]、我第一次聽搖滾樂，還有其他一切朝我湧來的訊息——最後得到什麼結果？因為這就是找出「真相」的意思：去發現或打造出一種心智的容器，它能把一切都包攝在裡頭，包括每個部分，每條沒整理到的線索，每個一閃而逝的印象。換句話說，我眼前的任務是要把整個宇宙壓縮成一種可以塞進我腦袋裡的大小，也許是一則等式，或說不定是一段深入人心的旋律，或一幅華麗複雜的印度教宇宙圖。這是我眼前的龐大挑戰，要讓一切小到我可以去掌握、處理，但又不能漏掉任何東西。

但沙漠阻礙了我這項計畫，因為它大到無法被縮小到我能處理的大小，也太平坦而滑溜到難以用文字捕捉起來。比如說，我想把它歸類在「地域」底下，然後思考下一個比較生動的主題，但無論我試圖把它塞到哪一個範疇，沙漠就是不斷地往外漏出去，逼使我不得不注意它。在這裡，甚至連數字都彷彿蒸發了，因為四周根本沒有東西可以數。在整趟車程中，除了坐在後座的弟弟吵著要上廁所

---

1 《魔山》（*The Magic Mountain*），德國作家湯瑪斯・曼（Thomas Mann，1875-1955）所著之長篇小說。

或喝可樂的時候之外，沒人說半句話。

當我們通過沙漠進入山區，抵達大衛舅舅和吉娜舅媽在里凡寧鎮上的小屋時，三個人看起來一定都相當陰鬱。大衛舅舅當時有三個年齡在三到九歲之間的孩子，我記得好像還養了幾隻狗。他們擁抱我和弟弟，跟狄克握握手。我負責倒牛奶和擺餐具，吉娜舅媽則在煎漢堡或其他一些吃的，一群人摩肩擦踵地圍著飯桌吃。這一切如今回憶起來，都帶著某種光輝，因為那是我最後一次看到大維還活著的時候，他是這三個表弟妹之中最年長的。我們聊了一下猛獁山上的雪，大衛舅舅向我們保證，雖然時節已經這麼晚了但雪還是夠深的。之後我們就去睡覺，弟弟和狄克一起在我表弟的房間地上打地鋪，我則跟三歲的表妹凱西一起睡。

我在睡袋裡被一種警覺感和從凱西那邊飄來的微微尿味驚醒。我知道如果想在浴室開始大排長龍之前沖個澡的話，我就應該立刻起床，因為這可是要滑雪的大日子，但剛才做的惡夢還殘留的感覺卻使我動彈不得。夢裡只有一個影像：一個人腦（實際上是我的），被投影在似乎是間教室內的螢幕上。就是它了──這一切，我唯一擁有的工具，事實上就是真正的我──連著一條莖狀物的滿是縐折的球體。這就是我覺得可以把整個宇宙包攝在內的東西？似乎還怕這樣的訊息不夠清楚，夢中還有行字幕或是畫外音在說：這就是你，包覆在薄膜裡的一囊袋組織物，是個東西，跟其他所有的都沒兩樣。

通常我很能防備這樣的攻擊，而如我後來得知的，這樣的想法打從科學興起和所謂的把世界「除魅化」之後就一直嘲弄著西方思想家：不管有怎樣的高遠想法和崇高的企圖心，人類終究不過是由粒子、電流、組織物和細胞構成的聚合體。這是科學會把人擊垮的陰暗面，至少是對於那些過度被它迷惑以致於看不到自己主體性存在的人而言。我們（觀察者和科學家）為什麼應該在重要的層面上跟被我們觀察的對象區隔開來？通常拯救我免於這種恐怖想法的，是我那間歇出現的唯我主義，還有內心深處某種嚴厲、理性的部分。如果有人跑來跟我說：「芭芭拉，你只不過是原子和細胞的組合體」，我會回答：「那好啊，但我明白這些細胞和原子本身只不過是我腦中的概念。所以從這點上看，你也是。」一個唯我主義者永遠不能被說成「只不過是」（「只不過是」原子或電子或染色體結合發出的訊號），因為她知道那些全都只是心智的作用，而只有她自己才真正擁有心智。

但我那天白天有很長時間都得拼了命努力，才能從那緊張而沈默的車子裡神遊出去，再加上睡眠不足，我實在累壞了，此刻我無法召喚出唯我主義式的傲慢來反駁這場夢。而且這場夢最糟的地方在於（我在日誌中根本無法承認），夢中的腦子是粉紅色的，而不是灰灰的，只要再加上一點陰毛就讓它很像女人的陰部了。所以這就是我，不只是一個東西，一個物體，一個許多運動中粒子的交集，還是個又大又蠢、多瓣的生殖機器，注定要生小孩然後死去，就跟其他所有人完全一樣。我做了詩人和小說家總是敦促我去做的事，結果看看下場是什麼。我整個人生所追求的「真相」，很可能只是被佛洛伊德斥為「昇華作用」的另一個例子：想把原始的生殖欲望投射到宛如宇宙的螢幕上。我憑什麼以為自己有可能知道一切事物背後隱藏的真理，或甚至這種真理本身的存在？我躺在那裡望著凱西床上的動靜，面對這項可能：我父母一直都是對的，你看到的一切就是現實，能得到的也就是這麼多。對於我的問題，莫哈維沙漠提供的回答如今變得清晰：這種追問根本沒有意義，所以你就起床、穿好衣服，把行程走完就對了。

我們在空中纜椅剛啟動的時候就抵達猛獁山。狄克怎樣我是不知道，但我弟弟和我都從未在這麼像樣的山上滑過雪。相較之下，新英格蘭那裡只有頂多算得上是小山丘的地方，適合展示秋天的落葉，但完全不會讓你有可能會把小命丟掉的危險快感。猛獁山完全相反，它彷彿是從大地裡直接冒出來的，事實上也是在七萬五千年前發生的一次火山噴發中生成，這系列地層活動可能如今都還在持續。它那被雪覆蓋的山峰是如此險峻，以致於有些峰甚至被稱為「尖塔」，宛如戳進我們四周的湛藍天空一般。我大部分時間都緊跟著我弟弟，儘管他是一個身材夠結實而自立的孩子，但畢竟才十三歲，而我覺得與其花上這天剩下的幾個小時在不熟悉的山路上搜尋他，不如乾脆別讓他離開我的視線。然而，除了這股模糊地對弟弟的責任之外，我幾乎不覺得跟其他人類同胞之間有任何關連。重點是上山再下山，上山再下山，用最快的速度，發揚和重現當初創造這座山的那種爆炸性的力量。

那是個就滑雪而言暖得很不尋常的日子，到了下午，氣溫甚至飆到大概華氏七十度，所以我們把夾克脫下來綁在腰間。我們沒有停下來，也很難記起那天早晨穿上滑雪板之前自己的人生是什麼樣子。當然，空中纜椅讓我們也不需要停下來，我們一次又一次回到危險的邊緣，狂喜的起跳，接著是持續幾分鐘令人忘記其他一切複雜、灰心事情的純粹速度和雪景。一直到太陽開始西沈，風變冷了，我們才重新集合起來思考怎麼回家。至少在我以為，我們會直接一路開回洛城，在清晨時分抵達。

但我們只到了孤松鎮就沒有再往前，把車停在路邊之後就在車上過夜。我弟弟在後座躺著睡，而我和狄克只能像車禍模擬假人一樣並排直直地坐在前座，因為這台老車的座椅靠背無法調整傾斜度。我沒有作夢，也沒有警察跑來敲車窗，確定我們是不是逃家的孩子。

為什麼我們那晚要在車上過夜？這個問題很重要，因為如果我們直接開車回洛城，這一晚就會在我上床睡覺時結束，之後的一切都不會發生。我會回頭繼續當一個普通的不合群怪怪青少年，這本書也可以在這裡當場結束，或者朝標準的成長故事發展，在幾十年後進了「成熟」這個棺材裡。有好幾年的時間我試著用車子問題來解釋這個轉折：車子一定是拋錨了，要到早上才能找人來修，再加上我們也沒錢住汽車旅館。儘管我完全想不起這個「照理說應該有的」車子問題的任何細節（任何機油噴濺、拖吊車、在維修站的漫長等待），但我都一直把原因歸結為自己對一切跟車子有關的事情不感興趣，所以才會不記得。但五十年後我再問弟弟當時的狀況，結果他也不記得曾有任何車子故障問題。事實上，在他記得的少數幾件事之中，還包括狄克對車子的豐富知識讓大衛舅舅驚訝不已。

要找到狄克並不容易（我是指老了之後的狄克），因為我沒有把他的全名記對。但我還記得他母親是一個曾有作品出版的作家，這點最後總算讓我透過網路和一本有關她的書聯繫上他，至少在電話那一頭的聲音是說他認識我，記得我們在高中時的一些共同朋友，還有一九五九年的那場旅行。跟我弟弟一樣，他否認有任何車子拋錨問題，而且堅稱（至少對當時是青少年的他來說）睡在停在路邊的車子裡沒什麼好奇怪。他跟其他男孩出去玩的時候不知道已經睡在車上多少次了，甚至連野外的地上都睡過。他告訴我，問題在於我就算是個女孩子，也太過於被「保護」了。我還來不及想出任何抗議的話，他就已經換了一個話題，搬出老人那一套「現在的年輕人啊」的牢騷，說他們（儘管被寵到誇張的地步）大多都跑去加入暴力、販毒的幫派。

他說我被「過度保護」的這個評語，可能提供了一個線索，可以說明為什麼他幾乎是從我們一出發開始就那麼生氣。我想在某個我不知道的地方可能發生了一些事情，或許是在我們正要出門的時候，我跑回屋子裡拿東西，留下我父親和他獨處了一會兒。我猜想，我父親可能趁著這個機會警告狄克不要做任何蠢事。

但是，為什麼在此之前，他似乎毫不遲疑地讓自己兩個孩子跟一個陌生人來場過夜之旅，目的還是為了從事一項很危險的活動，這時卻突然搬出父母的樣子關切我的貞操呢？我猜想，我父親是真正看到狄克本人之後才有所警覺，他可能預期看到一個骨瘦如柴的青少年，但狄克卻是個有點危險氣質的好看年輕人，個頭至少比他還高了一吋。我不是沒注意到狄克的長相，但當時我並不想成為他或任何人的女朋友。如果要說我對他有任何秘密的、難以承認的渴望的話，是想成為像他那樣的男生，或至少是沒有性別可言的親近同伴吧。

在我們最近通的那次電話中，狄克沒提到跟我父親有任何接觸，而且因為一些很快就顯得明朗的原因，我們的電話也不是以一種還有後續問題想問的方式結束。但如果狄克和父親之間曾出現那樣的場面，那跟後來我每次帶真正的男友回家時，我父親展現出的那種古怪的「劃地盤」舉動至少是很相像的。我從大學帶回來的男友當中，矮的或不好看的他會忍受一下，高大英俊的則會遭到他的無禮捉弄，而我的男友大多都落入後者的範圍。我猜無論我父親跟狄克說了什麼，一定都是用相當難聽的方式講的，結果使得狄克決心不要跟我扯上任何關係，甚至連聊一句天都不願意，就算我跟他同樣坐在前座，在車上一起度過很長的時間也一樣。如果事情真相真的是這樣，那麼充斥在那輛小車中的可怕憤怒和羞愧，同時也為之後的發展設下舞台的最終源頭，就是我父親了，而滑雪這件事本身也是。

由於已經連續第二晚睡不好，再加上第二天白天我不但激烈運動了一天，還不小心沒吃多少東西，結果就是到了旅程第三天，我的狀況已經接近平原印地安人（Plains Indian）為了要看到異象時的身體狀態：低血糖，又因睡眠不足導致壓力賀爾蒙高漲。同時，我身邊也沒有一個內科護理師可以告訴我，這時候我該吃些東西和休息一下。我只有一股衝動，就是只要天一亮，我就要下車去走一走。那個為了不要吵醒別人而悄悄關上車門的女孩是誰，很難說明，她的大腦皮層上有薄薄的一層警覺訊號，可能是因為專心要找個地方上廁所，但在那底下差不多什麼也沒有。沒有過去，沒有未來，沒有令人疲憊地追尋什麼是「芭芭拉」。沙漠、雪、拼命努力要壓抑內心受傷和被拒絕的感受，已經耗盡我的心力。在這樣的時刻，我的解離經驗終於有點用了：一個沒有關連性和含意的世界——這個世界本來的樣子——對我來說已經一點都不可怕。

孤松鎮上沒有什麼複雜的東西可以探索，連巷弄都很少，所以我就往東朝天空最亮的地方走。我走的街上僅有少數店鋪（比如說一個汽車零件店），但沒有任何一家是開的，路上也看不到任何人或車子來往。我穿過隨意組合在一起的物體表面，它們的顏色在太陽還沒出來前的乳白色光輝下顯得灰灰的。在當時所處的強烈解離狀態下，我突然發現，這個世界美妙的地方是：我可以走進它。而拜歷來的解離經驗之賜，我已經習慣看到奇怪而嚇人的場所了，所以我並不害怕地直接走進它，按照順序一隻腳前一隻腳後的前進。在普通的日常生活裡，我們其實沒有充分發揮這種立體性。我們不會停下來欣賞空氣的柔軟，我們不需要動用大砍刀或剷子，空氣就會在我們前方輕輕滑開。事實上，我們的世界是可以被穿透的，甚至是最輕微的肌肉動作都可以導致景象上的突然改變（比如當我們轉過一個彎角或爬上一個山丘），但我們都把這視為理所當然。不過，在這個特別的早晨，我已經完全沒力氣跟往常一樣有更高的期待了，所以光是靠我自己的力量往前走，沒遭到阻礙，被光吸引著朝它走，就已經令我十分驚訝。

接下來幾分鐘，在那個空蕩蕩的街上，我找到了打從我決定開始這場尋找真相之旅就一直在找的那個東西，又或者，考慮到當時我心境上的被動感，也可以說找到了那個一直在找我的東西。在這裡，我們離開了語言的管轄範疇，只剩下代表投降的模糊咯咯聲，只能用「無可言喻」和「超驗」這類字來表達。從當時至今這麼多年間，我一直認為：如果沒有言語可以表達，那麼就什麼也別說了。否則你可能會有踩進「精神性」這個泥沼的危險，那個詞除了等於是對理性的侮辱，別人對它的興趣也不比對你做過的夢來的大。

但有一個已經流傳了幾世紀的影像似乎可以適用，那就是火的影像，就像「燃燒的草叢」裡頭的火。我這場黎明前的散步進行到了某一個地方（不是在一個小山丘頂上或是日初的那一刻，而是在這場散步本身決定的時間點），世界生動地燃燒起來了。除此之外我能怎麼描述它呢？沒有任何異象、沒有先知般的聲音或畫在圖騰上的那種動物現身，火焰就是從每個地方冒出來。這不是被動式地跟「一切」至福地融合在一起，如同東方神秘主義承諾會發生的那樣。這是激烈地衝撞一種活生生的物質，它透過我周遭所有的一切同時衝向我，而這場經驗之所以那麼難以用言語描述的原因之一在於，你如果要真正貼近地觀察火，就無法不成為它的一部分。不管你是從一枝小樹枝或漂亮的織毯開始，你會被吸納到火焰中，變得跟火焰裡其它的一切無可區分。

稍後，我在一間二手用品店前方停下，被最日常的物件如茶杯、烤土司機態熊熊燃燒的樣子給震懾住。我完全無法包攝住它，這種力量的奔流：我在舅舅家做的夢說對了。不可能有任何東西能包攝它。不管是哪裡，「裡頭」和外頭，唯一的狀況就是滿溢。「狂喜」是可以用的字，但條件是你願意承認狂喜的意義跟「快樂」或「快感」是不一樣的，而且它可以在「失去」所帶來的痛苦中發現，甚至可能近似於暴力的爆發。我從頭到尾沒有失去對自己身體的控制，有些時候我可能會倚著某個建築物，但我從未倒下。不管我的其他部分狀況如何（不管我的腦子裡有什麼風暴正在肆虐），神經肌肉系統倒是一直功能正常地運作著。

之後有一段我失去印象的部分，可能是我的腦袋短暫地超載了，以致於沒有留下長期的記憶。我不知怎麼地回到了車上，剛才的經驗太過震撼，以致於我除了飢餓之外什麼也感覺不到。我能記得的下一個場景是我們坐在一個小餐館裡吃早餐。實際上，我們只有錢買一份早餐，主要讓我弟弟吃，而狄克和我則將就著各吃一塊他的土司。餐廳裡多采多姿的忙碌景象，菜單上無懈可擊的分類邏輯，女侍們目標堅定地從一桌移動到另一桌的樣子，都讓我驚訝不已。日常生活又回到自己的老路子，不斷生產出複製品（前一刻跟後一刻差不多一樣），但誰都知道這樣的努力是白費功夫，因為老舊笨重的現實機器再也無法發揮同樣的功能了。我知道天堂曾經打開大門，傾洩到我之中，而我也傾洩到它之中，但我根本無法描述這個經驗，甚至對自己也沒辦法。至於告訴其他人，比如若有人問我黎明時跑到哪去了，我可能會怎麼說？說我被一群隱形的天使攻擊，在一陣光輝燦爛、五彩繽紛的羽毛拍動中被帶上天空，然後粗暴地毆打，搾光我所有的願望和目標，然後差不多等於被扔在那裡等死？

吃早餐的時候，狄克突然變得生龍活虎起來。他在桌上攤開一張地圖，提議在往南回家途中順便繞道去死亡谷看風景。他以前曾去過那裡，反正挺順路的，或者就算要繞一下也不會多遠，所以我們不如也去那裡看看。如果他提議我們要去地獄繞一圈，我也會同意——讓好時光繼續吧。就我來說，我們做什麼都沒差，可以開車躍入懸崖，或一直坐在餐館裡直到有人來趕。在經歷了那場浩劫之後的此刻，這些選擇聽起來都差不多了。

對於那天剩下的時間和其他實際發生的事情，我只剩下很斑駁的記憶——如果還有所謂完整的記憶可言的話。我們開車往南，在途中某個地方停下來，把身上最後的一點錢拿來買奶昔，然後就往東轉進死亡谷，那個地方使得莫哈維沙漠相較之下簡直顯得生意盎然。開了一陣子之後，我們又往北進入一條崎嶇不平的泥土路，似乎是要開向某個目的地。車子不時會停下來，讓我們下車去窺探一條已經廢棄的礦坑，或只是在木餾油灌木和沙塵中跌跌撞撞，縮著身體躲避午後的陽光。死亡谷不只是不可思議的大，甚至還是個感覺非常有敵意的環境。也許這只是當一個地方的資源被耗盡時的自然結果，但我在清晨時經驗到的那種狂烈的美已經完全流失光了，剩下的只有難以入目的景象。每樣東西，每顆石頭和每株灌木，都帶著一圈黑色的輪廓，就像在嚴正抗議自己所遭受到的悲慘殘酷待遇。我竭盡努力想使這個死氣沈沈的世界迸出生機，但無論我怎麼努力它都活不過來。東邊的山峰偶爾會聯袂形成一首樂曲，在剎那間想拉著我跟它們一起舞動，但下一秒，它們就突然變回冷漠的堅硬岩石。沙漠的功能，就像是以燒炙法封住一個還在流血的傷口。

我那天本來應該要死的，或者（用一種頗有巴迪・霍利[2]味道的方式）可以說，那本該是我死去的日子。我的意思不是說，在那之後我的生命只是了無生趣的苟延殘喘，其實遠比那好。但我的故事似乎在這裡結束了，至少在那之後的許多年（至少到我二十歲出頭為止）這種感受都很強烈，當我機械式地做著為了生活需要做的事時，精神卻是非常疲倦，彷彿一個深知自己已經在一個地方留得太久的人：一切都已不再新鮮，也找不到任何方式可以讓自己變得有用。一個女孩尋找「真相」。她嘗試過各種她想得到的管道——詩、哲學、科學——甚至對詭異的認知「解離」都保持開放，因為這些經驗都可能提供有用的線索。她甚至跟這個問題也纏鬥不已：如果真相最後是很醜惡或根本不值得一提，會永遠毀了她一生，她是否還是想知道。而她的決定是：對，她還是要知道。但某一天，顯然是因為偶然的生理因素（像是疲乏和低血糖），真相帶著令人眼睛都快瞎掉的炫目榮光降臨，但卻有兩個附帶條件：第一，你永遠不能談論它，即便是對自己；第二，你不可能再度完整地捕捉它了，再也不能。

至少這是我當時以為有的條件。直到許多年後，我才開始質疑它們，因為我一直認為是自己本身做不到的問題，而不是把這些條件視為跟其他規則一樣，是可以被挑戰的。我無法談論當時的經驗，因為找不到確切的言語可以表達，而且也無法重新捕捉它，就像已經燒掉的燈絲沒辦法再點亮一個新燈泡一樣。有件事發生了，但它似乎是發生在我身上，而不是為了我或我的啟蒙而發生。也許，從

2 巴迪．霍利（Buddy Holly，1936-1959），美國搖滾歌手。

某個天知道是什麼意思的觀點看來，我達到了我的目標，也就是讓這個無以名狀的力量流經我，使某個循環得以完成，而這個宇宙（儘管是一瞬間）又重新變得完整。完成了這點之後，已經沒有好的理由讓我繼續往前走了。

事實上，我那天本來應該會死，而且是一種很驚人的死法——如果我的旅伴狄克所說的話是真的。我在二〇一一年跟他通電話時，講到後來，我開始發出一些暗示著我想掛電話的聲音如「嗯」，「那麼就……」，他突然很大聲地說：「我有個秘密！」他說，是關於很久以前那場滑雪之旅的秘密，然後他問我記不記得我們有繞道去死亡谷。

「當然記得」，我說，而且努力不要流露出特別有興趣的樣子。「其實去那裡是有原因的」，他告訴我。大概在那次滑雪之旅的一年前，他跟一些朋友曾去過死亡谷。他們在那附近探查所謂的鬼鎮還有廢棄礦坑，結果不小心發現一箱沒爆炸的炸藥，但最後他們把它留在原地沒帶走。然後，在跟我和弟弟一起的那趟旅行途中，他變得很想把那箱炸藥取走帶回家。所以我們才會大費周章繞路到死亡谷去，在那裡，他終於找到他要找的東西——大概是趁著我弟弟在車上睡覺，而我則迷失在自己的存在空間裡的時候。「那真是一堆怪炸藥」，狄克帶著明顯的自豪告訴我，怪到有些還流出硝化甘油。但不用他說，我也知道那是最不可能出現在那裡的化合物之一，因為那裡頭只有一般生物通常都會有的自然成分——碳、氧、氮、氫——但卻以如此不自然而痛苦的方式被擠在一起，以致於只要稍有震動就會炸得粉碎。

他要炸藥幹什麼？我問，有那麼一會兒覺得我似乎是在跟一名恐怖分子對話。喔，沒什麼啊，他說。他只是個「蠢孩子」，想把幾根炸藥帶到市區外圍的防火道路上，然後用散彈槍射它們。那比爆竹還棒。所以這就是為什麼我們大老遠開車從山上到沙漠，經過顛簸的泥土路，上了車水馬龍的高速公路，最後回到家，而從頭到尾後車廂裡都放著一箱未爆炸藥。

這種突發奇想我實在無法理解。我不只平時相當小心注意不要傷害其他人，而且特別怕太大的聲音，因為我從很小的時候就發現，一個突然破掉的氣球可以毀了我的生日派對。這大概說明了為什麼我接下來說的話是那麼笨拙而無力。就像一個社工剛得知坐在對面的那個人不但瘋了而且還帶著武器，我不假思索地對狄克說，他年輕的時候會不會有點「自毀」傾向啊。這句話很笨，因為這裡的重點當然不是自我毀滅，而是對其他人生命的漠然無感，特別是我弟弟和我的，更別提我們在高速公路上的時候附近的車輛，或者住在洛城山丘上防火道路附近的人了。我曾經以為自己完全是個青少年唯我主義者，可以只要憑意志就把人從我的意識中刪除掉，但如果有誰不小心擋了此人的路，他顯然對於實際害他們丟掉性命毫無良心不安可言。

不管我對他的自毀傾向的評語有多蠢，多讓他感覺被看輕，都不該承受他接下來那番發言。他爆發了，就像我們正在討論的那種化學化合物一樣。他罵我竟敢對他「心理分析」？我以為我是誰啊？他最恨那種東西，他恨佛洛依德（儘管我們根本沒講到任何「佛洛依德式」的東西），他最恨用這種方式講話的人，那些人自以為比其他人高級。他變得比先前批評「現在的年輕人」時更憤怒，顯示他以前應該曾被送去做過他不想要的某種精神治療，如今把氣出在我身上。我只能對他說謝謝，然後掛上電話，很慶幸自己跟他有那麼多年沒聯絡，兩人之間還隔著很大的一塊北美大陸。

至少這通電話讓我明白，為何我們當晚要睡在車上，在孤松鎮過夜。如果我們直接從猛獁山開車回家，就會在晚上才經過死亡谷，不可能進行任何搜索。也許當初狄克之所以會參加這趟旅行，根本就是為了要去死亡谷找炸藥。也許我父親跟他之間根本沒有任何插曲發生，狄克也不是真的對特定的人生氣，只不過一旦他坐上駕駛座開始開車，就已經沒有理由要對誰保持友善的假象。如果事情其實是這樣，我得說至少我佩服他的決心。我懷著一項秘密任務，他也懷著一項秘密任務，而我們兩個走的道路正好相交了。他是為了體會最大可能的爆炸規模，即便有可能害他自己也丟掉性命。你不需要任何進階思考訓練，就能看出這兩項任務在象徵意義上有多麼雷同。

# 第七章 崩潰

在這裡，我實在是對年輕時的自己失去耐性了。她才從山上和沙漠中回來，受到比她自己偉大許多的力量猛烈地衝擊——那甚至可能是充斥在聖經中先知們所講的預言中的神顯之力。然而，至少在她回來之後二十四小時之內寫下的日誌裡，根本講不清楚到底發生了什麼事。這本該是人發揮理性思考能力追根究底的地方，一方面由科學引導，一方面有好奇心助陣。我很想知道：那裡到底發生了什麼事？還有其他人有過類似經驗嗎？但是，我在那則日誌裡整個是情緒崩潰，理性思考根本沒發揮半點作用：「我好痛苦，我跨越了那條看不見的界線。我失去了青春。我現在是故意寫下這些字，讓它們看起來很蠢，蠢到不像是真的。」之後類似的哭腔哭調繼續：「世界根本沒有任何意義……生命是一場爛笑話，我不但首當其衝，而且還得假裝它很好笑。」

好吧，也許這是一個老人太嚴厲地看待一個青少年可憐兮兮的告白了。我彷彿可以在這裡看到母親的身影。當我還是個小女孩的時候，她會因為某件事大聲罵我，然後只要我一開始哭，她就會大罵我為什麼哭（而且這項罪過很快比原先我犯的錯還嚴重）。在我內心一直有場古老的戰爭持續進行，一邊是像我母親一樣批判一切的自己，另一邊是懶散的、需要關愛的孩童期的自己，永遠想躲進一個角落嗚嗚哭泣。要在心理上解決在超我和軟弱的自己之間的戰爭，或者至少把它埋在地板下，大概需要一生的努力，但當我讀到那篇事件發生「之後」（而且是有天差地別的「發生前」和「發生後」）的第一篇日誌時，再想到我今天面對的那麼多問題，實在是很想親手抓住那個沒用的女孩用力搖晃。到底發生了什麼事？你腦袋裡到底是什麼情形？把一切都告訴我，就算聽起來很瘋狂。

但我心中仁慈的那部分逼著我承認，在頭一篇悲慘的日誌中，除了自憐自艾之外還有更多東西：它其實是受到心理創傷和其他可能傷害的證據。身體上，我唯一受到的傷是曬傷，我的臉幾乎變成黑的，由來自太陽的高量紫外線所造成，但紫外線似乎也從我的臉底下一吋左右散放出來，把那裡的重要神經迴路烤成焦脆。從我展開找尋真相之旅到這次事件發生，這當中幾年間，我從零碎讀到的資料中得到這樣的印象：「入神」狀態就像癲癇發作，大量神經同時開始狂發訊號，直到腦部關鍵部分的活動形成一種統一律動，如瀑布般無法停止，從細胞的層次開始，然後擴大到把整個我們所謂的「意識」都包覆進去。也許某種類似的毀滅性細胞活動可以解釋我在五月經歷的那件事。

在我的家族中，如果要說有誰是這種青少年晚期心理創傷的前輩的話，強尼叔公可能算是。他打完第一次世界大戰後，帶著一種當時稱之為「槍彈震驚症」的心理創傷回來。但我不會說我的經驗跟他可以完全互相對照，因為強尼叔公實際上真的挨了子彈，而且在年紀輕輕的十九歲，就被迫變得跟老人一樣幾乎無法自理生活。他住在我祖父家後方的一間破屋子裡，除了需要去洗手間的時候以外，一直活在沈默和孤獨之中。我猜在他腦袋裡，火鎗大概一直還在發射著，每時每刻，年復一年，這就是為什麼他無法出聲說話，讓自己被別人聽見。我在一九五九年五月時的狀況當然是比他好得多，但如果要同情一下年輕時的我，那麼或許可以說，要求當時的我對那種超乎常理的心理現象提出理性的探問，大概等於是期待強尼叔公從戰場回來後，就立刻開始研究哈布斯堡王族[1]的生活一樣吧。

但是，在我從那次旅行回來兩週後所寫下的另一篇日誌裡，我對當時發生的事提供了一番非常不同的詮釋。不是說我失去了某種「純真」，而是我在山中「發現」了某種再也無法重新捕捉的東西。「打從『那』開始，」我寫道，而「那」指的是無以名狀的經驗：

> 我找不到一秒的平靜、舒適或快樂，我曾包攝了一切，曾痛苦不堪，曾經望向四周，看見、感受到一切事物最赤裸而不造作的真貌，任何比不上它的經驗都無法再滿足我了。無論我處在多麼舒適的狀況，那種完全跟萬物合一的感受，都會不時冒出來戳戳我，相較之下，我的當下存在實在是既單薄又模糊。

也許我是太過震驚，以致於無法把狀況釐清。又或許，這個經驗本身就不可能被歸在「好」或「壞」的範疇下。我真正需要知道的是：如果接下來有任何我還可以做的事，那到底是什麼。如果我已經完成我的追尋，找到了「真相」，經歷了徹底而輝煌的「通達」瞬間，那麼，除了一本好書或令人驚喜的化學軼聞所帶來的偶爾滿足之外，這個世界還有什麼好留戀的？而如果我無法宣布完成追尋任務（因為顯然我無法報告自己到底找到了什麼），又該怎麼繼續這項使命？

如果當初我有想要找個活生生的人來商談的話，瑪麗娜會是我該找的人。她對神秘經驗不陌生，再不然至少也會很快宣稱自己曾有此類經驗，因為只要是跟巫術神力有關的事，沒人比她更會回應。沒錯，她大概會得意地大笑幾聲，然後說：「這種事我早就見怪不怪了。」而對當時的我而言，再也沒有比這更好的回應：有人可以向我保證，發生在我身上的事其實滿常見的——就算不是「正常」的經驗，也至少還落在某種可知的超自然範疇內。但當時的瑪麗娜已經交了一個男友，一個二十幾歲的真正男人（此人是研究生，而且意外地帥），她晚上和週末的時間全都跟他在一起。換句話說，她已經跑到另一邊去了——大人的那一邊，一個我發誓不要接近的地方。

所以，在許多事情都靠自己學的這個階段，我無從得知別人是否也曾有過跟

1 哈布斯堡王族（Hapsburg，也拼為Habsburg）西元十五至二十世紀間歐洲最顯赫的王族之一。

我類似的經驗。我只能從讀過的書中得知，只有少數其他人（從杜斯妥也夫斯基筆下患有癲癇症的王子開始）曾經歷到無法以言語訴說的事，而且當中應該也牽涉到其他的存在物和認知領域。在一九五九年春天的某個時候，我在跟卡繆作品初遇的同一間平裝書店發現了沙特的《嘔吐》[2]。當我讀到書中主角羅昆丁呼喊著：「突然，突然之間，簾幕被猛然拉開，於是我領悟了，我看見了」的時候，我興奮地有種熟悉的感覺。但羅昆丁（或該說沙特），對簾幕之後的東西感到噁心：「軟軟的怪物般的一團東西，全部是混亂失序——赤裸裸地，一種可怕，褻瀆的赤裸。」他害怕無法以言語描繪的世界（它令他感到噁心），害怕它毫無意義的蠕動，還有（在他看來）無時無刻都在提醒他死亡和腐爛的存在。如果他在簾幕後看到的世界跟我在解離經驗中看到的是同一個，那我才不想跟那個地方扯上任何關係，何況旁邊可能還跟著一個隨時會吐出來的沙特。

差不多在同一段時期，我也讀了赫胥黎的《感知之門》[3]那是我在文學上跟「另類心理狀態」的初次相遇，並且再次驚訝地發現一種熟悉感。他在一個多少經過監控的環境下吃了麥斯卡靈[4]，然後開始盯著花和傢俱之類的東西。他的心得如下：

玫瑰，鳶尾花和康乃馨那麼強烈地表達的意義既不多也不少，正恰恰是它們本身——既是瞬間也是永恆，一種恆常的凋零，但同時也是純粹的存在，一群細小，獨特的粒子，透過某種無法言傳但卻自明的悖論，它正是所有存在的神聖根源。

但赫胥黎的麥斯卡靈之旅變得既詭異又俗麗，花會呼吸，顏色會顫動，牆有時候會靠不攏。我的結論是，這跟頓悟經驗無關，而是化學——是外來物質在腦部某些區域活動的結果。我在孤松鎮的經歷裡，沒有什麼不自然或物理上不可能的事發生，物體不會自行移動，幾何法則也照常適用。

2 沙特（Jean-Paul Sartre，1905-1980），法國存在主義哲學家與作家，《嘔吐》（*La Nausée*）是他在一九三八年出版的作品。

3 赫胥黎（Aldous Huxley，1894-1963），英國作家，著有《美麗新世界》（*Brave New World*）等著名小說，《感知之門》（*The Doors of Perception*）在一九三二年出版。

4 麥斯卡靈（Mescaline），從仙人掌中萃取出的致幻成分。

當人們遇上某種無法解釋、超驗的，以及（最重要的）無法以言語表達的東西時，他們往往用「神」來稱呼之，彷彿那就可以提供解釋。在從猛獁山回來之後的前幾週，我自己也依靠了這樣的狡猾出路，但立刻就後悔了。有一次我朋友大衛跟我一起開車回洛城，途中他問我滑雪之旅如何，我含糊而躊躇地回答了一下，那自然令他更好奇地追問，直到最後，為了要趕快結束這場對話，我脫口而出：「我看見上帝了」。我可以從他臉上閃過的「這可有趣了」的表情得知，我犯了一個大錯。因為他當然接著想知道上帝「是什麼樣子」。

這實在是太丟臉了，彷彿我被抓到正在作弊，或者更準確地說，正在偷盜古物。為什麼我會想把那古老、陳腔濫調的「上帝」概念，拿來描繪我在孤松鎮看到的能量？明明它跟從小在我周圍的那種宗教式偶像崇拜毫無任何相似之處。那裡沒有一張沈思的、長年受苦的臉，旁邊也沒伴隨著智天使或看似快暈倒的聖母瑪麗亞——事實上，根本一張臉都沒有出現。在一般人普遍理解的單純意義上，上帝其實是一組令人敬愛的，或至少令人印象深刻的特質總和，包括全知全能和創造宇宙的能力，至於基督教（或說猶太教或伊斯蘭教）的上帝／神最廣為人頌揚的特質，也就是他是「善」的（事實上是道德層面的完美），我不管是從描寫神靈顯現的文學或更傳統的觀察方式，都找不到證據可證明之。

而上帝／神對大衛來說又是什麼意思呢？就我所知，他是個不怎麼恪守教規的猶太籍無神論者，也許他的老祖先們某天被太陽曬昏頭，看到某個被他們稱之為上帝的幻象——說不定跟我自己遇到的經歷類似。但我懷疑大衛熟悉這類東西，或它能在郊區的猶太會堂存活下來。我跟他說我只是在開玩笑，我的無神論一如以往地堅定。

這也是真的。對於某種神祇是否存在的這一點，我的信念本身並未改變，有改變的是我周遭的情景或是感知層次上的「既成事實」，透過它，這個世界可以被以具有想像力的方式來建構。我的「頓悟經驗」（如果能這麼稱呼它的話）似乎可以被理解為某種爆炸，一種像地震或暴風雨般的災難性自然現象，結束之後會留下在科幻小說裡被稱為「時空網絡中的『裂隙』」。某樣東西壞掉了，事物不再和諧一致，顏色不再可靠地緊附在花朵上，景物上留著它們起初在死亡谷現身時的黑色輪廓，讓它們有種誇張、卡通般的成分。世界變得越來越有敵意，而我仍然必須找到生存下去的方法。

比如說，滑雪之旅回來後不久，我和弟弟為了電視的音量大吵一架。電視機放在客廳，就在我臥房外，所以如果電視音量太大，我就無法逃離它喧囂的庸俗，它諷刺的歡笑。有一晚我抗議電視的聲音吵到我不能看書或做功課，但弟弟拒絕把音量轉小，甚至還因為我的抗議而轉得更大聲。所以我不智地大步走到客廳，直接動手把音量轉小，結果就跟弟弟大打出手，不只打翻傢俱還撞壞檯燈。當時我母親應該是去社區大學上課了，當她回到家發現這一團亂，她氣到甩了我一巴掌，因為我比他大。

我想要讓自己相信，那件事不可能發生。或至少就像那個夏天發生的其他那麼多事一樣，它只「發生」在我闖進的那個不可能真實存在的新空間維度裡，那裡堅硬乾枯的大地上，彷彿孕育著猙獰而極端偏離現實的事物。跟弟弟打架之後沒多久，我又在喝醉酒的情況下跟那個吉他手法蘭克發生拉扯。有一晚，在法蘭克的表演結束之後，他、瑪麗娜跟我回到我家去，因為我們知道那天晚上我家不會有其他人在。冰箱裡有一瓶我父母順手調好的琴酒加柳橙汁（現在想起來，這真是個糟糕的東西，果汁的酸性物質加上酒精，然後還裝在塑膠罐裡）。但我們當時很渴，再加上法蘭克的推波逐瀾，我一直喝到吐，然後倒在沙發上不省人事。後來我在黑暗中醒來，發現法蘭克趴在我身上，想把手伸進我的內褲裡。也許瑪麗娜已經在另一個房間裡跟他做過這件事了，又或者她已經先回家。我對於法蘭克的手到底要往哪裡摸有點好奇，但沒有好奇到真的想讓他完成以便得到答案。我不斷用力把他推開，而且還用帶著嘔吐物味道的呼吸噴他，增加攻擊力。

在這兩次「攻擊行動」之後，我一定是吸收了飄散在空氣中的侵略精神。如果世界變得越來越危險，我自己也必須變得強悍。「你知道我第一次真正恨一個人嗎？」我在日誌裡如此寫道。這件事之所以值得一提，不在於我這個人竟能這麼充滿敵意，而在於一個我幾乎不認識、也沒有理由去想像他是個有意識存在的人，竟能引發我內心這樣的情感反應。他是我打工的新餐廳的常客，一個小費給得很吝嗇又一直要續杯咖啡的人：

他的樣子和行為簡直就是要設計來激起我的殺人欲望。他留鬍子，戴著異國風味的十字架，帶著一隻穿著衣服的白貓，對什麼事情都有意見，連聲音都一副正人君子的樣子。有兩樣東西只要一出現就應該要被摧毀，那就是沈默和正人君子。我的恨意很難描述。反正他說的每句話（他如何從軍隊光榮退伍，他對所有人類和動物的愛，他是個好基督徒、好公民，他熟練的用刀技巧）都讓我情緒激動。我感到自己又強壯又有效率，我有些躊躇，但我知道自己做得到。殺他。我恨他。我不認識他。

在一般情況下，對於像他這樣不符合常規又需要人注意的人，我可能會抱持著同情心，但早在我還是個除了「共產黨」之外不知道還有什麼政治範疇的年輕人的時候，自認正統派的基督徒再加上愛國主義者的組合，就已經足以讓我咬牙切齒。光是那隻貓（穿著專門訂做的夾克，帶著小帽子）就讓我很想把這個人拖下凳子揍一頓。

我當時是個體重一百一十磅的女孩，對上半身的鍛鍊只有端托盤，但在夏天過到一半時，我發展出新的力量。我可以一整天只吃幾塊餅乾，可以把點燃的香菸按在掌心弄熄掉。在不需要打工的日子裡，我出門散步的距離越來越長。我會從家裡出發，走下寬闊的山丘到海邊，然後往南走到聖塔莫尼卡碼頭（Santa Monica Pier）。那裡已經算很荒涼了，但有時候我還會更往南去，一路走到威尼斯海灘（顯然我擁有把自己累死的力量）。有一次，我帶當時才八歲的妹妹一起到碼頭，買給她一支棉花糖，告訴她，不管別人做什麼，只要他們做得到，她也都可以做。也許我跟她說這些的時候神情太過激動了，因為她說她覺得有點不舒服，想要回家。

我當時確實彷彿擁有不尋常的新能力。在馬里布海灘上一個開放大眾使用的地區，曾經有（現在也還有，因為我幾年前還看到它）一座非常大的岩石，大概高達五十呎。你不得不佩服岩石，因為它們全力抵擋各種要它們瓦解的力量，像是風和海浪，而我決心要跟這座岩石建立某種親密關係。有一次我得到許可，可以借用母親的車子幾個小時，於是我就開車直奔馬里布。我把車子停在岩石基部附近，然後就開始爬它。當時我根本沒有攀岩經驗，也沒有任何裝備，所以往上爬的唯一方法，就是抓住任何可以抓的地方，然後祈求岩石內部結晶架構的支撐力夠大，足以抵擋往下拉著我的地心引力。因為只要有一個微小的斷裂，使大片原子之間的結構性構造滑動，我就會摔下去高速撞向地面。

當我爬到岩石最高處時（或者該說爬到無法再爬的地方），我一面攀著岩石，一面很認真地在思考要不轉過頭去，欣賞努力爬到這裡才能看到的景象。對我來說，這似乎是唯一符合人性的事，不然也算是唯一高貴而英雄式的行為——看見人類所能看到的極致，即便是冒著生命危險。也許從這個高度看去，景物的顏色會更深沈，說不定還能看海裡有海豹在游泳。至於死亡的危險，我相信在突然高速墜落之後，死亡的來臨根本快到無法思考。然而，我還是沒有轉頭去看。不知道為什麼，但總之我把臉頰貼在岩石上一會兒，吸收它冰涼灰暗的力量，然後就讓岩石引導我安全回到地面。

我必須把自己的力量擴張到遠遠超過身體的侷限，因為努力把破碎的世界再度拼回到一起是我的責任，原因是，周圍顯然沒有其他人能做這件事。「昨天，」我寫道，「在累得快死掉又煩死了的情況下，我決定擔起上帝的工作，負責這整件事。」

我很認真地看待這項責任，因為這攸關生死，確實如此。我必須面對眾多原始材料，不管它們的形式是什麼（可以是地上的一堆髒衣服，天上飛機的隆隆引擎聲，我的臉映在巴士玻璃窗上的倒影），然後試著找出它們是否需要形成某種模式或排列方式。這並不是要把某種模式強加上去，像是作家或電影導演可能會試圖做的事。事實上，我明白自己的職責是要「清除」想像，還有記憶，因為它們會阻礙我認知事物本來真實的樣子。無論訊息有多零散或混亂，當中永遠有某種模式存在，你一看到就能認出來，因為這就是美出現的時候，就像在孤松鎮的經歷留下的餘波。你可以抽取日常生活中某個時刻出現的元素（一首流行歌的一句歌詞、透過一扇突然打開的門流瀉進來的一抹陽光、人類情緒一霎那的翻湧、零售店架上商品令人眼花繚亂的繽紛顏色），把這些元素融合、交錯，直到某種新穎到令人震驚的東西從這團混雜中升起。「然後讓這一刻成為美、深刻而因此永恆的經驗，」我在一股青少年的衝動情感驅使之下寫道，「這就是『當下』，是事物往前流動時停佇的一瞬間。」

但我無法穩定地保持這樣輝煌燦爛的心情。上午可能進行得不錯，但到了下午，往往陽光會變得混濁變質，而我將會看到沙特眼中的景象——無以名狀、紛亂無序的事物嘲弄的臉龐：

星期三，我想是吧，我站在懸崖邊眺望底下的深淵，那裡有蛇在扭著身子，有惡魔在笑著。是的沒錯。我感到自己彷彿越來越深地滑入混沌失序之中。我會歇斯底里地大笑，把點燃的香菸按在手心弄熄，來回踱步，哭泣。

這裡哪來的美？或甚至是美的記憶？我一敗塗地，無法完成自告奮勇扛起的任務，或是支撐住世界讓它不至於崩解。我太軟弱、愚蠢了，而思考也幫不上任何忙。事實上，我寫道，思考甚至讓情況更糟糕：

任何深刻的思考都是真的因為它的對立面是真的……因為任何深刻的思考都包含完全沒有意義的字詞，那些字本身的完全沒有意義，具有一切意義，那根本沒用，那就是一切，還有到底哪一扇門可以讓我逃離這裡？

我必須面對這個可能：「時空的基本結構」其實沒什麼問題，問題可能在更近的地方。有問題的可能是我。八月時，我首次開始用「瘋狂」這個字，但並不是因為我同意哪個人提出的觀點然後據此判定我瘋了，而是因為我再也沒有辦法繼續這樣下去了。一直要從原始材料建立這個世界，但又只能眼睜睜看著它在幾小時甚至幾分鐘之後崩解，感覺資料的碎片朝四面八方飛散，這實在是太令人筋疲力竭了。也因此我才終生不碰迷幻藥，即便在這種藥很容易取得而且被大肆鼓吹使用的時候。對於我們之中某些人來說，有時候，參與在最無趣的、被最大多數人接受的「現實」之中，並不是一項妥協或失敗，而是努力的成果。

當然，我一直知道有一個出路存在，一個寫著「出口」的門。只要快速而強烈的一個動作，我就可以自殺然後讓這整個宇宙倏然停止。這是唯我主義的一大優點：別人的死亡（比如我最愛的、滿臉雀斑的妹妹）會是悲劇，但我個人的死則是附帶效果，因為一個唯我主義者的死必定是整個世界的終結，所以個人的死是沒有意義的，和根本沒有發生一樣。

在一個夏日傍晚，心智上的輕微混亂狀態使得陽光對我的影響甚至比平常更負面，我決定要快步跑到「出口」。最近一次搬家時，我沒把化學實驗組一起帶來（那裡頭有一整組慢性毒物），而藥櫃裡最強的藥也只有阿斯匹靈，但是——

我記得母親有一次告訴我，某株種在前院的植物所結的果實有毒。家中只有我在，而我一面哭，一面感到那個把一切關上的開關是那麼近、那麼方便。但前院的植物實在好多。我最後找到一些看來不錯，很像果實的球狀物。當我把其中一個撬開時，從果實中緩緩流出一股濃厚白色的汁液。我嚐了一下，實在是苦得要命，我沒辦法整個吃完。結果我無法完成這項任務，因為我還在這裡寫日誌。

這當然不是認真的要自殺，只是出於一種厭煩和甚至（現在我可以承認）一點點好奇心的「企圖自殺」。

當時我到底有多瘋？這些年來我一直在問自己這個問題，而且往往是出於身為母親的關切。當我重新檢視日誌上有關那年夏天事件的記載，或回溯自己腦中的記憶時，我無法否認，自己當時是有某種我很怕會在自己孩子身上也發現的症狀——自毀（套用這個很爛的詞），還有一些在今日會被認為是病理症狀的社會適應問題。我當時勉強保住女侍的工作，但我丟掉一份在乾貨店的工作，因為只要一有顧客靠近，我就會躲到展示櫃後面去。我在高中時唯一參加過的派對，是幾個人在某個同學家中一起喝可樂吃薯片的普通聚會，但我無法開口跟任何一個人講話，直到有同學可憐我找我搭話。

至於我唯一真正的朋友瑪莉娜，記憶中我最後一次看到她，是她哭著跟我說她流產了。她那張向來在我們談話時總會露出笑意的臉，整個哭花了，但我想不出半句話可說，甚至連「流產」是什麼意思都沒追問，因為我大概猜到，那跟女人這種生物存在本身的陰暗、讓人很難脫身的那一面有關（而我現在明白到，那大概不是流產，而是墮胎）。我震驚地發現，原來性（就算是跟一個看起來那麼無害的對象）可以令一個如此傲氣的女孩崩潰至此。而當時我內心的衝動，卻是想在被纏住之前逃離她。我已經記不得那天晚上是怎麼結束的，但我這樣的舉止，實在是比喝醉和冒生命危險爬岩石還要糟糕。

我知道自己是有一些狀況，否則我絕不會用「瘋狂」這個字描繪自己的解離經驗。當時我對「精神疾病」的了解完全來自雜誌——《生活》、《仕女居家》，還有象徵著我家向上提升頂峰的《紐約客》——而可供選擇的疾病種類實在不多。在當時的精神醫學界，自閉症和雙極性情感疾患[5]尚未像今日這樣廣受注意，而在當時最常見的「焦慮症」，則因為在一般藥房就可買到鎮定劑的關係，實際顯現出來的症狀遠遠不及我的「病狀」。這使得我的選項只剩下「思覺失調症」，而它在一九五〇年代時，尚未跟它那聽起來很嚇人的二十世紀初始創的名稱（精神分裂）區別開來，而後者的意思基本上就是人的腦袋成了一團漿糊。就我的理解，其他精神疾病都跟過度發作的情緒有關（悲傷、恐懼等等），

5 雙極性情感疾患（bipolar disorder），即俗稱的躁鬱症。

只有思覺失調症特別具有認知上出現錯位的特質，顯現為對現實狀況較無法準確把握。我發現自己所有的「病狀」（解離經驗和偶爾進入神秘的輝煌世界中）都可被歸在「思覺失調症」之下。

儘管當時的我相關知識還不夠，看不出這點，但其實這個所謂的病症套用在任何人身上都有可能，因為「思覺失調症」差不多等於所謂「不正常」的思考模式。如同一名精神醫學史學者在一九五二年提出的看法：「如果有人吃飽沒事幹，想整理過去十五年間所有學者對兒童期思覺失調症狀做出的描述，他會在當中發現所有出現在不正常心理學著作上的症狀」，而在成人和青少年思覺失調症領域的情況也一樣。這樣的病症標籤，其實可以套用到不快樂的家庭主婦、所謂的問題青少年、聽見別人聽不見聲音的人，還有忽視自己周遭所有聲音的人等等——換句話說，可以是任何一個對於「現實」到底是什麼感到困惑的人。

思覺失調症特殊的地方在於，它是「嚴重」的，而且在當時，被判定得了此病差不多等於宣告你得被終生關在某個精神病院裡。我可以承認自己有些沒那麼嚴重的問題，比如「適應不良」、「與他人疏離」等，但我知道，一旦踩進思覺失調症的領域，那就是一個惡夢般的「神經病」的地帶，是反社會人格者和小丑待的地方。這裡是心理治療體系搬出重砲攻擊的地方——電擊、切除腦葉、強制監禁，還有會使你終身歪頭流口水的精神藥物等。如果我想留在人群之中生活（還記得我那個獨自生活在某個浩劫後世界的幻想嗎？那實在不怎麼吸引人），就得全力避免受到這樣的診斷。就算只是為了要讓自己持續有飯吃、有書看，我也必須假裝自己有某種程度參與在這個人類世界裡，儘管我從來不覺得它有多少道理可言。

但我現在可以有充分自信地說，我並沒有思覺失調症——如果說它是某種單一的、你可以「患有」的症狀。當我閱讀所謂思覺失調症患者的自白時，我很驚愕地發現，這世界上其實有太多人可以被說是患有此症狀。這些患者們提到的包括：不會動的物體發出聲音、素不相識的人對你有某種圖謀、從黑暗中冒出的惡魔。在思覺失調症（特別是偏執性思覺失調症）的情況裡，患者會想像一切物體都是有生命的存在，而且大部分都似乎具有敵意。某位患者描述自己穿過一個極度擁擠而吵雜的地方，她得要開始大聲地自言自語，才能不至於被那樣的吵雜所淹沒。而這顯然不是我遇到的問題。

如果我曾經有、或本該可以信奉某個宗教的話，就能被拯救嗎？許多年後，當我已經長大成人時，我曾在自己有寫稿子的某個女性雜誌上讀到一篇文章，它還真的在討論「神秘經驗」這個主題。作者斷言，一個人若沒有宗教來「安置」這樣的經驗，它們可能會有害健康或甚至使人崩潰。實際上，這就是宗教的功能：讓人把無法解釋而令人發毛的經驗放置在那裡，像個保險箱。你應該要把在沙漠或隨便什麼地方發生的神秘經驗帶回來，放到家中自製的神壇，上頭可能還放著印度象神和瓜達盧佩聖母像[6]等個人偏好的聖者圖片。更好的方法是，你到一個塞滿人的教堂裡，而他們都不會認為你瘋了。當我在一九八〇年代讀到這篇文章時，我心想：「啊，我在『頓悟』之後快要崩潰的那段時間，需要的就是這個呀！」我應該立刻衝到一個佛教靈修地，或早在十四世紀就成立的某個貝居安（Beguine）修女會去，在那裡冥想，跟想法接近的人一起討論那難以言說的經驗。資深的修女會長（比我自己的母親資深多了！）[7]會向我大致解釋一下這到底是怎麼回事，然後讓我整天吟唱簡單的詩歌，有時候穿插幾句大合唱之類的。

沒錯，如果我有信奉一個宗教，可以安置我在一九五九年五月的「頓悟」經驗，外加一個神（而且祂最好很和藹可親，一切行為都是出於某種終極善的理由），那麼從心理健康的角度來看，我在洛城的最後那幾個月會好過許多。事實上，如果每個人都信奉一個善的、公正的、會賞善罰惡的超級存在者，整個世界都會變成一個好地方。還可以更好的是，由這個存在者所統治的宇宙真的存在，在裡頭，甚至是殘酷或無法解釋的事情之所以會發生，都「是有好理由的」。但我懷疑這樣（由一個既善又仁慈的神統治的）宇宙，跟我們真正身處的、充滿屠殺的宇宙有多少相似之處，因為在我們的宇宙裡，有黑洞蹲伏在銀河的中心，等著吞噬恆星，而當地球上最高等的生物還在養育幼兒、成群獵食時，一顆隕石就可以把牠們全部滅絕，更別提每天都有嬰兒死亡這樣的事發生。

再說，如果我連其他人類是否有意識都還不準備承認，又怎麼能對「神」這種更不可靠的範疇讓步？也許人不可能同時既是唯我主義者又是有神論者，事實上，這兩者的結合可能有助於解釋長久以來種種以宗教為動機的迫害和屠殺。但我知道，除了在童話故事和宗教裡以外，根本沒有神和靈的存在，而我還沒準備

6 瓜達盧佩（Guadalupe）是墨西哥的一個小鎮，曾傳說有人在當地看到酷似聖母的人物，因此發展而出的當地特製聖母像也十分有名。

7 「修女會長」的英文為「mother」，與「母親」是同一個字，作者在此取其雙關意味，跟自己的母親做對照。

好把我在五月經歷到的情況，視為對這項明顯事實的可能反證。我的「頓悟」經驗不可能出自跟某種來自他界的意識體或智慧生物的相遇，因為沒有確鑿的證據顯示這樣的生物存在。那只是內在於我自己的精神崩潰，最好把它想做是某種設備故障。

在我離開家上大學之前幾天，我有些混亂地思考著即將來臨的轉變：

我正試著想了解狀況。不是「人類的狀況」，而是眼前即將離家念大學的這個狀況。有時候我可以抓住一兩條線索，但我無法同時把握這項轉變的全部成分。現在母親正在廚房哭，因為我的學費會可怕地耗光她的存款。這是一個成分。爸爸若有所思地看著我，心裡以為他了解我，希望我們可以講講話。戴安比較簡單，她想要我留下來，否則她就要跟我一起走。班尼呢？沒有我他就已經有足夠的事情要想了，青春期令人頭痛的問題現在是他要面對的了。我很抱歉自己會花掉他們那麼多錢……但事情總要有所改變。

我覺得我應該要對上大學感到興奮，但我知道生命中真正重大的事情已經發生過了，而剩下的餘生只是純粹可去可不去的小旅行。我當時在讀普魯斯特[8]的作品，而讀他的作品讓我懷疑「期待」是否根本只是記憶的副產品而已。我是否期待即將來臨的幾年讀書生活和「不負責任」（如同我在日誌中的意思），還是說，我透過某種奇妙的時間跳針，已經是在回想某件過去的事了？

事實上，我對於事情發生的順序非常混淆。說真的，我們真正擁有的只有過去。「希望」只能從過去的快樂片斷創造出來，我們期望快樂的經驗可以再度發生（或至少這是有可能的）。美學感受不就只是一種精挑細選的鄉愁嗎？這個禮拜我認為普魯斯特說得很對，當晦暗的現實在記憶的層次上跟某個如今不再的過去經驗相連接時，美才會發生。

顯然我是在迴避某種東西，拋出一些空想，讓自己可以分心不去思考某些痛

8 普魯斯特（Marcel Proust，1871-1922），法國作家，著有《追憶似水年華》（*À la recherche du temps perdu*）等作品。

苦的事。那就是：是否我真的要離開家人，他們一直以來跟我就像一個小隊一樣結伴四處跑？而我花了五年追尋「真相」的任務，也已經失敗了嗎？我想不是完全失敗的，因為我知道了「某些」以前並不知道的東西。但就像母親在我要上大學之前幾年（也就是在我跟貝妮絲那場神學爭論發生之前）所說的一樣：如果你不能用言語傳達你所知道的事，那麼你其實根本不是真的知道。然後我用一段自嘲的話結束這則日誌，把我的「消沈」歸因於晚夏時分令天空失去顏色的輕霧。「當天氣比較好的時候，我可以成為一個尼采主義的女超人——每一天、每一方面，都變得越來越好。」但真相是，一切都完了，而一切才剛剛開始。

# 第八章　不正常的來回擺盪

進入大學救了我，我被迫要離開家庭，從孤獨的神遊活動走出來，進入新的人群之中。我不再獨自躲在房間裡，一面抽菸一面思考母親種的植物裡含有多少致命毒素。如今我跟幾百個同樣被抽離原本熟悉的環境的人一起抽菸、聊天打屁，因為我們被迫必須在此創造某種新的社交圈。反正，至少在開頭的前幾個月，我生活中每一小時都被人包圍，從上午八點開始的化學課，到午夜時分和同樣是新鮮人的室友凱西（也是我高中時代就認識的朋友）分睡上下鋪時都是，因為凱西太高興終於可以脫離父母的監視，她想要一路聊天、大笑到清晨，或者乾脆就是躺在那裡大喊「幹！」——因為有生以來她第一次能這麼做。這或許可以看作是某個睿智而隱形的庇護者為我們做的「善意干預」，因為在大學這個設施裡，大多數被關在裡頭的人跟我很像，都是不適應高中生活而想求知的人，就算有些人沒想要做到那個地步，那麼至少也是為了獲得自由而來。

但真正拯救了我的（至少是暫時），其實是氣候。當時我可以選擇去上史丹佛大學或里德（Reed）大學，而後者是被認為太昂貴的老牌學校。結果我選擇了里德，因為它以學風自由聞名，再加上靠近胡德山（Mount Hood）的地利之便，我想像自己可以每週末都去滑雪——換句話說，可以重新體驗在一切崩潰之前的那幾個小時。另一個主要差別是（儘管當時我沒有以此為做決定的根據），史丹佛會使我仍然籠罩在加州陽光下，而在每年學期進行的九個月間，里德所在的波特蘭只會出現不同色調的灰（從起霧、下小雨到大雨和冰雹）。太多強烈的陽光不只不自然也很擾人，就像在秋天的最後一個大晴天，我跟幾個孩子坐在外頭的大草皮上時，心裡清楚知道我到了一個多奇異的地方。在這裡，我們身處這棟看來位於世界北方盡頭的哥德式建築裡，教育當局的人（因為一定有某些人在背後主持一切）從未露面，也沒讓我們知道為何要把這群人聚集在這裡。

在那之後，雲往下籠罩住我，就像個蓋子，有效地阻絕我進入脫離現實的狀態。大多數有記載的神秘經驗，從先知掃羅[1]到德日進[2]，似乎都發生在大白天的沙漠裡。但我那些在霧濛濛的英國島上生活的祖先們又怎麼解釋？他們也有足夠的陽光普照日子可以激發神秘想像，或者他們是靠著替代性的光源如晚上的營火？如果是這樣，跟陽光相較之下比較微弱的火光，是否也會影響他們在神秘經驗中看到的景象？無論是出於什麼原因，但我一到波特蘭，就不再出現解離經驗了。那裡的灰色，或許再加上一直散不去的濕氣，把重力和質量授與給所有物體，如今它們必須被認真看待，因為它們是一個經過仔細排序的大展覽品的一部分。我的唯我主義持續運作，至少我還有透過毀滅自己讓世界結束的權力，而這點在很多時候是某種慰藉。但五月那件事難以解釋的地方，還有導致那件事發生的整個追尋之旅，都被放在一旁，因為眼前我有更急迫而實際的任務：弄清楚自己到底身在何方，還有應該在這裡做什麼。我很早就發現，這就是我現在生活的地方，是我好幾個月期間唯一的食物來源，因為除了學校規定的假期之外，洛城的家不會歡迎我回去。此外，我也無法想像自己有可能會走投無路到想跑回家。

我起初的計劃是什麼都學，包括哲學、所謂的「人文學」，還有科學。但在

1 掃羅（Saul），為使徒保祿（Paul）的別名，他透過看到異象而信奉耶穌的存在。

2 德日進（Pierre Teilhard de Chardin，1881-1955），法國天主教耶穌會神父。

我上了正式的哲學課大約一週之後，我發現自己對柏拉圖《會飲篇》[3]中那種明目張膽的輕快逸樂感到十分不齒。我們聚集在這裡，用盡父母的錢進入這間昂貴的私立學校，讀一群男人討論到底要把酒一下子喝完還是要喝慢點，因為他們已經因為昨晚喝太多而有些宿醉。但對我許多同學來說，這種輕快逸樂似乎都不是問題，特別是當中的女生們，她們想主修藝術史——在我看來是為了要準備以後一生都跑博物館。如果我當初有選女性研究的課，對單身女性的經濟狀況有些了解的話，我會知道為什麼自己必須要務實一些。但在我入學五年以前，里德大學就在一次麥卡錫主義[4]的清洗行動之中，解僱了該校唯一的馬克思主義派哲學家，因此我對階級問題或經濟的重要性毫無概念，而女性研究作為一門學科則要再過十年才出現。

柏拉圖到底有什麼特別的地方？我知道的已足夠（雖然幾乎等於零，但還是夠了）讓我懷疑，他之所以如此受歡迎且歷久不衰的原因，在於他是眾多異教哲學家之中最明顯具有天主教徒雛形的一個。就我看來，他就是發明唯一、完美的神（全知、全能、全善）這個觀念的人，而我在聖奧古斯丁[5]的作品中也有看到這樣的神。如果要說我對神有任何了解的話，那就是他並不「善」，就算他是善的，他的能力也太弱了，不值得我們注意。事實上，「神既是全知又是全善」這樣的概念，根本在邏輯上是不可能的。這很可能是古代多神論者設下的陷阱，要引誘意志不堅的單一神論者如裴洛[6]和奧古斯丁落入圈套，完全不值得我花時間去研究。我立刻退選哲學課，轉到吹玻璃課——雖然它只是「推薦」主修化學的學生去上的課，不是必修。

後來我才知道，我上大學的期間正好碰上科學界開始盛行簡約主義，主要推動力量是當時的「新生物學」，也就是基因密碼和DNA螺旋結構的發現。為什麼把孟德爾[7]式的基因換成多核苷酸就該被視為「簡約化」或是某種縮減，我

---

3 《會飲篇》（*Symposium*），此字原意指古希臘時期貴族們一面討論哲學問題一面飲酒的聚會。

4 麥卡錫主義（McCarthyism）是一九五〇年代初期，在美國由麥卡錫議員所主導的清除共產主義者行動，許多被懷疑是共產主義者的政府人員或學者都遭到解僱或被列為黑名單。

5 聖奧古斯丁（Saint Augustine，354-430），早期天主教神學家、哲學家，著有《懺悔錄》（*Confessiones*）等著名作品。

6 斐洛（Philo Judeaus，約西元前15-40或45年）是第一位試圖將宗教信仰與哲學理性結合的猶太哲學家，被視為基督教神學先驅。

7 孟德爾（Gregor Johann Mendel，1822-1884），奠定西方遺傳學發展基礎的奧地利遺傳學家。

至今還是不懂，因為負責指揮一切的分子們（連同一大堆共振環和長串氫分子鍵等等），實在是我所能想像到最龐大而複雜的東西了。但這就是當時佔主導地位的武斷定則：龐大、可見的事物全是由細小、肉眼看不見的東西組成，而儘管我們還不知道中間的過程到底是怎麼進行的，但活著的東西是從死掉的化學物之中無縫接軌地產生出來。順著這條思路，也產生了人類知識構造的階序：社會科學推到極端是可以化約成生物學的，而生物學又可以化約成化學，而唯一能抵達化學根基的則是物理學。在一切的核心是數學，哲學是由它而生的一個笨拙產物。形上學，包括「為什麼」這個問題是被禁絕的，或者被留給靠不住的藝術來看管。

對我來說，化學似乎是一個很合適的起跑點，因為我也正好有資格加入一個開給成績優異的大一生上的化學特別班，授課老師是一個喜歡講雙關語的古怪年輕英國教授。「很抱歉，」他會針對一項滴定測量的結果說，「但你有點弄混囉。」在快開學的時候，他邀請我們班上十幾個學生到他家裡喝點飲料，順便聽一點「歡迎來到化學的世界」的小演說，他還放了好長一段高音質版的鯨魚叫聲。從我同學們臉上瞠目結舌的表情看來，這是一場成功的震撼教育，告訴我們：你已經來到一個自己壓根不懂的地方，你什麼鬼都不知道，而且大概永遠如此。

我在這堂滿是菁英學生的化學課上認識了容恩，一個來自紐約的同學，他是第一個問我一些無法回答的道德問題（後來我才知道是「政治」問題）的人：如果我成了一名化學家，卻發現自己的研究成果被軍隊拿去生產武器怎麼辦？我回答他：嗯，那我想不太好吧。儘管我得承認，當時我腦海中所謂的「軍隊」，大概還停留在二次世界大戰的程度，而且還得扣掉用原子彈轟炸長崎和廣島那部分（據我母親說，那實際上算是人道行動，因為要提早結束戰爭）。好吧，容恩說，那如果我的工作成果只有間接地被用來製造殺人武器，這樣就沒問題了嗎？如果我們如今身處的這整座迷人建築物，包括它的夜行神龍雕像和精緻的彩繪玻璃，事實上（至少在科學的層次）是被用來生產殺人用的科技怎麼辦？我發現這問題實在太超乎我的想像了，因為這暗示著：整個美國中產階級生活是一場戲，遮掩著背後某個邪惡的帝國主義大業。我當時的想法是：我會成為一名科學家，用我的力量把人類知識向前推進幾百萬分之一米左右，而如果某個躲在暗處的情報員試圖把我的化學研究成果變成毒物學成果，那實在是超出我能控制的範圍了。

對於當時這種置身事外的態度，我唯一能找到的藉口是無知，再加上我發現自己被電子的軌道深深吸引。在大學的化學課程裡，量子力學並不是通往次原子的瘋狂與不確定的路途，而是一系列的限制與規定：電子可以在一條軌道或是另一條上，但不可能在兩條之間。因此，我終於找到了可以治理原子之間瘋狂的結合與分離的規則，發現了事物如何從混亂的原生質型塑出自我樣態的奧秘。除此之外，在容恩質問我這些問題的時期，我也正好開始發現（儘管仍只是某種模糊的感覺），我至今一直被迫做各種準備要進入的這個世界，或許真能成為我的棲身之處。我可以做其他人認為是有用的事，可以有份工作，可以成為一名真正的科學家，可以把所有詭異或無法言說的東西藏到看不見的地方。

在奧勒岡州冬天昏暗的陽光下，我少年時期的追求「真相」之旅，如今看來是一場既遙遠又不可能成功的冒險。我決心要重新開始，謙遜地把其他更有知識的人們努力得出的資料、理論、數學和物理定律，當成既成事實來接受。如果我從電子的軌道開始研究，可以往上搭建起原子和分子，然後是高分子，之後到了某一天，如果我有足夠時間，甚至可以推進到細胞和器官，或者一路到達心智能力的生物學根基。透過謙卑、埋頭苦讀的努力，第一年的數學課程已經讓我看到寬廣的前景。老師向我們介紹皮亞諾[8]假設的時候，我在那之前根本丈二金剛摸不著頭腦，不知道治理著數字（或至少正整數）的定理是什麼。一切都似乎沒有規則可循，都是湊合出來的，但突然之間靈光乍現，「真正的線」（也就是所有可能的連續數字），展延開來，就像一條通往無限的黃金路。這就是科學的偉大承諾：如果你夠有耐心，願意持續把一顆石頭疊在另一顆上，無論需要多久時間，直到有一定的高度，那麼你終究能抵達一個有偉大的秩序與美的地方。

科學的問題在於（這是我沒有預期到的），它需要在實驗室工作。我並不是個呆瓜，我媽有教我怎麼煮飯和縫紉。我可以從零開始做出一個千層派皮，可以在裙子上縫一條平整無比的拉鏈。但我從來沒有拆解過一台機器或摸清楚汽車引擎內部的動力流向，而在我擔任科學家的短暫生涯裡，實驗室也開始充滿令人倍感威脅的昂貴物件：不是只有本生燈和為了分餾液體而設計的複雜玩意兒，而是最終出現了光譜儀、離心機，還有一些龐大機器，用來測量以輸送帶運送的試管

8 皮亞諾（Giuseppe Peano，1858-1932）義大利數學家暨語言學家，近代符號邏輯的創立者之一。

內容物之放射性。科學中最嚴峻的面向——數字決定一切、所有的討論只能透過測量結果進行——在實驗室裡以具體的建築型態呈現。在那裡，科學的禁慾主義透過完全缺乏室內裝飾和往往沒有窗戶的方式更加強化。做錯事情很容易，比如過量使用發給我辨認的化學樣本，或者把一台昂貴的機器弄故障，甚至也很容易做出一些危險的事。我在退出哲學課而轉修的吹玻璃課上，成績最後差點不及格，因為面對壓縮氣體和乙炔火炬時，我總是害怕到整個人都僵住，以至於根本沒真正吹出任何玻璃物件。

但最大的原因是，我缺乏做實驗需要的耐心。如果某個人已經確定組成某個有機化合物的成分是什麼了，我實在看不出還有什麼必要去重複此人做過的事。在物理學實驗室裡，我很輕鬆地說服木訥的男實驗夥伴去做實際的實驗，我則負責計算和畫出結果圖。在有機化學課，我則是作弊——我跑到化學備品室裡，把東西一樣一樣拿起來聞，直到找到味道跟老師發給我辨認的物質一樣的東西。實驗室的作業是需要高度技術的手工勞動，而我非常尊重這項工作，甚至滿自豪我用吸管抽取液體的靈巧技術，但我只是覺得自己沒那個時間做這些。在心裡我永遠是一名勤學者，總是對於能在零散的資料中發現的模式感到歎為觀止，這樣的嗜好照理說會使我直接往數學領域發展。當我在進階代數課學到伽羅瓦[9]理論時，我可以感覺到自己的心智一時之間擴展到能包含比銀河還龐大、閃亮的起伏波動數字群。

正是因為數學，我戀愛了。呃，並不是愛上數學。我遇到史提夫的時候，他已經是大四生，我們是透過他弟弟相識，但學校裡所有人也都知道他。據說他是學生之中最聰明的數學家，充滿個人魅力又如惡魔般英俊，他有雙綠眼睛，臉上總是帶著半笑的表情，意思是：在你可能想到的每件事上，他都有天生的超凡駕馭能力。我現在還有一張他的相片能作為證明。在里德大學裡算很不尋常的是，他也同時是個運動員和壁球的州冠軍得主。最重要的是，他很酷（cool），儘管當時我們還沒有用熱度來評測某人吸引力的習慣。他簡直是詹姆斯狄恩加上艾西莫夫的合體，一個穿著牛仔褲和牛仔夾克的貴族，也是擁有全校速度最快摩托車的人。在神話裡，這些因素的結合通常象徵著神或半神的存在，所以當某個週日午後，史提夫出現在我自習的空教室門口時，我的感覺大概就像俊美的戴奧尼修

9 伽羅瓦（Évariste Galois，1811-1832），法國數學家。

斯出現在底比斯城時，某個城中少女的心情一樣。他宣布他想在學期結束的時候騎車從波特蘭旅行到舊金山。我願意跟他一起去嗎？

噢，當然願意，我願意跟隨他到任何地方，也真的那麼做了。我騎著借來的法國競速自行車，跟他一起騎上奧勒岡海岸最陡峭的山丘，沒經過訓練的小腿和大腿肌肉已經超過疼痛的境地。晚上兩人純潔地睡在蒼穹之下，而這往往意味著還下著雨，隔天起床，同樣的過程又重演一次，有時候我們一天甚至騎超過一百英哩。到最後我的膝蓋不行了，那是在加州的尤里卡（Eureka）附近，我們搭便車，跟一群和善的夫妻檔卡車隊到達灣區附近。在我的膝蓋罷工前一晚，我們接吻了，越過史提夫的肩膀，我可以看到一輪彎彎的月亮。如果把它往側邊轉，它就像一條橋或遮雨棚，倒過來的話，就像是根牛角。但我們最親密的時刻是由數學而來，我們會在路邊停下，靠在腳踏車上，讓史提夫可以向我解釋超限基數。那是用來測量無限的數字，從阿列夫零（aleph-naught）開始，也就是整數的「數字」（一，二，三等），然後到阿列夫壹（aleph-one），這個數字表示無限增大的所有實數（但在任何兩個整數之間有無限的數字存在）。這些阿列夫數字到底可能有多少？是否有某種超級數字可以去計算它們？是在思考這些神秘的問題時，我才有些不情願地承認自己戀愛了。

我們在一起的兩年間，愛情並不是彼此會討論的話題。對我這個間歇性的唯我主義者來說，愛情並不意味著我是把史提夫當作一個獨立的意識體，是有自己的歷史和內在糾葛的人，而對他有所好奇。他是個宛如天神下凡的發光體，就是這樣，而我就像被活生生的行星所吸引的隕石一樣被他吸引。至於他對人類之間情感的看法，他自稱是個遵循邏輯理性的樂觀主義者，厭惡一切非量化的見解。如果我跟他說我愛他，他會想知道我用的是怎樣的測量單位，還有這樣的狀況是否能被獨立證明為有效。這使得我們唯一的共識剩下虛無主義，而彼此之間的溝通化約到極端，只限於可以分享的資料或討論以下兩者相關的優點：數學（美麗而乾淨）和化學（雜亂無章而幻想的）。

這就是我對他入迷的程度：在微積分、物理化學，還有自學德語（要主修科學就必需要會德語）的忙碌生活之間，我寫了一封情詩給他，而我當然從未寄出：

你在愉快的字典中

你在年少與年歲之間，然而
怎樣的話語是不帶有侷限的？

你是最後的一刻：現在
現在：失去的一刻。你是
香氣之前的呼吸
思想的歌，未出口的思想
沒有思考的字
然而：你是
光亮的安全與混亂的邊緣

當史提夫要我嫁給他，並轉學到他正在那裡讀研究所的奧勒岡大學時，我答應了，儘管我們過了好幾個月才敢把這個計劃讓各自的父母知道。

在大二那年的耶誕節假期，我把史提夫介紹給我父母認識，結果得到令人震驚的結果。現在回頭看，我發現大部分發生的事其實是可以預見的。比如說，史提夫本人，再加上他面對剛認識的人時會有的那種帶點迷惑的可愛表情（似乎在說「這似乎挺有趣的」），自然會迷倒我母親。我高興地沈浸在母親對我的另眼相看中：也許我的外貌算是次等，特別是我已經不抹口紅，還把頭髮綁成兩根粗辮子，再加上非常缺乏女性的社交技巧，但我不知怎麼地竟能吸引一個再怎麼看都很優秀、跟我父親一樣強壯而聰明的男人。我也不該對父親的反應感到意外才對：他毫不掩飾對史提夫的敵意和較勁心態。自從我上大學以來，父親的反應就很反覆不定。如果我提到自己去某個派對玩得很開心，他就會警告我別讓自己「出醜」。如果我稱讚某個教授很好，他就會說教授們都是一些「假裝厲害」的傢伙，根本找不到更好的工作。當他知道我即將要跟史提夫進行的腳踏車之旅時，他禁止我去，弄得我母親開口幫我們講話，說在現代世界裡，年輕人做這樣的事情沒人會覺得他們不好。多年來形成的家族派系重新洗牌了，讓我和母親這麼多年來第一次站在同一邊。

麻煩從我父親開始，他顯然從太陽下山的現象得到靈感，挑戰史提夫能否解釋為什麼滿月永遠在太陽下山的同時升起。史提夫一定是猶豫了一下或者回答得沒有很漂亮，因為我父親已經喝了好幾杯螺絲起子，離講話語無倫次已經不遠，他抓住機會對於人類智能的高下之分長篇大論一番，聲稱人的智能有「指數」上的分別，我猜意思大概是某些人非常、非常聰明，而其他人則是笨到家。但「指數」這個字引起史提夫的反擊。他想知道我父親用那個字是什麼意思。我父親的意思是說，智能和身高與體重不同，不依循正常的指數弧度發展嗎？還是說智能相關的數學能力跟指數有關？我看到父親比我當初問他量子力學的問題時還完全地被打敗，而且還是被一個有可能是年輕版的他——或者該說，如果史提夫是因為在礦坑裡工作而不是打壁球而練出身上那些肌肉的話，就可能是。

之後發生的事是我怎麼也沒想到的。史提夫離開以後（他要回到在長灘的父母家），我父親叫我坐下來，告訴我猶太人從來不會跟自己「種族」以外的人結婚，他們「利用」完非猶太裔的女人之後就會拋棄她們，繼續過人生。猶太人？我一直以來，我父母的朋友之中都有像是哥斯坦、科恩和德沃克[10]等姓氏的人，我自己也有，但他們從來沒提到這些人有侵犯異教女人的可能。我知道史提夫是猶太人，儘管他也跟我一樣是無神論者，而我也曾聽過他母親用「席克莎」[11]稱呼我，彷彿不知道我身旁就有個可以翻譯給我聽的人。但在我多年來從父母（或至少母親）那裡學到的種族階序看來，猶太人一向排在最前面，他們的教育程度較好、較有文化素養而且當然更「見多識廣」（這是我母親最欣賞的一點）。相較之下，天主教徒帶著他們「不知所云」的宗教，形成一個邋遢懶散的低階層，而新教徒只比他們稍微好一點點。我要求父親提出猶太人僅僅為了好玩而侵犯女人的實際例子，但因為我母親加入戰局而使他免於回答這個問題。我母親質問他：你在講什麼？你知道自己在說什麼嗎？難道你不能承認你女兒有了男朋友，跟大多數女孩一樣？

酒精是促使爭執加速升溫的原因之一，至少我想不出其他藉口解釋我父親這種行為，儘管酒精從來也不是一個像樣的藉口。他大吼自己再也不想看到那個「猶太小鬼」出現在我們家中，激得我母親吼回去，叫他「幹他的滾出去」，而我不知道哪個詞更讓我訝異。我從來沒聽母親說過「幹」這個字，而「猶太小鬼」更是從來沒聽過。我父親於是甩上門出去了，想必是跑去某間賣馬丁尼的昏暗酒館，讓他可以一直喝到打烊。這件事使我父母快速朝離婚發展。不到一年之

10 Goldstein、Cohn與Dwork是猶太姓。

11 Shiksa，意指非猶太裔的女子，有輕蔑之意。

內，我父親會娶他的秘書，而母親則開始養成這個危險習慣：在酒吧搭上男人，然後帶回還有我弟妹在的公寓裡。我父母兩人都從來不算是好的角色模範，但至少就我而言，母親在跟父親長達快二十年的這場戰爭中算是贏了，暴露出我父親是個愚蠢、酒醉、欺凌人的偏執者。那是我有生以來第一次（但絕不是最後一次），對於有這樣的父親感到羞恥。

在我宣布要結婚（只會低調地去法院公證）之後，我收到一封來自祖母的信，信裡說，我得嫁給一個猶太人實在是太糟糕了，但到了我這個年紀（當時我才滿十九歲），大概也沒其他辦法了。我當時不知道反猶太人主義是一種相當廣泛的現象，所以這封信在我看來就像是個病因學上的突破：原來我自己的祖母是傳染的源頭。我在腦中回想最後一次在巴特看到她時的景象：她跟往常一樣坐在最喜歡的那張椅子裡（因為她已經胖到不怎麼能行動了），沈浸在自己的思緒裡，幻想可以靠著在後院養雞賺點錢。也許她偷偷地用這樣的想法自我安慰：儘管她自己的生命是如此卑劣而狹隘，她至少還比猶太人高級。雖然我無法想像他們到底對她做了什麼而招致她的輕蔑。住在巴特的猶太人大多是做小生意的、從事屠宰和裁縫業，一點都不有錢或傲慢。如果你想要找個人來討厭，那應該是礦場業主，況且他們還是天主教徒。當時我並不知道，但在我父親和祖母的情況裡，他們會被人罵的詞是「白人垃圾」。

結果我沒有嫁給史提夫，儘管原因跟我們祖先的宗教完全無關。很多細節我大概都忘了，但我想我們對於婚姻生活的想像似乎一直都太不現實。比如說，我們要怎麼養活自己？因為我父親不可能支助我跟這個可疑種族的人「勾搭」在一起。還有，我們要住在哪裡？難道是史提夫和其他三個數學系研究生一起租的潮濕公寓地下室，而且那三個人不只全都跟威爾斯[12]筆下的莫洛克族[13]一樣蒼白，還沈默到幾近憂鬱的地步？史提夫唯一比較精確地想出解決辦法的地方是，儘管我還是大學生，我將會在奧勒岡大學嶄新的分子生物學研究所有個職位，協助他們進行 t－偶噬菌體的先鋒研究。

噬菌體是會吞噬細菌的病毒，而它們對於二十世紀生物學的影響，誇大點說，可以比擬動物家畜化對新石器時代人類的影響。在此總算出現一種比果蠅或

12 H．G．威爾斯（Herbert George Wells，1866-1946），英國作家，著有《時間機器》（*The Time Machine*）和《世界大戰》（*The War of the Worlds*）等科幻小說。

13 Morlock，在威爾斯的《時間機器》中登場的種族，因為生活在地底下所以非常蒼白。

老鼠來得優雅與簡約太多的有機物質了——只由一兩股核酸構成，外頭包裹著一層遺傳密碼規定的蛋白質。沒有比這更簡單的生命了：一點點基因訊息，再加上能複製它們的工具——如果附近有一些脆弱的細菌可以供給複製過程所需的綜合蛋白質。「生命」當然不是一個適當的命名，因為病毒缺乏進食或呼吸的能力，正式說來它是死的，但這點本身就很耐人尋味，因為這顯示了掠食的習慣可以由根本不是「活著」的分子聚合體承接。但在奧勒岡大學的實驗室裡（我到那裡去見未來的科學指導老師），噬菌體只不過是另一種物質，就像排列在架子上的化學試劑一樣。它們可以從細菌培養體中製造出來，而它們的核酸一旦被抽取出來，就可以被分餾、排列，甚至為了實驗的樂趣附加到其他基因上。這當中每一項作業都要用到成排的無菌玻璃器皿、維持在某種溫度的成堆培養皿、幾十個小心標示好的試管，還有在電泳中的精密作業。隨著我們的婚期越來越近，我開始了解到，我不只要放棄能在里德大學擁有的愜意自由生活，還會降級成一個實驗室的技術人員。

結果是我那反猶太人的祖母發出決定性的一擊，在此我對已經過世的她致上謝意。她寄給我一個電熱煎鍋做為結婚禮物（這也是我唯一收到的）。它的含意是：史提夫和我一定買不起一個像樣的爐子，因此必須在流理台或甚至是臥室的櫃子上烹煮東西。另一個大前提甚至更糟，就是我到底會不會煮飯還是個問題。所以這就是人類的繁衍（或是做為繁衍前提的婚姻）所提出的死亡威脅：我會被迫進入家務勞動，而且會是一種絕望的、被貧窮所迫的境況。我把煎鍋寄回給祖母，然後哭著告訴史提夫我不想結婚也不想搬到尤金，甚至也不想繼續在週末跟他見面了。他相當冷靜地接受這些，我想自己算是幸運的，因為後來他被判坐牢二十三年，原因是企圖謀殺妻子，而根據尤金當地的報紙報導，這個女人犯下的錯誤就是要求跟他離婚。

回到里德大學之後，我重新沈浸在研究中，並計畫從化學逃到物理學去。其中一個原因是，化學變得比較不能滿足我，隨著一年一年過去，它變得越來越不必要地繁複和拐彎抹角。我先後念了無機、有機和物理化學課，在要進入由「自然產物」組成的叢林時，我決定自己必須努力發掘一切事物的根基，到達物質可以跟能量互換、而能量如果想要的話就可以變成粒子的秘密領域。憑著如今我只能形容為一股蠻勇的力量，我跳過第一年的物理課，直接進入第二年課程，然後非常躁進地一股腦兒衝入電力和磁力的神秘世界，接著是古典力學的嚴謹美學中。這門學科吸引我的部分原因在於，如果越深入研究物理學，就越不可能發現自己到頭來被關在某個實驗室裡，甚至只要一週幾個小時都不用。此外，我也發現自己是物理課上唯一的女生，而我想，只要我離其他同性別的人越遠，就越不可能最後落得跟母親一樣的下場。

化學和物理系達到共識，我這個中途轉系的「混種」怪學生，最後可以得到某種名為「化學物理」的學位。剩下唯一需要跨越的障礙是我的大四論文研究，主題由我敬愛的古典力學教授幫我擬定，他是一名法國裔學者，名叫尚・德洛（Jean Delord）。誰不會愛上德洛教授這個有雙無邪的棕色眼睛，個子小而精瘦，年輕時甚至還參加過法國反抗運動的人呢？除了教學之外，他還在太克（Tektronix）這家製造示波器和其他儀器的本地公司擔任顧問，想必他就是在這裡找到給我的研究主題。如同我論文上寫的研究動機：「必須有人測量半導體在融蝕矽上的效果」，這個主題無聊而又規律到很適合我這樣一個可靠但不太聰明的學生。我父親也對於我終於要對我國最大的科學產業做出貢獻的這點有些刮目相看。

但結果我並沒有。德洛教授幫我在一棟離教室或其他任何人類活動都很遠的建築物裡的一條沒什麼人走的陰暗走廊末端，設立了一個小實驗室。我有一台物理系提供的電位計，還有擺滿一整個架子由化學系提供的試劑，這是個由我統治的小小世界。就跟所有實驗一樣，我的實驗有個預期目標，也就是在實驗過程中記錄到一個電流數值。在實驗室裡，沒人期待會像在觀察一群野生狒狒的侵略行為時一樣出現詭異的意外發展，因為在這裡，人們期望看到的是自然最順服的狀態，準備好按照指示揭露它的秘密。但如同我在論文裡報告的，事情打從一開始就不對勁。根本沒有「一個」數值可以紀錄。「零點二歐姆─厘米p型矽的電極電位從未到達穩定數值」，而「試圖除去干擾影響的嘗試皆失敗。」在某個電流數值範圍內（而不是給我一個單一的數值可以記錄在筆記上），「矽的電極電位持續以交流電流的規律和持續度來回擺盪。」

自然，頭號嫌疑犯是灰塵，儘管我很難想像小小的一個外來物質能產生這麼乾淨俐落而有秩序的效果。我把我的實驗組合整個拆掉，把用來懸掛電極的聚乙烯燒杯換掉，把每樣東西都仔細刷過一遍，然後再試一次。電流值還是一樣來回擺盪，而且這個特異的狀況持續到第二天德洛教授來看我時，他覺得有可能是「噪音」，也就是灰塵在電流上引發的反應，因此跑去幫我弄來一套新的電位計來換掉舊的，還從太克公司弄來一套新的電極組。但全都沒用。我工作到半夜，靠著即溶黑咖啡和走廊上販賣機賣的餅乾充飢，一樣東西一樣東西地調整，重新測量、重新清洗，但整個系統還是拒絕合作。可愛的正弦狀規律波動持續出現，但到底是什麼東西引發的？我得很努力壓抑心中那股頗有異端邪說危險的想法：實驗室裡可能還有「別人」在。

問題是，在實驗室裡，所有的實驗物應該都是「死」的，如同在太平間裡一樣，或至少它們剛到達的時候已經非常接近死亡。我泡在實驗室的那幾年學到這點——很不幸地，那是後來我在研究所研究細胞和分子生物學那幾年得做的事。如果妳要研究細胞，就得先把牠們殺了：把牠們刮到載玻片上，然後用甲醛把牠們「固定」住。一般說來，對生物的研究通常始於慘烈的死亡，或者以科學家使用的說法，是「犧牲」。據說亞歷山大大帝每天都以公開宰殺一隻羊做為一天的開始，而我後來做博士論文研究時，每天的工作也是以殺死十幾隻白老鼠開始。我用鑷子夾住老鼠尾巴，把牠丟到一個鋪滿甲醛棉墊的罐子裡，然後拿出來，把牠臉朝上固定住四肢，讓我可以把牠的肚子剖開，拉開皮膚，然後用注射器從這個還活著的生物體內抽出一管腹膜組織液。我，這個老鼠世界裡的門格勒醫生[14]，以這種方式殺了大約一千兩百隻老鼠，就為了得到一個我從未發展成未來職業的學位。

所以，在我那位於里德大學的小小化學物理實驗室裡，當然是只有我一個人，儘管那特異的電流來回擺盪也還是在。如果實驗性的生物學始於殺戮，那麼如同我在高中時做出的結論，物理學則從一開始就排除所有的活物。而且我指的不只是牛頓的「慣性」，那個使所有無機物都無法自行移動到任何地方的特性。從我的觀點看來，還有更可怕的熱力學第二定律，它說：至少在一個「封閉系統」裡，一切萬物都趨向死亡、腐壞或至少是極度的無聊。如果把幾滴紅色液體滴入裝著水的燒杯裡，那幾縷形狀繁複多變的色彩很快就會消解成為一種單一的粉紅色。讓宇宙按照它的方式持續運作，它終究會抵達一種統一的「熱死亡」狀態，沒有恆星或行星，也當然沒有天文學家可以觀察它們。均質性只會越來越多，秩序無法從失序中產生，失去型態的混亂也不可能產生任何模式。而如果電

14 約瑟夫．門格勒（Josef Mengele），在納粹大屠殺猶太人期間，對許多猶太人施行殘酷的人體實驗與屠殺。

極必須從一處移動到下一處，它們就必須走最短的那條路，而且不會在途中散裂成某種有規律的擺盪狀態，就像我的電流值似乎暗示的那樣。

德洛教授的失望之情顯而易見。他給我一項很簡單（甚至在觀念上都很單純）的任務，而我卻大大地失敗了。他有一堂古典力學課是以這樣衝擊的開場白開始：「拿太陽……」，而我有一剎那覺得，那個燃燒的球體是直接傳到我手中，而我卻把它掉在地上。只有他能證明我並沒有做錯任何事，他供給我設備和材料，他也曾自己下去做了實驗，而當他也得到同樣宛如有生命般的怪異結果時，我看到他的雙肩一垮。但不管怎樣，太克公司就是不會得到它所期待的俐落數據，而我也沒有任何「論文」可提交，這意味著我可能無法畢業，往下一個人生階段前進，就像通常人類發展的走向，往研究所去。

那時已經將近四月，而我快沒時間了。我的生活範圍縮小到實驗室之內，我曾有一度試圖重新取得主控權，想找出到底是哪個因素（比如溫度和氫氟酸的濃度）影響了震盪的頻率和幅度。但我找不出具有一致性的模式。我在實驗室中真正能控制的東西只有一個：讓整個失控的實驗過程能啟動的電源開關。到了夜晚時分，當我決定穿過波特蘭夜晚的雨和霧騎單車回住處時，我想結論已經出來了：我完了。然而除了這點之外，電流的來回震盪仍然持續著，有時候很乾淨俐落地形成正弦圖形，有時候尖銳又不規則。我那小小的實驗機組當然沒有「想要」什麼，但那堅持一直出現的來回震盪引發某種把它擬人化的可能：有什麼東西在那裡嘲弄著我。我開始帶著恐懼看著我那表面平滑的電極組，同時也開始覺得憤怒。如果我用純的氫氟酸給你好好洗個澡，你覺得怎樣啊，臭傢伙？

到了我必須把結果寫出來的時候（除此之外也別無他法），離提出論文的期限只剩下幾週而已。我冷靜地把情勢分析一遍，然後到化學材料補給室訂了一罐試劑級的德太德林[15]（據我所知當時是完全合法的）。我使用這類興奮劑的經驗很少（當時它們才剛開始出現在校園裡），但我先前為了輔助學習而用藥的那一次經驗實在太成功了。在幾個月之前，我在有機化學口試前一天下午吃了一顆利他能[16]，結果我整夜都不用睡，在一種非常入迷的狀態重讀教科書，連註釋都看了，口試時教授被我的表現弄得目眩神迷，他文情並茂的推薦信也幫了我大忙，

15 德太德林（Dexedrine），右旋苯丙胺（一種類安非他命藥物）的商品名稱。
16 利他能（Ritalin），一種中樞神經系統興奮劑的商品名稱。

讓我得以進入理想的菁英研究所。

我並不清楚德太德林的作用到底是什麼，但我滿確定其中不包括使我入睡，而我估算自己沒時間做這件事。藥物一開始的強烈作用讓我一頁接著一頁寫滿不同的等式與圖表，把電流、阻抗和試劑濃度串連在一起，拼命想在當中找出某種新模式。但在連續四十八小時沒睡之後，圖表上的來回震盪波形圖似乎變成液態的，帶著我飄到某個黑暗而無垠的海洋上。也許這一切對我來說實在太深奧了，我永遠解決不了。德太德林沒有引發任何幻覺，或者至少在我的情況裡，也不會讓人對於無論是神秘或理性的情況產生任何真知灼見。但當我持續沒睡到第三天，天空開始亮起來的時候，我再次感到，也許不是只有我一個人在實驗室裡。我也許遇到了某種有生命的對手，某個低階的造物神，祂想保護半導體的表面不受到蝕刻或其他由人類施行的折磨。如今回頭思考這一段時光，我驚愕地發現自己的實驗（包括酸洗和用電流刺激）跟現代的拷問行為有多相像。我想逼問出的訊息很簡單，類似於「蝕刻在矽電極上的效果是……」，而這可以更進一步壓縮成這樣：「芭芭拉．亞歷山德完成了她的論文……」

又或許，我遇到的是比通常的造物神更高等一點的神，祂試圖透過電流軌跡跟我溝通，全看我能否把訊息解讀出來。如果那跟差不多正好四年前，我在山上和沙漠遇到的是同一個（或至少是在同一個範疇內的）「存在」呢？

但這樣的想法簡直是瘋了——比瘋了還糟，那會是被害妄想。我在幻想什麼——我被誰給追趕著嗎？在孤松鎮的事件發生之後不久，我就做了這個結論：沒有什麼「存在」好遇到的，發生在山上的狀況純粹只發生在我自己的腦海中，而且只要透過在細胞層次可觀察到的活動，就終究能有所解釋，包括神經訊號發送模式的同調率，還有神經活動突然「雪崩」式的活動等。相較來說單純得多的矽電極，也一樣可以解開其中奧秘，因為科學的功能就是要粉碎一切不在其「系統」內的狀況，轉而用可以預見結果的運作機制來取代它們。

吃下德太德林讓我幾乎沒辦法慢下腳步，結果就是，一旦我把論文交出去，我就垮了，臉色發青，喘到無法騎腳踏車。其實我這時應該要去看醫生，但我只是勉力回到住處，跟室友一起喝了幾罐啤酒（她也跟我一樣吃了德太德林），然後就躺到床上連睡了十四個小時。如果我現在根本看不懂自己的論文在寫什麼（論文標題是「矽陽極的電子化學震盪」，而且還是由里德大學好心地寄到家裡給我），原因可能不只是我已經把微積分和電子化學給忘光了。我猜論文全體應該充斥著某種深沈、翻攪著、被化學作用促發的不連貫與混亂吧。

德洛教授接受了我的論文初稿，也因此讓我可以畢業，但條件是，我必須在暑假期間到紐約市（也是我研究所的所在地）的高級技術圖書館，為我到目前為止收集到的相對雜亂而不確定的數值找到一些類似的先例。在物理學門裡，你不可能提出某種完全沒有先例的反常狀況做為正式報告。宇宙不會向大學生或笨蛋展現它的奧秘：這就是整個進階高等教育的前提。所以，如果我看到波動，那麼在我之前，有些比我更年長而更有威信的人一定至少有看過一些小漣漪之類的。在科學界的階序裡，年輕人除了服從之外很少能有什麼作為。

感謝位於四十二街的紐約公共圖書館，它有龐大的外國和二十世紀早期的科學期刊文獻資料庫，我確實找到更多先例，不只是在矽電極來回震盪的數值這方面，還有「反常」、有如生命般的化學反應這樣的現象本身。在那段期間，有一小群研究這類狀況的化學家們得到的共識是：電流值的來回擺盪，反應了矽電極上的一層氧化物的形成與溶解，儘管之所以會如此來回擺盪（相對於正常、連續發生的化學反應）的原因還是不清楚。然而，我還是沒有因此得到平反。當我把氧化物層的理論告訴父親時，他嗤之以鼻，說我的研究真正的「發現」只是一個

「骯髒的電極」，這讓我感到自己終究還是污染整個實驗的禍首。好幾十年來，我努力把那篇論文拋諸腦後，它簡直就像不小心在公共場合大小便失禁一樣，是一種令人感到極度羞愧的事。

直到現在，過了五十年，再加上幾週密集研究矽電極的奧秘之後，我終於能宣告自己沈冤得雪。我的實驗過程就跟我前面敘述的一樣，沒有什麼「灰塵」或「噪音」是超出正常現實世界許可的範圍。問題在於，一九六三年的時候，還沒有任何理論可以解釋這種現象——沒有生命的物質似乎能自行形成某種出人意料的模式。我當時也不可能知道蘇俄化學家貝洛索夫（Boris Belousov）遭遇到的痛苦經歷，因為他在一九五一年就已經遇到類似的「不正常」現象：某種化學反應在他的試劑裡產生規律的顏色變化。當他把這樣的現象寫成文章，投稿到一篇有審稿制度的化學期刊時，他被退稿了，理由是這是「不可能」的，而且也違反了熱力學第二定律。在又嘗試了好幾次發表但都被退稿之後，深深受到羞辱的貝洛索夫於是放棄了科學。一直到他過世十年後的一九八〇年，他的文章（在其他實驗室得到反覆驗證）才獲得了列寧獎的高度肯定。

在我自己作實驗遇到這個神秘結果的同時，一項理論才剛剛開始萌芽，雖然比較是在數學界發酵而不是物理界，但也要再過至少十年才有等式出現能解釋我所發現的現象，而且它們會跟我之前看過的所有等式都完全不同。事實上，它們甚至不算是「等式」，而是被稱為演算法或「映射」。它們不會提供確定的預測，而只是描繪事物從某一點或某一組狀況轉變成下一步的趨勢。一個等式是數字化的，而且可能會被誤解為同義反覆，然而演算法則是對動態與發展的描繪。我並沒有任何資格可以說明這種所謂「非線性動態關係」（有時候更聳動地稱為「渾沌理論」）的新科學，但有越來越多所謂的複雜現象，比如天氣和甚至癲癇的痙攣發作，已經開始採用這種新的解釋模式。從我有限的閱讀中真正了解到的是，非線性動態關係代表了一種典範的移轉，而且帶來的震撼至少跟量子力學的出現一樣。而當你只不過是想要完成你的大四學業時，實在不會想遇到這種事。

到我寫這個部分的時候為止，我收集了許多有關矽電極怪異行為的文章，並大多努力至少讀了摘要、討論與結論等部分。我父親由於明顯的職業關係，對於矽之類的半導體向來很有興趣了解，他一定會對這當中的化學過程感到極有意思。就我的理解，故事的主角在於蝕刻矽的表面時所形成的微小孔洞──最能引起冶金學家興趣的地方。但從那裡開始，問題變得複雜，而故事也來了一個非線性的轉折：那些孔洞產生電流的「跳發」，它們有時候會跟彼此同調，創造出可以透過顯微鏡看到的「自我組成的過程」。如果我父親對量子力學加以嘲笑，恐怕他對非線性的動態關係是整個嗤之以鼻，特別是如果還伴隨著「渾沌」這樣的概念。他一定會如此總結：科學連同它近來向「不確定」和「可能性」靠攏的傾向，顯然已經變得太沒骨氣，無法挺身對抗未知。我猜他會把整個二十世紀的進步（先是量子力學，再來是非線性動態關係）視為科學緩慢而悲劇性地滑向墮落和神秘主義的象徵。

如果把那些經常在科學與大眾文化交界處見縫插針的愚蠢舉動納入考慮，他這樣想可能也不是沒有道理。每當在因果之間的緊密邏輯關係（這個一定會導致那個）出現裂隙，某種機會主義者就找到機會宣揚無限制的自由意志可能，或甚至是神的存在：我們可以直接跳過單調沈悶的數學和科學，承認任何事物都有可能在我們所居住的這個宛如有魔法的宇宙中發生：粒子可以跨越銀河系互相溝通，願望可以透過「視覺化」實現，疾病可以透過「正向思考」來撲滅。萬歲！

但確實（我真希望父親還活著，腦筋也清楚到可以跟我討論這個），做為過去科學核心的簡約主義已經被破壞了。我們必須放棄這樣的宇宙模型：微小的堅硬粒子互相作用與碰撞，透過一系列必然發生、無法逆轉的步驟，產生我們所認識的這個宏觀世界。物理學令人心碎的死亡風景（也就是我在高中時代初次遇見它的樣子），已經開始蠕動著有了某種「生命」。但當我還只有二十一歲時，根本不可能知道事情會如此發展，就算知道了，也不會曉得該拿這樣的訊息怎麼辦。

# 第九章 自殺與罪惡感

我母親第一次企圖自殺是在一九六四年九月，而我幾乎絲毫不受影響，意思是：我成功地讓自己完全不去想這件事。別人的心情狀態對當時的我來說，除非是作為理論研究上的對象來探討，否則我根本不怎麼關心，特別是她的，原因很可能是因為，從小到大，我是花了極大力氣才能不被捲進她的憤怒與失望所構成的漩渦裡。或許在這裡我應該要跟各位讀者們說，那時我在紐約市唸研究所，生活中有更多精彩的事情發生，所以才沒注意到她的每況愈下。那時確實有不少新鮮事發生，但若要問我自己內心的感受，我必須說，我就是不在乎了。這樣的心情在文學上的先例（儘管我當時還沒想到），是卡謬的《異鄉人》，這本書以這樣的文字開始：「母親今天過世了。又或者是昨天；我無法確定。」

在高中時代，我曾經很煩惱自己是不是有精神病，但在我母親差點淹死的事件發生之後不久，我面對的則是一個更不好聽的可能：我是個既自私又惡毒的人。對我做出這種指控的是珍阿姨。她打電話來告訴我，我母親剛剛自殺未遂，當她需要我的時候我在哪裡？顯然我母親在喝下許多酒、吞了很多安眠藥之後，從大西洋城的某個碼頭跳下去（她因為擔任民主黨的候補代表而去那裡參加集會），正在水裡掙扎的時候被人發現而獲救。據珍阿姨說，我母親在自殺之前曾多次試圖聯絡我。珍阿姨曾經非常喜歡我，甚至還把自己其中一個女兒以我的名字命名，但如今她在電話那一頭大吼著要我「負責任」，把這個潮濕而令人窒息的概念扔向我。我嚇壞了，儘管並不是為了母親的緣故（我很遺憾地必須這麼說），而是因為我從珍阿姨眼中看到的自己，不是一個勇敢地探索存在價值的人，而是像母親經常指控我的一樣：是個冷酷、眼高於頂，無法跟人相處的傢伙。

珍阿姨雄辯滔滔要講的核心論點是：她覺得我可以說服母親放棄自殺。但誰都看得出來，我母親一直以某種方式持續向下沈淪。離婚時她並沒有得到任何贍養費或和解金，可能是因為她太驕傲或無能而沒有爭取到，也有可能是因為我父親其實根本沒什麼錢，只是他揮霍的方式營造出一種似乎很有錢的假象而已。所以，她必須打好幾份零工，同時一面不是挺認真地管著我那兩個還是青少年的弟妹，讓他們別惹上麻煩。她也毫無節制地喝酒和從酒吧帶男人回家，即便我妹妹對此非常不以為然。

一九六四年的某一天，她和我的弟弟妹妹從洛城搬到愛荷華州的艾姆斯（Ames），可能是期望她的姊妹和母親能幫她。在更早幾年以前，珍阿姨自己精神崩潰而暫時無法照顧自己的孩子，所以她母親，也就是我的外祖母，從巴特搬到那裡去幫她，之後就住在那兒。但搬到愛荷華之後，我母親和珍阿姨之間的關係很快就變得緊張。在我的阿姨之中，珍是我最喜歡的一個，她曾在幾年前教我抽菸。我猜她們的關係變緊張是因為，珍阿姨對於自己高尚的生活中竟闖入「離婚者」這樣不檢點的人感到很丟臉——珍的丈夫是一名醫生，同時是個共和黨員和聖公會的教友，還收集美國內戰的紀念物。在艾姆斯嚴苛又毫無道理可言的標準下，我那愛喝酒又是個無神論者的母親幾乎等於是放浪形骸——有一次她甚至在社交聚會上喝醉酒，跟一名教會執事為了神學問題吵起來。一九六四年初夏，她中途背棄自己養兒育女的責任，把當時才十三歲的我妹妹送回洛城，要我父親和他再娶的太太撫養她。這等於是在複製她小時候被父母丟給別人養的經驗，雖然不是完全一樣，但也非常接近了。

在我偶爾到艾姆斯看家人的時候，往往得參加她在離婚後發展出的新活動。她從以前就一直很喜歡一面抽菸喝酒一面講話講到很晚，如今她有如得了強迫症般地做這件事，不需要別人什麼回應，就像一個獨自坐在書桌前拼命要把稿紙寫滿的作家一樣。事實上，我想這對她而言就等於是寫作，或至少是她把零碎片段的訊息組織成一種論述的方式。在晚餐吃完，餐具也都收拾好之後，她會倒酒給我們兩個人（那種調酒被稱做「高球」，大概意思是「七與七」）[1]，然後叫我坐下來，聽她滔滔不絕地說她想講的任何主題。在某個方面來說，我滿感激她把我當成一個對等的成人，給我一個菸灰缸和酒喝，或至少讓我回到童年時扮演的角色，傾聽她的秘密。但我會發現到了隔天早上，我想不起來她到底說了什麼，因為她講的情節太糾結混亂，人物太相像，而且要講的意思也太雷同——都是「嫌惡」。總是有人以某種方式對她無禮或顯得看輕她，而且這樣的人有很多，只因為她沒有上大學，如今又沒了丈夫或自己的房子。但到頭來，這些人本身又總是很膚淺又無知，而證據之一就是他們家裡都沒有書。又或者，她會重述她自己的悲慘遭遇，從童年在祖父母家的孤獨生活，到後來被我父親背叛，最後總是以突然的絕望做結，因為儘管她不覺得我能體會，因為我總是假裝自己「高於一切」，但一個女人沒有男人就什麼都不是。

最後，這樣滔滔不絕的獨白終於使她惹禍上身，至少是個不怎麼樣的小鎮版的禍事。她在艾姆斯交了一個女性朋友，對她就像對我一樣拼命灌酒，徵召她當聽眾。但結果這個女人（似乎是某個英文研究所的研究生，我不是很記得）是個叛徒兼間諜。在她們看似成為朋友幾週之後，此人在某個名不見經傳的地方性文學雜誌上（顯然程度也只有如此），發表了一篇幾乎沒有增加多少潤飾的小說，故事內容就是我的家庭，文筆不怎麼樣，卻把我母親講的全寫出來：從巴特鎮英雄式的奮起，艱困地打拼以獲得更好的物質生活，墮入外遇，最後以酗酒結束（儘管就算名字改了一下，明眼人也完全看得出寫的是誰）。這故事如果是放在《一個美國的悲劇》[2]這樣的類型下大概滿適合，有那些從成功到幻滅的標準情

1 「高球」（highballs）是一種調酒，早期是用西格拉姆（Seagram）牌的「七皇冠」（Seven Crown）調和威士忌加上七喜汽水（Seven-up）調成，所以又別名「七與七」（Seven and Sevens）。

2 《一個美國的悲劇》（*An American Tragedy*）是美國作家德萊賽（Theodore Dreiser）在一九二五年出版的作品。

節，但寫的是誰實在是太明顯了，珍阿姨的一些朋友也看得出來。我母親面對這項羞辱的方式是把這個故事也加進她滔滔不絕的獨白中，做為另一個證明她被人背叛的例子，同時能讓她流下不甘心的眼淚。但在被這樣的訴苦連續轟炸兩、三小時之後，我得很努力才能憋住不跟她說：後面實在不用再講了，因為這些話實在沒必要再重複下去。

所以，也許我母親快要自殺的時候沒找到我也好，因為如果她真的在電話那一頭開始酒後傷感那一套（而我滿確定她會），我可能會告訴她，在有些情況下，自殺是最合理的選擇，而且我完全能諒解。實際上，她之所以無法聯繫到我的原因實在太詭異了，我根本不想試圖跟珍阿姨說明。由於我對實驗室的工作越來越反感，結果我其實是在伊斯坦堡度過那個夏天的最後幾週（正好是我母親去大西洋城的時候），我去那裡參加一個量子化學的國際暑期班，沒辦法一直有電話可用。

為什麼要去伊斯坦堡參加量子化學暑期班呢？大概是一年前吧，在某種過度自信和好強的衝動下，我向位於紐約的洛克斐勒大學毛遂自薦，想以研究生的身分進入它剛成立不久的理論物理學系。當時我的理由如下：我還是想知道潛藏在事物底層的真相，想知道簡約到最後，那個所有現象所源出的根基是什麼。再加上我也知道，除非洛克斐勒大學買了一台直線加速器，否則我不可能需要進實驗室作實驗，因為這個科系的主要研究集中在次原子粒子。但我在某種程度上也心知肚明，選擇這個主題研究根本是瘋了，就像一個只會英文的人選擇當一名小說家為生，但卻是要用中文寫作。

我讀研究所的前幾個月，都在假裝自己是個理論物理所的學生。這其實不太需要多少演技，因為只要在面對無法解釋的事情時，看起來一副很鎮定的樣子就好了——在我看來，這就是人變成大人之後主要在做的事。但我不需要多久就承認自己失敗了。在大學期間我從化學系轉到物理系，自認為是刻意要從複雜的表象轉進到更根基的部分，從宏觀轉到微觀，再往下到十億分之一和一兆分之一。在我整個求學生涯中，向來都能靠著一陣子的猛讀書而能夠得到某種大致的背景理解，但當主題是自然最根基的對稱性或「奇異性」時，這樣的方法就行不通了。我明白到，如果我要繼續當一名研究生（因此能持續留在這所學校裡），就必須要把研究主題的複雜度一路往上提升到生物學領域，因為那畢竟是洛克斐勒大學的強項所在。我向自己保證，我不會誇張到進入有機生物學的層次，跑去研究牠們過分繁複的生存策略和形態等，我會盡可能留在乾淨俐落的化學這一邊。

在當時（現在也還是），實驗室的組織是完全封建式的。一個「實驗室」不光只是一個地方、一個房間或一組房間，而是某個特定科學家的生活領域。身為一個研究生，「進入」某個實驗室意味著你將成為此名科學家的弟子，想像自己未來某一天（在耐心地當了數年苦力之後），自己也提升到類似地位，然後就可以把實驗室的苦差事扔給比你資淺的人去做。在逃離物理學之後，我被一個正在竄升的科學界中產階級成員給看上，也就是免疫學家傑洛·艾德門（Gerald Edelman），當時他被認為是個天才，而他的實驗室裡已經有好幾名態度積極的碩士生和數量至少相當的博士後研究生。有一次，他對我和另一個可能加入實驗室的學生說，除非你發現自己「半夜尖叫著醒來」，否則你不算是真正在做科學研究——我被他這種瘋狂的投入所吸引（而那有時跟純然的野心很難區別）。

至少在一開始，我對於自己能受邀加入如此受歡迎而設備新穎的實驗室感到受寵若驚，也很高興能被分派到研究當時很流行的蛋白質形態轉變。蛋白質讓我初次發現化學竟然是立體的：蛋白質是長串相連在一起的氨基酸，以某種「形態」或形狀摺疊起來（而這種型態會決定它們在細胞內的作用能力），所以蛋白質的摺疊或抒展是生命體內化學作用的關鍵。但我沒多久就發現，原來我真正被分派到的工作是操作一台機器：螢光光譜儀，我們用它來分析以化學方式染到蛋白質上的染劑所發出的螢光。這台機器被放在某一個主實驗室旁邊的小房間裡，那是個只有衣櫃大小的黑暗房間，光是放這台機器就差不多滿了。在實驗室實習了幾個月後的一天晚上，我才了解自己得要多緊密地跟這台機器「黏」在一起。那天當我收拾東西要回家時，艾德門走進我的小房間，問我明不明白這台機器花了這個部門多少錢。他繼續說，由於花了那麼多錢買這台機器，所以他需要這台機器一星期至少運作六天，每天十四個小時或更久。這就是科學後來變成的樣子：實驗室的主持人去要經費買機器，而這些機器回過頭來主宰了這些實驗室的研究規劃。所以，為什麼我們那時要研究如何使用染劑追蹤蛋白質的形態變化呢？最主要的理由似乎是因為我們有設備可以做，而我們不能浪費它。我當場告訴艾德門，現在是星期五晚上，而且我有約會必須離開，但我離開的時候有種感覺：我身為自由知識分子的日子已經結束，變得更像是設備維修人員，或是十九世紀洛厄爾的磨坊工人。

所以，當我在一九六四年春天看到量子化學暑期班的海報時，實在是無法抗拒：異國的環境，一個獲得我渴望的化學教育的機會，還有完全用波動函數來表達的新世界觀！艾德門反對我去，很正確地指出我這實際上是去休假，但是，當我大可以待在戶外或至少是一個新鮮的地方時，我才不想在一個只有衣櫃大的房間裡度過暑假。當時，我的生活裡已經接觸不到半點野性的自然，甚至連邊都沾不上，如果我想探索新的地方，得要非常努力才能到達那裡。這就是為什麼當我母親「據說」有在找我的時候，我人在伊斯坦堡。儘管那時我可能也不是在聽演講就是了，因為到了那裡之後我才發現，所謂的量子化學甚至比理論物理還難懂，而理論物理至少還偶爾有點清楚的地方可言。當母親試圖打電話找我（如果說她真的有這麼做）的時候，我很可能正在伊斯坦堡街頭漫遊，打發本來排定要聽演講的時間，直到我可以不被發現地溜回宿舍，看自己的書。這些漫遊本身很具挑戰性，因為我沒料想到，走出主要觀光街道之後要面對許多的不友善：人們冷冷地瞪著我裸露的手臂和腳踝，沒有半個可以坐下、吃點東西或上廁所的地方。但我寧願走路，也不願坐在那裡看著代表波動函數的三叉戟標示橫越黑板，還配著難懂的破碎英語。

但珍阿姨其實並不知道我之所以沒能扮演好女兒角色的全部原因。我的「罪過」（她是這麼指責的），並不是母親有難時卻缺席。事實上，母親和我從未發展出這樣的共識：我們要保持聯繫，要有彼此的聯繫電話，總是知道彼此大概在哪裡。如果要說這整件事當中有任何的「罪過」存在，那也是珍阿姨不可能知道的一個，就連我自己，也是直到去年為了試圖重建一九六四年夏天（也就是俗稱自由之夏）的個人歷史時間順序時才發現。我從那年八月中開始參加量子化學暑期班，八月底則是母親參加民主黨大會的時間。我忘記或不知怎麼地把時間順序記錯的一件事情是：母親在去參加民主黨大會之前，曾經順道去紐約找我，待了大約一週時間。這是我唸研究所的五年當中母親唯一一次來看我，所以本來應該是我跟母親增進感情的機會，比如可以帶她去民族風味的餐廳吃飯，或者如果票價不會太貴的話，還能帶她去看一下當時正興起的外百老匯表演。也許我甚至曾想像自己興高采烈而有點微醺地跟她一起做這些事，但當她真正出現在我面前時，我卻退縮到自己一貫對人的嫌惡感中，結果跟她只維持最低限度的接觸。因為我不想跟她一起喝酒，不想又陷入她另一場滔滔不絕的獨白而無法脫身。所以我在實驗室待到很晚，然後把夜晚剩下的時間大多都拿來陪最新交的男友，讓母親只能在當地的酒吧或我那根本沒什麼東西的小公寓裡打發時間。而在這些地方，她一定也只能喝酒，想著自己對整個人類來說有多麼一無是處。

如果珍阿姨知道我在這段時間的行為，一定會加給我更多條罪狀。但罪惡感是一種虔誠的情感，不適用於我們現在討論的人物身上。孩童時期，我從母親那裡學到許多事，比如怎麼縫出紐扣孔和刷洗髒鍋子，但我大多數時候學到的是：愛，以及愛的表達，完全不是必然的，甚至在母親和孩子之間也一樣。沒有任何深藏的哺乳動物基因密碼，會強制一個母親在出門走到街上時牽住小女兒伸出的手；也沒有哪個賀爾蒙要求她要回應青少年時期女兒激動的哭訴。我可能是被一種很嚴苛的方式帶大的，但那同時也非常具有啟發性。「宇宙間普遍充滿一種愛與慈悲」的觀念是一種嚴重而甚至有潛在危險的錯誤。不管是在怎樣悔恨的心情下，我都感謝母親讓我清楚明白這點——在輪到我把她推開之前。

還有其他原因可能導致她企圖自殺，那是一場看似無關的戲劇性發展。我上大學的那幾年間，在看不出有來自真正「黑人」的影響之下，我母親對黑人民權運動有極大的情感投入。這是她在較大層面上的轉變，而我只有在一段距離之外看到一些改變的輪廓。她讀梭羅[3]的作品，揚棄「物質主義」，而且她是如此地失望史蒂文森[4]在一九六〇年沒有代表民主黨參選總統成功，使得當時還是個機警的反共產主義青年的我都開始懷疑她對美國的忠誠度。後來，當她在一九六四年參加民主黨大會時，她還加入靜坐抗議，要求承認異議性的密西西比自由民主黨[5]是合法政黨；又或者，她想要參加但卻被噓走——不管是被警察還是靜坐抗議的組織者，我不知道。反正她曾經對這方面的可能性報以極高期望，至少有幾天或幾小時是如此，直到黨團的領導者出賣了這些異議人士，以便鞏固南部民主黨反對派人士中白人成員的忠誠度。可能是這樣的發展促使她在入夜之後跳下碼頭，因為我實在很難相信光靠我一個人就能把她往死路上推。

在接到珍阿姨電話的隔天，我就坐飛機趕到愛荷華州，到我母親自願入院的精神療養院去看她。那個療養院不在艾姆斯，我必須先坐飛機到狄蒙[6]，再租車，直到傍晚才抵達。我本來以為會看到一個自制而清醒的母親，甚至是表情冷

3 梭羅（Henry David Thoreau，1817-1862），美國作家，著有《湖濱散記》（*Walden; or, Life in the Woods*）和《公民不服從》（*Civil Disobedience*）等作品。

4 史蒂文森（Adlai Ewing Stevenson II，1900-1965），美國政治家。

5 密西西比自由民主黨（Mississippi Freedom Democratic Party，1964-1968），主要由密西西比州非裔人士組成的政黨，為了抗議當時全部是白人的民主黨密西西比州代表團而成立。

6 狄蒙（Des Moines），愛荷華州首府。

硬而憤怒的樣子，但當我到了療養院時，發現她的新男友也跑來了（我猜他可能是從艾姆斯開車過來）。他是個穿著灰色西裝，理平頭，快活的區域業務副理。別管我們是為了什麼原因、在什麼場景下聚在一起了——我們一行人跑到一間酒吧裡，一路喝到我溜回汽車旅館，而母親和她男友則一起進了他的車子。我是不知道這家療養院到底有什麼心理療程，但顯然這些行為都可以明目張膽地做。

從愛荷華州回來之後，我才終於明白自己已經多嚴重地迷失方向，不只是身為一個女兒或學生，也是身為我自己存在的主人，我自己人生旅程的舵手。我努力進行多年的探尋之旅，以可說是某種災難或從孤松鎮開始的崩潰作結。然後我試圖在科學（特別是理論物理）上重新開始另一項任務，結果也失敗了。如今我在科學生產鏈的最末端埋頭苦幹，每天最大的課題是儀器的校準和試劑的穩定度，早已不知道當初以為可以體驗的知識冒險到底在哪裡。我已經沒有任何使命可言，只有一份工作——有一個早上可以進去然後一路待到晚上的地方，一張每個月會收到的支票。當我允許自己去思考這一切將會把我帶往何方的時候，我發現最好的結果也就是持續一生的工作。我首先會成為一個博士後研究員，然後成為一個平庸的科學家，靠著一份小小的經費，支持我在全球研究計劃中分得的一小塊餅。也許我會在某個中西部大學謀得一份教職，有一間看出去是冬天乾荒玉米田的小辦公室，我會坐在裡頭，想著可以去厄巴納（Urbana）或溫斯頓—塞勒姆（Winston-Salem）參加科學研討會，在那裡發表自己那一點點研究成果。

那年冬天我沒看見多少天空或什麼天氣變化，而且原因不只是因為我一直待在一個只有衣櫃大的房間裡工作。在整個曼哈頓，天空大部分都被建築物結結實實地遮住了，而且洛克斐勒大學校區裡有一整套地下通路，讓人可以從一頭走到另一頭都完全不用出去到戶外。當我真的有機會抬頭望向本來應該是雲、太陽和月亮所在的位置時，結果是如此令人震驚，以致於我寫下這段詩句，或該說是詩句的碎片：

孩子，甚至是這條銀河
被太渴吸走
上昇的眼
會乾涸，不會折合，會裂開
而在它闔上之前你會看見

外面的夜

上頭沒有任何日期，但我幾乎可以肯定這是在一九六四年那個絕望的冬天寫的。當時除了這些事情之外，我還被一個年紀比我大、離經叛道的非科學界男友給甩了，他正是母親來看我時讓我分心去相會的那個男友。在感恩節時我就知道這段感情快結束了，因為他回到父母家過節（位於不過是兩個小時火車左右車程的地方），卻沒邀我同去，甚至連以家裡情況會很瘋狂為藉口解釋為何不帶我去也沒有。我獨自在一間小餐館吃晚餐，幻想著一名漂亮女孩獨自在燈紅酒綠的城市過節背後可能有的種種戲劇性理由，在其他人臉上我似乎也看到類似的揣測。不過，這時得要感謝我母親，因為自殺顯然不是一個吸引人的選項，即便是作為好玩想一想也不是。好好大醉一場的黑暗魅力跑哪去了？比如跑到某個沒人認識你的廉價度假小鎮喝到爛醉？但如果你真的要這麼做，就得要識人清楚，腦袋清醒，否則就會成為社會新聞上常見的那種因粗心大意而死掉的人之一。我寫給未來的自己，完全承擔自己的存在責任：

天氣預報：十二月三日星期五，雨。但讀這則日誌的你應該要知道，在一九六四年十二月三日寫下這些的我，也就是你的記憶和現在這樣的閱讀衝動背後的創發（創造？）者，決心不要讓這天下雨，而是要光明亮麗，而且是乾爽的。所以你如今才能存在。我曾經想要弄出一場意外（自殺是不必要的，它太戲劇化，平常本來就一直有那麼多意外在發生了，當你經過的時候，死亡的黑暗嘴巴發出小小的潮濕咂嘴聲），而且它們感覺到我的思緒，朝我伸出手，但我縮回來，回到「活著」這個習慣之中，所以你還存在。

在不到三個月後，輪到我父親突然要奔向彼岸。對於這件事，我只有一份自己寫下的文字記錄，是一封我顯然要寫給某個朋友但結果沒有寄的信。這封信是寫在某個航空公司提供的信紙上，當時那是跟機上雜誌一起放在乘客座位前方口袋裡的東西。我當時正在一班飛往洛城的飛機上，父親剛發生一場酒醉駕車的車禍，還不知道是否能活下來：

不得不到洛城去，一面喝威士忌，讀惹內[7]，想像某種蛋白化學的異色神話。我爸把他的金色奧茲摩比，連同後座音響還有大概他自己的命，一起猛撞上一輛卡車。事情發生一個禮拜之後的週四晚上，我接受完牙科手術，正因為可待因[8]而嘔吐時，他太太（第二任太太，妮爾）打電話跟我說她要離開他。戴安（我妹妹，當時正跟他們住在一起）正在看精神醫師，而現在又發生這個意外——更準確地說，應該是卡車和十二匹馬力的死亡願望交會的結果。「直到那時，我從未把一小瓶毒藥或一根高壓電線跟昏眩的週期連繫在一起」（惹內）。他可能會被毀容，或者出現酒精戒斷症候群，或兩者都有。

我父親撐過了這場車禍。當我抵達洛城時，他的臉上還是割痕累累，活像塊肉餅，但他一雙藍眼絲毫未損，穩穩地瞪著那輛卡車在高速公路上給他開啟的一個大空洞。我陪他坐在電視前好幾個小時，因為那似乎是我應該要做的事。他可以走動，儘管不怎麼穩，但你沒辦法讓他開口說話。只有在我剛到的時候他低聲打了個招呼，每當我拿一杯牛奶來給他時才又咕噥一下。如今我才明白，他一生的奮鬥不在於對抗貧窮、失敗、宗教或是知識上的落後，而是在對抗無聊。顯然我們（他的家人）從來不夠有趣，甚至連他的工作我猜也都不夠刺激。任何東西只要是他想學的，都只需要花幾個小時或幾分鐘就會了，沒有任何事情的挑戰性大到他必須沈浸在裡頭好幾天，更別說會讓他在半夜驚醒大叫了。一旦他看破其中玄機或是模式，或是（在商業決策和自我膨脹的情況裡）那一層又一層的狗屎邏輯，他就無聊到必須來杯酒。而當然，一旦你喝下那杯酒，就不會再往下問更深層的問題，而這些問題可能會使得最平庸凡俗的東西都似乎有點神秘而饒富深意。

看到父親這樣子很令我喪氣，宛如是在事先練習怎麼看他後來患上阿茲海默症的樣子：他那空洞、無望的凝視，蹣跚的步伐，拒絕對人回應的神情。我很想為他的故事加上某種高貴和悲劇性的色彩，但也許真正的故事主角甚至不是他。也許掌控一切的是酒精，那「惡魔的毒飲」，更準確而具體地說是「釀酒酵母

7 尚．惹內（Jean Genet，1910-1986），法國作家，著有《竊賊日記》（*Journal du voleur*）等作品。

8 可待因（codeine）一種從鴉片中提煉的止痛藥。

菌」。這種被用來製造酒和麵包的酵母菌，是一種足智多謀的單細胞生物，牠找到好方法來犒賞那些忠貞地培育牠的人類。我母親會到超市一包一包地買回來，當她想做麵包打發時間時，就會加入水和糖讓牠活起來。更常發生的情況是，我父母兩人都透過液體型式攝取牠代謝後的產物，也就是乙醇。總之，正當人類快要弄清楚這個機靈的小生物想搞什麼鬼的時候，牠讓他們喝酒，於是他們連原來的問題是什麼都忘了。事實上，也許我們家這整齣家庭鬧劇，都只不過是已經上演了數千年的「酒酵母」史詩的一個小節而已。

但是，如今我父親應該不能再喝酒，意思是他再也沒有方法逃避無聊了。無論他進入哪個乏味的場景——電視猜謎秀、塞車、在廚房餐桌吃的家庭晚餐——都必須跟其他人一樣坐在那裡忍受完畢，或至少這是醫師的規劃。我可以理解他的絕望。有時候這個世界就是停滯不前到無法激發任何新意，而你只能看著已經經歷太多次的重複情節上演：飛往戴頓（Dayton）編號三六四七的班機延遲，沒有確切起飛時間。請留在登機區等候進一步消息。

自從青少年晚期以來，我第一次想要有解離經驗，看著世界解離到原初的構成元素，而我希望洛城近郊區那種粉蠟筆色的光滑表面可以讓我成功。是時候來重新攪動一下像素，重頭開始了。但沒這麼容易。解離狀態不是你可以隨便召喚出來的東西，不像你點一杯飲料那麼簡單。它會出現就是會，不會就是不會，選擇不在我身上。我開始讀父親出車禍之前在讀的索爾・貝婁小說[9]，但這絲毫無助減輕那像死亡宣判般壓在這個家的平庸凡俗。

你要怎麼區分意外和企圖自殺呢？我父親當然沒有一個急轉彎去衝撞卡車，就算他對於妻子說要離開他感到十分錯愕也不至於。也不能說他故意喝到高於法定的血液中酒精濃度值好幾倍，目的就是為了要促發意外——除非你知道他幾乎每天晚上都喝成這樣。「是否蓄意」這個問題再度變得緊要是在十一年後，當我母親因為服用過量止痛藥和酒精而死亡，這牽連到法律問題因此有點緊急。一個說法（也是最可能的一個）是，她只是弄不清楚到底吞了幾顆似乎是為了治下背痛而吃的止痛藥，結果就緩緩地，也當然是無痛地，從睡眠滑入死亡。另一個說法是我弟弟提的，因為在她死前一晚他還跟她通過電話，他說她是蓄意服藥過

9 索爾・貝婁（Saul Bellow，1915-2005），美國作家，曾獲諾貝爾文學獎。作品包括《抓住這一天》（*Seize the Day*）等。

量，因為她發現第二任丈夫竟然有外遇。至少她還讓我弟弟知道她遇上了一些問題。又或者另一種可能是（可以繼續往下猜），由於她那第二任丈夫在她死後不久就再婚了，所以說不定是他偷偷在我母親的酒裡摻入一些止痛藥。總之，結果沒有任何進一步調查，只不過當我到艾姆斯參加葬禮時，現場瀰漫著一種曖昧的氣氛。

所以，或許我母親的臥底自傳作者（那個把我們家的故事寫在文學雜誌上出版的女人）的觀察沒錯，她在我們的故事中察覺到一種毀滅的趨勢。故事的教訓似乎是：你就是不能逃離巴特，逃離過於擁擠的小房子和礦坑的熱氣，若你這麼做，就會付出可怕的代價。畢竟，電子不可能愛去哪就去哪，有些能量狀態是不可能去干預的，有些轉換是不被允許的。我的家人違犯了重要的階級和地理界限，而這項罪行將使我們全部被毀掉。當然，我會是例外：就像一個從著火的房子二樓窗口被扔出去求生，最後還真的活著爬走的嬰兒。如果我是一個善良、負責任的人，我會放棄求學，以幫受傷的人打理家務為職志，但好在沒有人建議我這麼做。

# 第十章　進入人群之中

在所謂「六〇年代」的開始，也就是大約一九六五年左右，作為時事報導的新聞並未引起我的興趣。我沒有電視或收音機，除了在報攤上偶爾瞄一下新聞頭條之外，也沒看任何報紙。如果有什麼需要我也有所行動的事情發生，比如有瘟疫流行或核戰開打，我想自然有人會跟我說。我並不是對人類世界發生的事情沒有興趣（跟分子或原子層次的事相比），因為我偶爾也喜歡讀讀歷史，特別是古代地中海世界的歷史——在那裡，重要的事情似乎都發生在戶外、海上或「刮著大風的平原」上。我所缺乏的是跟其他人共通的「當下」概念。要持續從不斷湧入的訊息（光的角度、吃午餐的需要、有關艾德門今天心情如何的傳聞等）之中組合成個人的「當下」已經夠困難的了，儘管這就是我們身為保有理智的、有意識的存在物最基本的任務。事實上，這就是我們的本質：一些不一致的事件暫時地並置在一起。但如今，從我長大成人之後的第一次，歷史開始侵入我極力建構起的個人世界。在一次嘗試回答「我」是什麼的日誌之上，我寫道：

> 這些零碎片段：玫瑰花、因死亡與再度萎縮成跟孩子一般大身形而顯得荒謬的老太太、我與早晨的巧合，永遠，幾乎，重複，巴士站，報紙頭條，以及持續的超乎想像的痛。你是這些零碎片段彼此碰撞下的產物。從許多轉折之中，串連出你這個故事。
>
> 你——誰啊？就是你，只有你是在讀到有十個人被固態汽油燒死的同時，收音機裡正在播放〈鬧區〉（Downtown）這首歌，而牽著白狗的女士正好走進店裡。

每個人都有自己的人生轉捩點：當我們在跟其他人所共享的現實之中，發現某些特定成分開始變得令人無法忍受地可惡或荒謬時。我的轉捩點之所以出現，幾乎是個意外。那是二月某個週五的晚上，時間已經過了九點，我還認命地待在實驗室的崗位上。當我從我的小房間走出來時，發現傑克，也就是實驗室裡的另一個研究生，也還在幾十個整齊地貼著標籤的試管堆中工作。我們都暫停一下手邊工作，開始跟平常一樣自嘲一下悲慘的實驗室苦工人生。在我平常看不到的地方（而這當然就是大部分的時候），他到底在做什麼——比如會看球賽、收集蝴蝶標本，或是泡在爵士樂酒吧裡——我一概不知。就我而言，他是附屬在實驗室的裝置之一（他的某隻手總會「接」在某種玻璃器皿或機器的撥盤上），而且從相處經驗來說還是友善的一個，因為他總是很熱切地向我解釋某樣東西是怎麼運作的，或者他發現，很有趣地，鱟身上會產生血紅素的蛋白質竟然是藍色而不是紅色。不過，這天晚上我發現他心情特別不好：「我再也不知道這一切有何意義，」他對我說，「我快要被徵召去越南了。」

就在那時，我彷彿看到傑克——蒼白、有對招風耳、好脾氣的傑克——被一把從明亮的實驗室中拎起來丟到一個叢林裡，他在那裡蹲伏著，躲避美國政府的敵人不知道從哪射來的子彈。當時的我其實連越南到底在哪裡都不太確定，只知道它位於太平洋的另一邊，但在那一刻，在疲憊所帶來的某種清明之中，我腦中浮現一個連鎖，一個由迴旋與反覆循環所構成的系列環節，突然把我們和這個很少人知道的地方給連起來了，而這一切都是為了成全某種全球性的霸凌系統——

年長者霸凌年輕人、白人霸凌黑色和褐色皮膚的人、吃飽喝足的人霸凌瘦弱而走投無路的人。我怎麼會在這麼多年來追問形而上的存在問題時忽略了這點？為什麼我沒有被民權運動吸引，而它如此清楚地觸動了我母親？同樣地，我的家庭在過去幾年來明明已經走向分崩離析，妹妹輾轉被一個不情願的父母丟給另一個就是明證，為什麼我卻別過頭不去看？我沒有答案，但不知怎麼的，讓我通往一種新覺醒的關鍵，就在把實際活在眼前的傑克跟那個遙遠叢林重疊在一起的時候發生了。如果眼前的他都可能被突然抓去丟入戰爭中，那麼這樣的強制行為得以遂行的機制，就遠比我曾以為的還更凌厲而靠近了。「但那真是太荒謬了，」我說，「你不能去越南。」

當然，我未必會被包含在這個連結著東南亞和紐約上東區的關係之中。女人不會被徵召，而根據後來的發展，在學生緩徵令實施之後，傑克也一樣不會，但是情況要再過好幾個月才會發展成那樣。當我和傑克在一九六五年初談到這件事時，破壞的力量已經被施放。美國在前一年的十二月開始轟炸寮國境內的越共補給線，第一支地面戰鬥部隊也在我們談話的那個月初搭船抵達越南峴港市。當時的傑克和我，基本上都並不反對「共產黨必須被制止」這個大方針。但假如就是有人悲慘或無知到想投靠共產主義呢？而如果共產主義是指一個人的生活完全受到政府管制、被心胸狹窄的官員統治，那麼共產主義和一名洛克斐勒大學研究生的生活似乎沒多大不同。這場戰爭根本沒有意義，而我們覺得總統本人很可能並沒有被充分告知事情的全貌。所以我發動生命中第一次政治行動：傑克和我一起寫了一封信給總統，用非常有邏輯而禮貌的方式，向他解釋為什麼這場戰爭是在浪費美國人的性命和資源，更別提它會如何影響到越南人民了。

我們在大約兩週後得到回覆，那是一封侮辱人的「謝謝你的關切」式的回覆，讓一個公民感覺自己像是個不懂卻硬要干涉的人。傑克和我討論之後決定，我們必須找到更多人一起為信連署，特別是更多成年的科學家。在當時，這並不是我自動就會得出的結論。我不習慣用數量來想人，比如想像某個社會階級或選區裡的選民那種數量，但科學家的數量可一定有差。結果，我和傑克（他因為太焦慮而無法回到實驗室的崗位上，所以參與的程度稍微少一點）如今得逐一到洛克斐勒校園內許多建築物中的實驗室登門拜訪，徵集新的連署。這件事在厚臉皮的程度上，跟我小時候一次嘗試做耳環來賣的舉動有得比，那時我得到一個做耳環的ＤＩＹ小組件包，我用裡頭附的貝殼做好耳環之後，就拿去挨家挨戶兜售；

只不過這次我的厚臉皮舉動被我視為某種科學上的責任。如果某種不理性的事情正在發生，而且是某種毫無道理而會讓人喪命的事，那麼去指出這點，難道不是我身為一名年輕科學家應盡的責任嗎？理性——無趣、司空見慣的理性——並沒有使我在追尋最終真理的路上走得多遠，在科學的領域裡有時甚至似乎不太管用，但如今這是我必須扛著的一塊招牌，不管它看起來有多麼明顯到讓人麻木的地步，就像ＩＢＭ的座右銘：「思考」。

儘管有本國頂尖的生物化學家、噬菌基因學家和動物行為學家的簽名連署，我們寫給總統的第二封信跟第一封得到的待遇一樣，被隨便打發掉了。唯一不同的是，在一間一間跑實驗室徵集連署的過程中，我發現有許多志同道合的人存在，於是我們組成了一個「委員會」，開始商討接下來的對策。委員會是個新穎的概念，由一群在一九六〇年代早期曾參加過反核運動的哈佛大學研究生介紹我們知道。我們越來越有組織的活動狀況一定是傳到艾德門耳中，因為他把我拉到一旁警告我，說我這樣突然變成一個運動分子會被冠上「共產主義」的罪名，而且他和實驗室的所有直屬助手都絕不會為我們的信連署。他的副手，一個蒼白、消沈的中年生物化學家發出命令，要我不能再跟其他實驗室的人來往，因為這個領域很競爭，而那些人可能會試圖從我這裡窺探機密——我猜他是指凝乳蛋白的型態變化這種「機密」。

但我已經沒有辦法再回到先前那種完全不關心政治的狀態了。戰爭改變了一切。我們在這裡做著平常會做的事——設計實驗步驟、為了輪到誰使用實驗器具而爭執、隨時準備應實驗需要衝進實驗室——同一時間在某個角落，我們的視線之外，有人正被猛踢到死。那時我們開始看到一些傳回來的照片，看到孩子死在地上，村莊被火燒光，還有在「虎籠」[1]中的酷刑。若是再早幾個月，這些可怕的惡行給我的感覺，可能跟我在數年前讀左拉的《土地》[2]時所感到的某種遙遠的不屑感差不多。但如今我開始失去唯我主義的盔甲保護，越來越難以不去理會這樣的惡行：用刺刀刺穿懷孕越南婦女的肚子，或是載著固態汽油噴灑器的直昇機突然衝向孩童們潑灑。一旦想像力學會如何建構起另一個人的主體形象（不管那個影像有多粗糙或臨時），就停不下來了。任何人的受苦都可能是迫切需要解

1 虎籠（Tiger Cates）是在越戰期間，美軍和南越軍專門用來監禁與酷刑折磨俘虜的牢獄設施。

2 左拉（Émile Zola，1840-1902），法國小說家、評論家與政治行動家。《土地》（*The Earth*，法文原名 *La Terre*）是他在一八八七年發表的作品。

決的情況。又或者，就像我有時候的感覺一樣，我一生中都持續遙遙聽到靴子踢到肉體上的聲音，還有被悶住的痛苦呻吟，只是如今才弄清楚聲音是從哪裡來的。

我當時（如今也是）的政治本能是堅定的民眾取向。既然著名科學家的名字對總統毫無影響力，我們就得從數量上著手，只要是能被說服、願意站出來的人，我們都歡迎。在我的記憶中，當時根本沒有什麼所謂策略性的思考可言，反正我們的委員會就草擬出一份聲明，讓我們幾個人（通常包括我後來的丈夫約翰·艾倫瑞克）把它製作成油印的傳單，然後到街上任何有人聚集的地方發送。有時候我們會到附近的列新頓大道地鐵站，在尖峰時間的上下班人潮中拿著寫得太囉唆、版面又排得太擁擠的小傳單和請願書請人簽名。有時候我們會遠征到哈林區或一路跑到成衣區（Garment District），那裡的街上充滿著剛輪完班的褐色皮膚居民（波多黎各人和多明尼加人）。我的開場白很嚴肅而有禮貌：請問您有想過關於這場戰爭的事情嗎？可不可以給您一張傳單參考？噢，您的兒子已經在戰場上了？我發現哪些人會願意停下來聽，幾乎有某種人口學上的規律：一個穿著西裝的白人會直接從你旁邊走過去不理你，膚色暗些的人通常比較願意聽你說，至於黑人女性，她們簡直是我的天生盟友。她們可能會停下來跟我聊聊，甚至拿一些傳單回去要發給朋友。只有當你實際在街上走，把那裡的每個人（無論他們跟你自己有多不同、看起來多衣衫襤褸）都視為可能的伙伴或盟友，你才能算是真正地居住在那個城市裡。

這裡跟孤松鎮那個狂亂的清晨有某種呼應，在那裡，我初次發現人正前方的空間可以被人體穿過。「世界是有彈性的，以一種前所未有的方式，只要一個眼神就會退後，一個聲音就足以讓它彎曲。」我在早年身為一名反戰運動者時曾如此寫道，而且以更具象徵性的方式繼續寫：

至今，那個聲音獨自從一扇高高的窗戶中傳出，你並不知道它到底在哪。聲音的內容到底是什麼並不是很清楚，但你很清楚知道自己必須做什麼。「必須」是一個沈重的字。有一天，你必須在街角買一朵玫瑰花，然後把這朵花放在一個地鐵站裡。一朵在隧道裡的玫瑰花很荒誕，但同時也很必要。必要性會在街角找上你。

當時的我不會把自己講得這麼偉大，但我那時是在「走進歷史」。我生平第一次感覺到，由許多人一起行動和發言，可以把我們提升到比僅僅是受害者或夢遊者還高的層次，而且你沒看錯，我說了「我們」。我，這個初出茅廬的化學家，此時剛發現自己是一個物種之中的一份子，是某個龐大、正在展開的基因策略的一部分，而這個策略是要把地球的資源盡可能轉化成人體。因為這就是我們所做的事：吃下植物碳水化合物和動物蛋白質，把它們轉化成葡萄糖、三磷酸腺苷（ATP）和人類蛋白質。又或者，我如今明白的是更偏天文學而非生物學方面的結論：這是一個行星，意思是，所有活在這裡的一切，都是在同一個移動得很快的大石塊上，在快速通過空無的宇宙空間時，（無論是在多麼無意識的程度上）受同樣的狂喜感和空曠恐懼症所苦。

一開始沒有所謂的「反戰運動」，反正至少我們並不知道有這樣的東西存在，只有一切自己動手做的努力。但隨著我們走出校園，進入我們叫做「社區」的地方，就發現志同道合的人幾乎從各個角落冒出來。有一次我受邀到教師和社工組成的工會，去和幾名運動人士談談我所在的委員會，但我去了才發現，工會那邊的人知道的資訊比我多太多，也更了解這個城市、附近街區和潛在的支持者網絡。我們之中有一群人跑到哥倫比亞大學去跟對體制不滿的大學生會面，並持續跟他們合作，直到他們之中最重要的幾個運動人士決定要「拿起槍桿」加入「地下氣象人」[3]。我曾到當時還是個貧民窟的上西區挨家挨戶拜訪，到最後終於成功拉了十幾名當地居民一起來開會的時候，我唯一能不透過翻譯就聽懂的字是西班牙文版的「帝國主義」[4]。我原先可能以為自己是在「組織」居民，但事實上我才是向居民學習、加入他們陣營的那個人。這場抗爭運動有很多面向，有難以計數的異議分子一直以來都在默默地等待時機成熟的那一刻來臨。

我不覺得我有在任何明顯的地方變「好」，比如更體貼家人和男友。生產人類善意的那些管路並沒有突然開始湧出甘泉。但當然，有些長年被我否認的東西終於出場了，某種甚至在英文中沒有好的字眼可以表達的東西——「社會性」大概可以，或是「團結一致」，還是「對群體的認同感」。這跟先前的我以及那個我的形而上追尋有何關係，我完全不知道。在我四周大聲進行的對話並不是我青

3 地下氣象人組織（Weather Underground Organization）是美國激進左派組織。
4 原文為「imperialismo」，跟英文的帝國主義（imperialism）只差一個字母。

少年時渴望的那種——在街上，彼此並不認識的陌生人奔向彼此，在即將來臨的死亡面前談論世界奇異的美——但或許是最接近我夢想的東西了。有非常多的人（而且我先前大多都不認識）至少願意承認，有些錯得非常嚴重的事情正在發生，而所謂「正常的日常生活」這種假象，其實是在掩蓋著正在進行的、沒有任何藉口可以脫罪的殘酷暴行。我們也許對於「存在」本身的不毛無計可施，但如果我們非常努力嘗試，或許可以稍微制止人為慘禍的持續橫行。

隨著其他更為人所熟知的「六〇年代」元素開始風行，我們從它們之中獲取養分。我們把巴布．狄倫的〈像一顆滾石〉（Like a Rolling Stone）做為代表歌曲——「你沒有任何東西，沒有任何東西好失去」——再繼續聽奧提斯．瑞汀（Otis Redding）和滾石合唱團。我們開始利用派對做為組織運動的方式之一：把所有你想得到的人邀請過來（任何組合都行，除了異性戀保守派情侶之外），大家一起跳舞直到深夜。又或許，我們只是把需要組織運動當成藉口來辦派對，因為我們不只想結束戰爭，也想開始一種新的、更自由而寬容的生活方式，而這個目標讓我們跟反抗文化形成某種模糊的、精神上的同盟，儘管我們往往覺得那種穿著紮染衣服、飄著印度薄荷味道的高級嬉皮令人很不舒服。至少我很討厭他們那種偷懶的折衷式神秘主義，那簡直就是直接從洛城那個「所有宗教的教堂」跑出來的東西。現在可不是讓你透過藥物陷入恍神，或沈浸在西藏頌缽的空遠和弦迴響中的時候；（舉我自己為例）也不是去思考異常現象和它們到底可能意味著什麼的時候。有一場戰爭正在發生，而就連離實際戰場那麼遠的我們，也需要準備好讓自己能夠戰鬥。

為了要對抗戰爭，或者更大的整個「戰爭機器」，我們自己也必須變成戰士。這是戰爭的詭異對稱性：互相敵對的人會變得跟彼此越來越相像。在一個令人髮指地把戰爭思考套用到幾乎所有事情上——比如「對貧窮宣戰」——的文化裡來說，或許更是如此。在超過二十年後，我對戰爭展開一次學術上的調查，結果驚訝地發現歷史上戰爭菁英們那套語言聽起來有多熟悉：戰到所有資源都用盡，甚至透支都可以，為達目的什麼都能犧牲，甚至在提到「平民」時那種隱隱的不耐煩都是我並不陌生的。我們知道，這場反對戰爭的運動是不允許休息的，只能偶爾暫停一下，歡笑幾聲或跳跳舞，因為真正的戰爭並沒有停下來，一直都在持續，所以每當我們沒有積極地發出抗議或持續推動這場運動時，等於就是那些殺人者潛在的幫凶。最難的地方在於我得一直醒著，持續工作（起草新傳單、規劃向外訴求的新活動），同時還要跟上實驗室的進度，到圖書館翻期刊。到了某一個時間點，處在我日誌中形容為「必須叫出某種肥大的腺體分泌物（腎上腺素）才能在身體組織中激起一陣騙人的活力，那種肌肉都要流血、腦袋都要燒乾的疲憊」之中，我以一種新的方式了解死亡。它可不一定是一種光輝燦爛的高潮，我更可能死在一堆事情之中，根本無法把手邊的工作完成：

當工作得太拚命，太快睡著而根本連夢都來不及做——重新安排東西、整理東西、建構東西，還有把東西拆下來——而這些東西，或者某種東西，喃喃說著：「妳不是這個。不要再整理、建構、拆下了。不管有沒有完成都停下來，不管有沒有達成目標都做個結束。」

有一天，大概是一九六六年春天吧，我被叫離螢光光譜儀，要去艾德門的辦公室見他。這是我第一次進他辦公室，先前所有對我的批判、評論或指導，都可以在實驗室的公共空間裡進行，而我不知道到底是怎樣嚴重的事情，才得動用到這個寬敞而且（在我看來）幾乎是宏偉的空間。他一臉嚴肅，只有嘴巴附近隱約帶著某種勝利的表情：「我知道你和父親之間的問題了」，說完還特別停了一下讓我消化這個消息。

我的第一個念頭當然是以為又發生了一場車禍，或者我父親的身體又出了什麼狀況，然後有人剛剛打電話到艾德門的辦公室通知他。我猜我把這些問題問出口了，但他的開場白卻產生某種讓記憶混亂的不幸效果。總之，隨著他繼續往下說，我發現他根本不認識我父親，也不知道他遇到的真正問題，艾德門那句開場白只是為了要跟我周旋而臨時想出的伎倆，而我已經記不得我到底是以怎樣的順序說了哪些話。我父親？這個人突然提起我父親幹什麼？

以下是他的觀察所得：我和我父親之間的「問題」，是我之所以「對權威有意見」的原因所在。現在，我得承認我一直沒有認真看待艾德門先前的警告。他只不過是個怪傢伙，甚至聞起來也怪怪的，有點像臭氧的味道，彷彿他走到哪裡都被他自己個人的一團離子籠罩著。如果我在這場會面之中腦筋有保持清醒的話，我會指出，從莫三比克到阿拉巴馬州的蒙哥馬利，如今在世界範圍內正掀起一場反權威的浪潮，當中沒有一個是跟我個人的家庭問題有關。我不記得我到底有沒有講話，或者是否他有明確命令我放棄從事運動，乖乖地像個修女般專注在凝乳蛋白的型態變化上。但我記得他講了一大堆關於我是如何全靠他才能有今天，還加油添醋地說其他教員們都提議要把我從研究所開除，多虧他把這件事情擋下來。也許我的臉上沒有適當展現出應有的痛悔和愕然，因為最後我得到的通牒是：我若不振作起來，就別想在這一行得到任何職涯發展了。

這並不是一項空洞的威脅，只是實在引不起我的興趣。我已經在洛克斐勒那種野心勃勃的環境裡待得夠久，足以知道所謂的「職涯發展」到底意味著什麼。你就像是個上了發條的玩具，一個穿著制服的小鼓手，一路往前行軍，同時一面大聲宣告（比如在艾德門的情況裡）：值得獲頒諾貝爾獎的迦瑪球蛋白研究！副教務長！小提琴拉得意外得好！我難道需要這樣一隻小狗般的東西跟著我到處跑，幫我開門然後竭盡全力討掌聲？若是在幾個月之前，當我還堅定採取哲學上的唯我主義的時候，我可能會覺得這件事很滑稽，彷彿我得把別人眼中的「成就」穿在身上四處走，宛如穿著一件亮片布條裝在身上。但如今，我已經離唯我主義太遠，也太深入「社會運動」這個集體活動了，所謂的「職涯發展」已經不再適用於我的情況。我到底是個科學家、組織者、街頭煽動者，還是（不久前我才驚恐地發現）有能力拿著手提擴音器對陌生人喊話的傢伙？在我的情況裡，不可能有任何「職涯發展」可言了，只有一件接一件必須完成的事情，那些在一九六六年的時候被認定就是抗爭需要做的事。

令我脾氣爆發的是他提到我父親的那段話，儘管我還是無法解釋，為什麼那會讓我感覺他嚴重侵犯了通常應有的禮貌和私人界線。當然，如果艾德門真的去做了一些背景調查，真的對我父親有所了解（他的酗酒、車禍意外和放棄科學），情況應該會更糟，而如果他又扯到我母親，那個我真正有一些相處「問題」的人，又會更加倍地糟。他對我的侮辱——至少就我能總結出來的部分——在於，他暗指我是個還在為伊底帕斯情結所苦的不成熟傢伙，甚至還把他當成我父親的某種替身。我當時聽了有多憤怒？以下是一首寫在一張紙片上的詩，這張紙被塞在我的日誌夾中，上頭沒有寫日期，但應該八九不離十是寫在這次事件之後：

在心上糾結成一團
爆突的血管
緊抓著最脆弱的手腕

侵入一路脹紅到指尖
狂怒堆積成洪水
皮膚堪堪擋住
在丟臉的自制下
要多久？
要多久這片沙漠才會被鹽水澆灌？
當水壩潰堤：一片紅海

我沒有回嘴，當然也沒有保證未來會乖乖聽話。一旦激動的情緒平復下來，我的理性重回崗位，告訴我最好快點離開那裡。於是我頭也不回地走出他的辦公室，去實驗室拿外套，但把記載著我所有研究結果的筆記本留下，因為實驗室的規定就是（而我猜這適用於每個實驗室）：你的工作成果屬於你老闆。我走出大樓，然後繼續走，並不僅僅是要逃離某個東西，而是要走進某個一直在那裡，等待我承認的東西。事實是，我的「反權威主義」是直接繼承自我父親，當他還是個年輕男孩的時候，就已經在大多數人都是天主教徒的巴特宣布自己是個無神論者，甚至在後來那些年他因為酒精而精神走下坡的時候，只要有任何人在胡說八道，他還是能無比精確地察覺到。此外也還有我母親的影響，如今我每次想到她，都無法不感到悲哀與罪惡感。她冒著被別人排斥的危險堅持自己的無神論，不委屈自己配合假情假意的社交方式，甚至勇敢地加入（或至少試圖加入）密西西比自由民主黨的靜坐抗議。而在他們兩個之前，還有我那位把十字架扔到房間另一頭的曾祖母，拒絕當礦場主人馬車伕的曾祖父——因為那是奴僕的工作。所以，當有權有勢者和被踐踏的人分成兩邊時，我從來不遲疑自己會站在哪一邊。我在二十幾歲那時所高舉的旗幟，是被一雙雙長滿繭的手傳遞下來的，儘管有些手因宿醉而顫抖，或者其實原本只是伸出去要拿菸。

從我走出艾德門辦公室（當然還有我在細胞生物學領域剛萌芽的事業）那一天起，可以說我就是一直繼續走。在我二十幾歲的那些年，人生中最主要的活動可以說就是走路，而且不只是做為一種交通手段，也是社群精神的表徵，甚至可以說是一種新發展出來的溝通方式。在一九六六年春天，我和其他兩萬五千名反戰學生一起走上華盛頓街頭，那是我有生以來第一次跟這麼多人一起做同一件事情，我們全部都很禮貌而穿著正式，所以不會有人把我們認成是嬉皮。七月的時候，在一場我有小小地協助組織的活動裡，我和其他數千個人一起走在紐約第五大道的中央。到一九六〇年代快結束時，這樣的上街遊行變得更戲劇化，有時甚至從步行變成跑步。有一次我和其他一百多名女性一起胳臂勾著胳臂走上紐澤西州一個靠近迪克斯堡（Fort Dix）的小山丘時，在哪裡等著我們的是拿著盾牌帶著武器的軍警。當我們跟某一個軍警接近到只剩一個刺刀距離的地方時，那個軍警拿出一罐催淚瓦斯對著我噴，結果我被嗆得眼淚直流，屈辱地一路滾下山丘。從此我們抗議時不再費心穿得多正式，而是用棉質方巾以看起來像是土匪的方式包住臉部來保護自己。

一九六八年時，我甚至還走上洛克斐勒大學的畢業典禮台，在另一個領域（細胞免疫學）拿到博士學位畢業證書。這要感謝贊威・科恩（Zanvil Cohn）教授好心在我逃離艾德門的實驗室之後收留我，但讓科恩教授懊惱的是，我領到那份上頭全是拉丁文的畢業證書之後，卻完全從科學的世界跨出來，進入廣大的未知世界。我想對我而言，這份畢業證書像是某種證據，證明我也能至少完成一項複雜而需要非常努力才能達成的任務。在那之後，我遇到的試煉比較沒那麼慘烈。我繼續從事「社會運動相關」工作，做一些編輯事務和調查報導，最後成了一種新職業類別的一員，也就是自由接案撰稿人。儘管我一直不覺得這算是一份事業，但我收到的稅單上規定我得填上一個職業，只好照辦。在我看來，我真正的工作類似一個在人類社會不斷巡邏的哨兵，對可能爆發的暴力和危險永遠保持高度警覺，隨時準備敲響警鐘。後來我變得滿喜歡「自由接案」這個字，特別是因為它在軍事上的字源意涵[5]。

但是，走出科學界根本不足以說明我在二十幾歲那幾年（也就是我曾經以為不會再有任何有趣事情發生的那幾年）所經歷的轉變有多劇烈。在一九六五年初的時候，除了為反抗母親說我永遠無法吸引男人而不斷持續交的男朋友之外，基本上我是個獨行俠。但到了一九七〇年，我已經完全參與在人類這個物種的事務上了：我感情融洽地結婚了，是一個自豪的社會主義者暨女性主義者，致力於改善（如果不用拯救這個字）人類處境，總是準備好要去參加下一場聚會。

而且在一種不再是像是要屈辱地對女人的生產宿命投降的意義下，我也當了

5 自由接案（freelance）在字源上是合併了「自由」（free）和「茅」（lance）這兩個字，是指傭兵的意思，後來延伸成為了有自己的收入而自由接工作案子的人。

媽媽。你可以盡情空談其他人類到底是否有自我意識，但當有兩個完全陌生的人類不知道從哪裡（或者該說不怎麼活動的東西之中）跑來出現在你的生命裡，安棲在你的臂彎時——哎，那個形上學問題也解決了。當他們剛來的時候，沒什麼所謂人類的顯著特質，比較像是毛茸茸、白白的夜間動物（大概像狐猴吧），沒有語言或忠誠、習慣或傳統——完全致力於吃和消化他們所接觸到的一切原始感覺資料。我立刻看到自己的機會，不是要透過某種威權君主般的方式，在別人身上打造另外一個自己，而是幫助他們從零碎、原始的資料中打造出他們自己的和諧世界：「狗狗！狗狗會說什麼？」「鈴鐺，去按一按它。快點！」換句話說，也是為我自己重建這個世界，只是這回我有好幾個聰明而非常有創意的伙伴一起進行這項任務。

所以到了一九七〇年代初期，我既是為人父母也是賺錢養家的人，參與的政治方案規模持續在擴大。我想再也沒有比身處於這樣的位置還更能跟其他人類有所連結了。如果這是一本自傳的話，就會從這裡開始寫，充滿著成人之後綿密的人際關係連結——戀愛、結婚，激烈的內部政治鬥爭、寫書、演講，還有孩子們自己的人生冒險與成就等等。我從本書開頭到現在所寫的一切，都可以濃縮在帶有鋪陳性質的一章裡，標題叫做「童年與青少年時期」。

但這本書當然不是關於我這個人，或是「我的人生」這種更想像性的建構。這本書是關於一場追尋之旅，而且是很孩子氣的，因為我當然沒有在長大成人之後還到處去問「人為什麼會死？生命的意義是什麼？」但這場追尋並沒有因為我「變成大人」而結束，它那詭異、幾近超自然的氣息也沒有消逝。短暫的解離狀況還是持續反覆發生，被一些我已經很熟悉的狀況引發，比如突然脫離專注狀態或是眼前冒出一道強光，儘管我已經越來越會從解離狀態抽身回來，若無其事地回到日常狀態中。此外，我仍然還是無法解釋那天在孤松鎮和沙漠裡到底發生了什麼事：這跟越來越多迷幻藥使用者提到的所謂「被藥物影響」的精神狀態有關嗎？從一九六〇年代晚期那種俗豔的迷幻美學來推斷，我應該不屬於那種。而且說到底，怎麼會有人自願要引發那種創傷性的經驗啊？我沒有勇氣進一步探索，或者該說，至少我想不出自己怎麼找得出那種時間或環境，來場找尋真相的「旅程」[6]。

6　透過吃下迷幻藥來體驗不尋常的精神狀態，這樣的過程有時也被稱作為「旅程」(trip)。

一方面，我用以下這個方式來說服自己：我之所以會持續出現解離狀況，是因為想暫時逃離身為一名政治運動家和負責任的大人所肩負的義務，或甚至是一種因為有充足食物可吃、家鄉沒有被轟炸才能耽溺於其中的「小布爾喬亞」的身分。（我當時並不知道但其實應該要知道的是，在越南被轟炸的人們是佛教徒，而且許多人正朝啟蒙的路上走。）我自己的「頓悟」經驗（用一種太過崇高的字來說），根本無關乎對或錯、善良或邪惡、仁慈或殘酷，或任何其他抽象概念——這些概念都出自我最近才進入的人類這個物種的生活經驗。在前往大馬士革的路上，那個光亮到害保祿都快瞎掉的異象是有附帶解說的：別再迫害基督徒了，開始傳布他們的信仰吧。但我的異象（如果能這麼稱呼它的話）可沒有。不論我看到的是什麼，它就是那樣，沒帶有任何道德激勵或呼應到所謂人類的關切。我在孤松鎮的那個清晨走向那道亮光的腳步，並未就此串接成一條道路（不管是在怎樣間接的意義上）引領我走上迪克斯堡的那座小丘。在歷史的巨大平原上，有很多對立的雙方形成：被踐踏的人對抗踐踏他們的人，遭到侵略的人對抗侵略者。我被捲入了這場抗爭裡，而且從我新形成的觀點看來，一切所謂「難以言說的」或「超驗的」事物，其實都可能存在於另一個向度的空間裡。

是有一些時候，特別是在我剛開始有所轉變而且還沒生孩子之前，我會被一些疑問所糾纏，懷疑我這種「活在人群中」的新生活其實不過是在閃躲與背叛自己先前認真進行的使命：我不只在追尋神秘經驗這件事上失敗了（或至少半途而廢），也是個失敗的科學家；說到底，我只是想不到任何其他還可以做的事情，只能盡可能讓自己有點用，多少撫慰一下他人的傷痛，在跟人共享的此時此刻找一點事情做而已。猶疑不定，或甚至可說是一種逃避的心態，充斥在我寫給未來自己的最後一則日誌上，而這個未來的自己也顯然已不是我當初想像的那樣：

這上頭有一個日期，這可是前所未有。這陣子我都是寫給未來的自己看的，所以很簡短；是寫給死亡看的，所以這一切都是關於它。日期是我一直不好意思寫下的東西，不好意思說：「芭芭拉 筆——現在或過去，給（未來的我），另一個死去的人，一個如今你會以一種新方式背叛的人，另一個你沒想太多就背叛的人，懼怕著另一半的你。」

我最後會留下一個抽屜，裡頭塞滿折起來的紙張，還有從一個時空寫給另一個時空的信——一個被我所埋葬的孩童所寫的信，而這些信全都在說，我沒有忘記你，但你是否曾經想過我？（也就是一九六六年四月五日的我）……沒有，你埋葬了我。聽著，你會看到異象——它們是我夜晚的惡夢和白日的恐懼。當你學會怎麼去看，而那種看的方法會把你往後所有未來的光芒都吸光，你是否有想到我？我想你會回答（我多麼熟悉這些字眼啊）：所謂未來是其他人想像出來的，而我無法想像「其他人」的存在。

我很清楚，當我完全走進由其他人所構成的世界時，就已經背叛了孩童時的自己，「沒想太多地」丟棄了探尋的使命。但幾秒鐘之後，我就指責這個更年輕的自己，說她試圖把我拖入唯我主義的瘋狂之中：她並沒有為我做好準備，開拓想像空間。在接下來的二十年間，我一直堅持用精神疾病來解釋那些經驗（儘管我不曾跟任何人提起過它們），也就是說，青少年時期的我，曾經有一次思覺失調症或是類似的症狀發作。我並不遺憾自己曾有這些經驗，但我無意返回那樣的狀態。我知道接下來自己必須做什麼。我該做的工作已經等在那裡了。

# 第十一章　重拾追尋之旅

到了中年時期的某一段時間，我再度重拾追尋之旅，或者該說是把問題還原到最單純的狀態：到底我十七歲那年發生了什麼事。在某些夜晚，當我絞盡腦汁想辦法處理越來越多我必須負責的人事物——截稿期限、活動舉辦、運動推展、學術研究、母親職責——的時候，我會回想起青少年時期的那場經驗，因為那實在是太奇怪了，我希望能找到更好的語彙描述它，而不是冠上「精神疾病」或某種暫時性的認知錯亂這樣缺乏解釋力的標籤，然後被永遠埋葬。就像如今我們常在車站聽到的廣播一樣：「如果你看到了什麼，就應該要通報」，而我確實看到了什麼。沒錯，它是某種難以言說而不怎麼正常的東西，是在某種我也說不清的意義上簡直是有生命的東西。但這跟矽電極電位的震盪那件事一樣，我仍然有責任把情況呈報出來，在有必要的時候也必須冒著被嘲笑的危險，好好傳達出世人不想聽或甚至是無法理解的訊息。

我選擇「重拾」這場旅程的時候，情況其實並不怎麼好。我投入超過十年以上的那場運動正在眼前分崩離析。隨著先前的同志們逐漸離去（有的去做自己的事業，或是在某些情況下進入邪教或監獄），我已無法再想像自己是個戰士。我最多只能算是一名士兵，頑固地緊咬著「社會改革」這個大計劃不放，即便當那已經意味著要在最乏味地妥協了的所謂「左派」的剩餘碎片之下工作，設定的目標也不再是要引燃「群眾」的熱情，而是去奉承（因此希望可以影響）比我們更有影響力的人物。我把越來越多時間投注在女性主義運動上，但這項運動也同樣往往被無用的討論淹沒，例如要決定「團結方針」。我撐過那些冗長會議的方法（往往是長達整個週末，在沒有窗戶的會議室裡舉行），是試著計算有哪些數字是質數，而且一路算到兩百。

同時，我父親也被阿茲海默症擊倒了。原本那個聰明而複雜的男人，如今宛如一座半邊已融掉的蠟像，講出來的話越來越僅限於一些聽起來像是字的聲音，或根本只是模糊的咕噥聲。又或許，不只是阿茲海默症，連同養老院本身也是讓他變成這樣的原因之一，因為如果你把伴隨著一個人的所有文件、工作和對話溝通都拿掉之後，最後看到的會是一個人蹲在馬桶旁拿塑膠湯匙攪拌自己的大便，或者我只是倒楣才會撞見這種景象。

每隔幾週我會搭機到丹佛去看他，而每一次旅程都宛如進入人類想辦法用塑膠、金屬、短毛而好清洗的地毯把自己包裹起來的醜陋之中：包括機場、飛機的內裝、千變一律到連免費提供給住客的餅乾都永遠一樣的連鎖飯店。此外還有養老院本身。我之所以如此心情沮喪，是因為父親快要死了或已經形同死去（看你怎麼看待「活著」這件事）而感到難過，還是因為我必須在這樣的地方待那麼久？（這裡讓死亡都顯得是眼前唯一較好的選擇，除非你實在還有其他很想做的事要去做。）養老院的主色調是苔蘚綠和鮭魚橘（顯然被認為是一種不冒犯人、中性化的色彩組合），唯一的例外只有為了要提醒我們季節變化的那些海報——春天是綿羊加花朵，秋天是南瓜，時候差不多了就換成雪花。而我們也需要這樣的提醒，因為新鮮空氣是不被允許進入養老院的，一定要透過空氣清淨機才行。

在更早些時候，也就是當情況還算順遂——運動蓬勃發展，我的父親還沒變成一個空殼子，孩子們還沒變成要窮盡一切努力跟我不一樣的青少年，彷彿我代表了某種可能會傳染的疾病——的時候，我還能面對一個沒有超現實經驗或有關超現實經驗的記憶的世界。但在上述一切發生之餘，又再加上我第二任丈夫（現在回想起來，他可以說是我一生摯愛）幾乎是活生生被一天十六小時的工會組織工作所吞噬，甚至開始變得著魔似地投入。我曾經是他熱切的協力伙伴——跟他一起在罷工時擔任巡邏隊，參加活動組織會議，歡迎參加抗議的卡車司機、工廠工人和清潔員到我們樸實得很剛好的家中——但如今，他是如此專注於工作的事，以致於連好好地聽我講話或甚至注意到我在房間裡都做不到。隨著我四周由人類構成的空間分崩離析，原先被壓抑的東西也不可避免地開始回來了。

導致我開始回到原先追尋任務的這幾年，可以用一連串測量結果和化學分析來摘要說明：我父親大腦裡澱粉狀蛋白的增加，我大腦裡血清素的減少；雌激素和催產素（oxytocin）的不規則高漲，每天血液中酒精、咖啡因和糖分的濃度起伏等。把這些全部合在一起醞釀好幾個月，結果就像產生一種相當強勁的毒藥，一波波朝我襲來。我仍記得那是由一個全國性婦女組織舉辦的午餐會，時間大概是二月後半的某個週六下午，地點是長島餐飲中心。大家都很開心，場面也很溫馨，直到我不小心望出窗外，看到籠罩在眼前的危險。外頭有一個加油站和一個十字路口，呈珍珠灰色的天空上布滿工廠排放出的氣體，還有一個濺滿黑色髒雪的停車場；一切都沒希望了。頒獎典禮本身就是個諷刺，因為誰都看得出來，頒獎人們正在我們眼前死去（就算不是真的當場死亡），而屍體死後的僵直已經使微笑都變得猙獰。而我還不是一個被動而不情願參加這場活動的人——我就是那個受獎人。

後來我發現這種狀況有個名稱，叫做「憂鬱」（depression）。我是在威廉．史岱隆[1]一九八九年寫到普利摩．李維[2]自殺事件的一篇專欄中學到這個詞。讓我訝異的是「憂鬱」這個詞彙，因為跟實際發生的情況比起來，這個字似乎太過無精打采了——套用史岱隆的話，一個乏味「無能的字」，不足以捕捉「一個可怖而大為肆虐的疾病。」我也去接受了診斷、治療和服藥，但在內心還是不無懷疑。你大可以說憂鬱是一種「化學上的不平衡」，但它表現出來的卻是

1 威廉．史岱隆（William Styron，1925-2006）是曾以《奈特杜納的告白》（*The Confessions of Nat Turner*）獲普立茲獎的美國小說家。

2 普利摩．李維（Primo Levi，1919-1987）是猶太裔的義大利小說家、詩人。著有《週期表》（*The Periodic Table*，義大利文原名*Il Sistema Periodico*）等小說。

個外顯的敵人，一個「惡魔」、「野獸」，或套用塞繆爾．詹森[3]的話，「一隻黑狗」。牠可以在任何時候突然衝出來，甚至是在最無害的場景，就像是那場頒獎餐會，或是當我在停車場等著要接參加學校旅行的女兒回家時。要是她搭的校車沒回來怎麼辦？萬一它在哪裡出車禍了呢？即便我已經安全地接到她了，還是只能趕快把車開回家然後跑到廁所去吐，全身顫抖著回想剛才那隻野獸有多靠近。

其實是「絕望」把我這個成熟的大人拉回那場古老而孩子氣的追尋之旅。我無法再用以前的方式進行，無法繼續拖著那場未完成大業的全部重量。身為母親時時不能鬆懈的責任，再加上要接案子和趕截稿，都把我困在一個跟其他人共享的現實中：大家共同理解的記號和意義，高速公路與購物中心，工作聚會和會議，超市和學校活動等。我似乎失去了解離的能力，無法再看到事物表面底下的東西，然後問那個老問題，也就是用最簡單的話來說：這裡到底是怎麼回事？

又或者，以惡魔型態展現的憂鬱點醒了我一個長期被埋葬的可能性，也就是這世上還有其他的存在、行動者[4]和能量，是在我們可看見、約定俗成的範圍之外的。我真希望在這裡我可以講出為什麼會有此種轉變，但我沒有任何原始資料可以參照，在我當時寫給未來自己的日誌或紙條上，都沒有任何這方面的線索。

但當我真正著手重拾當時問的老問題時（當然是偷偷摸摸的），絕望和某種羞恥感卻跟隨著我，使我無法前進。眼前的死胡同是：如果我讓自己（就算是嘗試性地）去認真思考「那件事」，如果我承認有可能存在一個或多個非人類的行動者，某個神秘的「他者」，正干預著我的生命，我還能說自己是個無神論者嗎？我身為作者和演講者出席公開活動時，一直是一個可靠的、「身分公開」的無神論者。這不只是我父母留下的遺緒，也是比某種程度上是偶然性的「國籍」或甚至「階級」都還要更深層的自我認同。我在一九八〇年代曾出版過一篇談美國無神論歷史的文章，試圖在我所出身的工人階級中，挖掘無神論之所以會出現的脈絡。那篇文章讓我獲得「自由思想者」和人道主義者相關組織頒發的獎項和肯定。在我和孩子們所居住的社區裡，居民大多是信仰天主教的藍領階級，當無神論這個話題終於不可避免地在家中出現時，我告訴我的孩子們：這世界上沒有

3 塞繆爾・詹森（Samuel Johnson，1709-1784），英國文學家，曾編纂《英語字典》（*A Dictionary of the English Language*）於一七五五年出版。

4 「Agent」在此是指可以引發變化，或具有行動能力之存在，故譯為「行動者」。

上帝，反正沒有一個既是善又愛人類的上帝就對了，而這也就是為什麼我們人類必須盡可能幫助和關懷彼此。至少在我看來，道德心的來源是無神論和這樣的認識：沒有任何更高的力量會來餵飽飢餓的人或扶起被踐踏的生命。對他人的慈悲，完全是人類自己要負起的責任。

我已經不再是像我父母當年一樣那種輕蔑的、教條主義式的無神論者。我在四十多歲時仔細讀馬太福音，結果被耶穌建議人行使的那種簡直瘋狂的慷慨之舉嚇一跳：丟棄一切物質上的東西；把你一切所有都送給窮人；如果一個人要你的披風，那就連裡頭的夾克也給他；還有更多諸如此類的訓示。所以，如果你要幫助正在受苦的受迫害者，何不做得徹底一點？但是，隨著聖經越寫越冗長，而耶穌的身影越來越淡，被「重生的基督」所取代，高舉著要給人類永生的保證，傳遞出來的訊息也轉而開始帶有卑劣、自私的味道了。當你知道其他人（很可能包括你所愛的人）將被打入永恆的折磨中時，你怎麼還能沾沾自喜地登上天堂的位席呢？在這種情況下，唯一「基督徒式」的行為應該是把你在天堂保有的席位讓給某個可憐的罪人，然後自己去地獄替他受苦。比起來，我覺得明白地承認無神論，坦然接受人類在一個沒有上帝的世界裡所應擔負的道德責任，似乎簡單多了。

抱持無神論不會提供你任何藉口逃避人類的死亡命運——但各位讀者，請連一秒鐘都別以為這是我之所以憂鬱的原因。我當時的年紀（四十多歲）已經大到可以感覺身體開始走下坡，其中背痛和需要老花眼鏡是幾個前兆。我真正害怕的是更值得因此憂鬱的東西：可怕到難以去想像的「萬一死不了」的可能。比如說，我的腦子有可能會被某些邪惡的科學家切下來，放在一個組織培養器中保持存活，而且他們會用各種不同強度的電擊刺激我的腦部，使我的腦子永遠無法習慣疼痛，因此我會一直感覺到痛，持續幾世紀、幾千年，直到永遠。又或者，我在得到某種致命疾病之後活了下來，但卻變成被「鎖在身體裡」的狀態，既無法移動也無法跟人溝通。如果你能想像這些會是怎樣的情況，那麼你就知道一個仁慈的上帝絕不會保證人的「永生」。這位上帝，不管是男是女，會提供我們死亡的確定性，保證不管怎樣，痛苦終究會結束。為什麼那些信徒會捨棄這個令人安心的確定性（這對無神論者來說很容易就可接受），我實在是不明白。

參與社運工作時，我必須保持開放性，當別人鞠躬時我也要點頭回禮，但一旦遇到上帝這方面的議題時，我常常發現自己反應激烈到很不得體的地步，有一次甚至還跟當地一名自由派牧師吵起來。他試圖向我保證他的教派並沒有積極地牽涉到上帝自身，而且對於上帝是否存在這個問題保持相當的開放度。但對我來說那還不夠。我堅持，對於一個全能的上帝（甚至是這樣的可能）所應該採取的正確立場，應該是要痛恨與反對所有祂允許或甚至煽動的慘事。還有一次，我參加一場在非裔美國人教堂舉辦的會議，現場充滿歡樂的佈道氣氛，但當跟我一起發表演講的另一位牧師不斷欣喜若狂地讚揚耶穌讓大家聚在一起的力量時，我實在聽不下去了，當場煞風景地指出，在觀眾席裡有很多女性是包著頭巾的，還有一些觀眾可能還來自猶太背景，接著我當眾宣布，我這個受邀來演講的人其實是出身自無神論家庭傳統的無神論者。有一次在邁阿密，面對著一群全部是西班牙裔，大概都是天主教或聖靈降臨教派（Pentecostal）的罷工清潔員時，我甚至還繼續宣揚無神論，結果讓請我來演講的工會人員相當尷尬。

我之所以躊躇猶豫，無法進一步去認真思考那些有可能是異端邪說的狀況，並不只是對家庭傳統的忠誠。整個科學的目的，就如同我在高中時期初次理解到的一樣，就是要摧毀任何其他非人類、有力量事物的存在可能，也就是要建立起這樣的信念：除了人類以外，沒有其他有意識的、具有主體性的存在。靈魂、惡魔或神都不存在。一個科學家做為個人，是可以相當有意識地進行自己祖先流傳下來的宗教活動，但一旦進入工作領域，她的任務就是要追討並撲滅任何非人類或超人類的「行動者」的存在可能。這裡所謂的「行動者」，泛指任何可以自行移動或發生動作的存在物。因此舉例來說，我做論文實驗時發現的矽電極電位震盪，就不可能是某個潛藏在實驗室裡的惡意隱形生物搞的，因為這正是必須要被排除的可能性——可惜我就是找不出方法做到這點。

這樣的「科學家」衝動我到現在還是有。如果有人說屋子裡某個奇怪的聲音可能是鬼魂或淘氣鬼弄出來的，我會把牆拆開來（如果有必要的話），證明此人錯了。人的自由、知識和（讓我們誠實點）對世界的全面掌控，都靠著把鬼魂和靈體趕到一邊去才能成立。靈體在我們的文化裡的主要棲身地是宗教，那裡擠不下的則大量流到新世紀（New Age）思想去，而在我長大成人之後的生活裡，沒發生任何事件讓我想加入其中任何一方的陣營。

有一天，在很接近大概是憂鬱的最低點時，我開始運用（我如今才明白）一直就在手邊的工具，挖掘自己的過去。此時我不只是一個針對時事每週寫出八百到一千字專欄和短文的作家，同時也是一名業餘歷史學家。寫專欄短文是很有意思（同時也讓我有收入）的事，較長篇的歷史研究則能滿足我的心靈，或該說是滿足住在我腦袋裡那個貪得無厭的小生物，牠永遠要找到新鮮的問題和新鮮的線索。實驗室的工作使我的心智完全無從發揮，但我如今轉而從事的另一種科學，也就是不需要任何玻璃器皿或設備的「社會科學」，讓我的心智開始狼吞虎嚥。美國社會內部的階級和性別問題是我相對來說比較能掌握的題目，所以我一開始先針對這些問題寫書，後來，我發現自己其實沒什麼好怕的，所以就轉向更大——其實對正統社會科學家來說都太大——的題目，比如宗教和戰爭。

當時我沒有任何理由認為這個新研究興趣跟小時候的形而上追尋有任何關係。在我腦海中足以稱得上是「工作」的，是有關廣義的「政治」以及社會責任，也就是對我所參與的社會運動和孩子們的未來而言有正當性的，善的、理性的、成熟的關切。但我的知識計劃遠遠不只是一種理性的、自由的抉擇；我並不是走出唯我主義進入一個人人都無比歡樂的世界。在承認其他人類存在的同時，我也明白他們並非可靠的安全感或安慰的來源。

如果用比喻的方式，情況大概可以這麼描述：有好幾年的時間，我都只靠攀住一個漂浮的貨物或殘骸在海上漂流，孤獨一人而且準備好要死了。然後我被一艘經過附近的救生艇給救了，那上頭已經坐滿了其他人，他們把我拉上船，提供我食物和水。但正當我因為有其他人類的陪伴而高興不已時，我開始注意到這個新群體有點不對勁。在他們的日常互動中，我察覺到一些不安和避重就輕的部分，夜晚時分還聽到尖叫和呻吟的聲音。有時候到了早上，我會發現群體成員數目變少了，儘管沒人對此表示任何意見。我必須知道這到底是怎麼回事，至少這攸關我自己的生存。所以我才著魔似地轉而研究歷史，因為如果這些人就是我的同伴，而這就是我所在的群體，我必須知道是什麼壞東西在啃噬它，弄清楚這樣的殘酷到底從何而來。

在閱讀資料好幾個月之後，我決定從一個目前能力範圍內可以處理的假說開始，研究戰爭和人類的暴力。但由於沒有接受過任何正式或正統的相關訓練，我的研究方法完全可以用「狂熱」來形容：我挖掘一切、追查所有線索，打破所有學科界線。我從歷史跨到文學再到古典著作，埋首閱讀古老史詩，而當我發現人類學的東西似乎更相關時，我就去讀人類學的東西，之後又再讀古生物學、考古學、心理學——任何吸引我的東西我都讀。啊，在實驗室待了那麼多年之後，我終於又能享受圖書館帶來的樂趣了！我不能說這個新階段的研究治癒了我的憂鬱，但我學會把憂鬱擋在一段距離之外，方法是把我想解決的謎團當成護身符一樣緊緊抓住：起床，把正在讀的書做好筆記，複習這些筆記，然後去借更多書，再次起床，改寫研究假說，然後訂定新的行動計劃。重複以上步驟，並確定不要留下任何缺口讓憂鬱的灰霧可以乘隙鑽入。

在這麼做的過程中，我考驗著地方圖書館的館際借閱本數極限，有時候也連帶考驗圖書館員的耐性。我有機會到幾個大型大學的圖書館借書，在那裡，我可以隨著腦海中不按牌理出牌的奇思異想在書架之間漫步搜尋。有一次我跑到紐約大學的圖書館，似乎是為了參加那天下午某一場古生物學發表會，結果卻遇見了讓我在往後十年間對該問題沈迷不已的一本書。我去那裡原本想找的不是這本書，它只是擺在我要找的那本書附近架上，但它的書名《獵人還是被獵者？》吸引我打開它（別管那個艱深的次標題「非洲洞穴化石生成學初探」）。作者是南非古生物學家布瑞恩（C. K. Brain）。這本我一口氣讀完的書告訴我們的是：除非你了解到，我們的人類祖先在變成戰士或甚至是獵人之前，是那些技巧更高超得多、配備的武器也強更多的非人類獵食者的獵物，否則你根本無法了解人類的暴力。

化石生成學是研究以前的生物或物品如何成為我們今日所發現的化石，而這本書裡討論的化石，是在一個非洲洞穴裡發現的早期人類或人科動物的頭骨。演化生物學家根據留在頭骨上的穿刺痕跡認為，這名人科動物是橫死在其他同胞手上，因此這是樁古老的謀殺案（如果說還算不上真正的戰爭行為）。但此時布瑞恩提出不同看法，他判定這些穿刺痕跡之間的間隔距離完全符合古生豹的下犬齒間距。我當時坐在書架間的一張桌子上讀這本書，看不到任何陽光，也沒看到其他人，只有小時候我對獅子的恐懼（經由某種難以言說的容格心理學機制）映照出的惡夢般的過去。人類的歷史和史前史當然是在天候和地形的影響之下形成，我們的演化（或甚至在某種程度上我們的歷史）也是受到跟其他非人類的危險動物相遇的經驗而型塑，特別是更大型的食肉動物——對牠們來說，我們的祖先不過就是可以吃的肉。傳統的論述堅稱人類穩穩地主宰了地球和它上頭的生物，但那樣的論述顯然是試圖把一些主要的角色略去不談。

那些逐漸開始佔據我的想像、筆記本和最後我的書《血的儀式：戰爭狂熱的起源與歷史》（*Blood Rites: Origins and History of the Passions of War*）的動物們所帶有的形而上訊息，讓我花了一段時間才理解：這就是科學一直以來如此努力想否認的「他者」，或者反正是其中的一部分——有意識的、自主性的存在，或是最廣義的「行動者」，跟我們非常不一樣，而且彼此當然也非常不同。牠們在我們的四面八方，而且一直以來都是如此。「人類是地球上唯一有自我意識的生物」這種科學觀念，一直是個錯誤，而且是一項根植於傲慢和偏狹的錯誤。也許其他生物也容易犯下這樣的謬誤，比如螞蟻，牠們太專注於螞蟻之間的戰爭，以致於忽視偶爾出現的前線報告，說有些巨大、會摧毀聚落的兩足生物存在。

打從孩提時代開始，我就從未在任何情況下花很多時間去思考動物這回事，不管是把牠們當作寵物或同情的對象都沒有。生活在現代都會或市郊的人們，大多都處在一個沒有野生動物可言的環境裡，就算有，也是不會大過松鼠之類的動物，而且就連松鼠，除了有時出現在童書或成為「填充動物」玩具的奇怪模樣之外，你會幾乎忘了牠真正的長相是什麼。到了一九八〇年代，科學界開始朝承認動物是有主體性和感情的方向發展，但大部分受教育的人類都還是堅持笛卡兒主義觀點，認為動物只會機械式地行動，完全被本能和反射性驅策。這等於是在說，從實際的角度而言，牠們事實上與死無異，因為牠們只不過是機械式地回應本能和外在刺激而已。如果我當時有讓自己多想一點的話，怎麼可能那麼冷血地活體解剖那麼多白老鼠，只為了「採收」牠們的細胞來成就我的實驗？

但隨著我進入四十歲後半，再到五十歲，經濟狀況的改善讓我可以到鄉下休假，偶爾還能去一些有豐富動物聚落的地方。我們開始在夏天度假屋租金較便宜的時候去佛羅里達州的礁島區度假，那裡大型（有些甚至很危險）的生物密度之高，讓我捨不得離開。這些生物包括蛇、魟，還有特別是梭魚和鯊魚，但牠們都沒有讓我打消下水的念頭。事實上，身為一個柔軟、可吃的生物，周圍環繞著這麼多有經驗的肉食動物令我感到的戰慄，反而讓我著迷不已。我認識了一位潛水伕（他並不是來度假的遊客，而是一個在進行寶藏打撈作業的專業潛水伕），纏著他要他教我關於這些獵食者的相關知識。我學到許多東西，包括在水中請避免做以下行為：讓自己受傷流血、戴著會閃閃發亮的耳環，或「行動像一隻生病的魚」。我靠自己勉強學會怎麼划獨木舟，然後一天花好幾個小時泡在墨西哥灣裡。我在長滿紅樹林的小島下風處找到炎熱而水面平靜的區域，開始找尋突出在海面上的背鰭，然後跟蹤（或者用我更喜歡的詞：「獵」）鯊魚。一般來說我沒遇到任何危險，只有一次，一隻比平常大很多的鯊魚不高興地在我四周打轉，看起來一副要撞翻獨木舟的樣子。

我下一波休假目的地大多位於洛磯山脈，在那裡可以接近更傳統的陸生掠食者，主要是熊。熊對於舊石器時代的歐洲人而言是非常危險的動物，同時也是熊皮的來源。也有考古學家指出，在一些可能算是原始民間宗教的圖騰中，有些圖像的靈感似乎也是來自牠們。我讀了紀念品店裡所有關於熊攻擊行為的書，甚至還因為想釐清某些論點而打電話給其中一名作者進行電話訪問，我想我可算是熊攻擊行為的半個專家了。（理論上）我學到最重要的一件事是：你沒辦法完全預測熊會做什麼。比如有一派說法認為灰熊不太會攻擊裝死的人，但其實大家都不應該仰賴這項伎倆，因為有時候牠們會被看起來像腐肉的東西吸引。同樣地，你也無法完全預測鯊魚會從哪裡冒出來，甚至是在水深只有一、兩呎，你以為自己應該很安全的地方。如果說動物真的只是被本能反應驅使的機械化生物，牠們就應該會遵從某些在統計結果上呈多數的規則，比如就像一團有毒瓦斯般成群移動的蚊子會做的事情一樣，但我從自己的觀察和閱讀相關資料所學到的卻是，大型動物是具有個體性的，隨時隨地都在做出屬於自己的決定。

科學界也同樣朝這樣的觀點發展，而且不只是因為來自動物保護運動的壓力才如此。當人類開始不再用自我中心的角度去觀察動物時，就發現有越來越多種類的動物（其中包括許多鳥類）是會推理、表達情緒、互助合作、使用工具，甚至事先規劃的。我就在佛羅里達州的礁島區得到一次教訓，那時我對朱鷺的群體行動非常著迷。太陽下山的時候，牠們會成群結隊飛到附近一個長滿紅樹林的小島上休息過夜，到了日出時分，牠們會再度起飛前往覓食地點，而我會努力划著獨木舟出海觀察牠們這兩波行動。但牠們清晨的起飛行動有時候會在日出之前就展開，可能亂成一團、毫無秩序可言，也可能會是快一百隻的鷺合作無間，一次就起飛完成的行動。所以我想知道的是，到底是什麼決定了起飛的時機和狀態？我的假設是，這些朱鷺一定是出於對某種因素（比如陽光或溫度）的反應而行動，是因應著某種訊號才會醒來、起飛，不然就是被魚醒來和躍出水面的聲音給吵醒。一定有某種東西在控制牠們的行動，不是嗎？

但當我拿這個問題去問傑克．布萊德貝利（Jack Bradbury）這位我大學時期就認識的朋友時（他是名動物行為學家，目前在康乃爾大學任職），他的回答是：基本上，這群朱鷺當中應該有一些領袖級的或是帶頭的成員，但鳥類剛醒來時本身的躁動和推擠行為也會對早晨的行動狀況產生影響；換句話說，在像是飢餓感和必須集體行動的需要所形成的大方向之下，牠們差不多是愛怎麼做就怎麼做。

海豚是自由自在生物的海中代表。你永遠不知道會在何時、哪裡、哪個季節或海水深度遇見一隻或一群海豚。有一次我划獨木舟出海時，注意到北邊有激烈的水花噴濺。我以最快速度朝那邊划去，結果發現是兩隻海豚在輪流躍出海面，狀似在玩某種有點粗暴但同時又姿態優雅的遊戲，牠們看到我之後決定把我也加入遊戲的一部分。牠們會跟著獨木舟一起游泳，然後潛到底下不見，之後戲劇化地從舟的兩側躍出，臉上掛著海豚式的大大微笑。牠們可以輕而易舉地把舟弄翻，而且如果牠們真想要的話，還可以把我壓在水底下直到我淹死，但那不是牠們那天想玩的遊戲。牠們繼續跟我玩了大約半小時之後，就迅速游走，去找下一個更會玩的玩伴了。

當我把這些經驗告訴一位朋友時，我形容它們是「宗教經驗」，而且隨著我的研究越來越深入，這樣的形容也似乎越發貼切。只要你往歷史和史前史追溯到一定的時期，就會發現人類調查研究（特別是那些大型而有時候很危險的）動物時，往往帶著一種著迷、崇敬的感覺，把牠們跟神聖的或至少是神秘的事物連在一起。遠古時期，在一神教文化出現之前，人類不只崇拜動物，也崇拜人和動物混合的生物（如古埃及前王朝時代的獅頭人身女神賽克美特〔Sekhmet〕），或者儘管型態是人但跟動物很親近的神，如騎著老虎的印度女神德爾嘉（Durga）。幾乎每一種大而強壯的物種——熊、公牛、獅子、鯊魚、蛇——都曾是人類宗教敬拜的對象。在天主教傳教士來到之前，我的塞爾特族祖先們敬拜艾波娜（Epona）女神，她常常會變成一匹馬的形貌。華盛頓州的馬卡族（Makah）原住民則敬拜「鯨魚」，因為牠提供了他們身體上和精神上的食糧。如果現代的人跟大型而野生的動物相遇時，還是（跟我一樣）會有種戰慄的感覺，那是因為這些動物們曾經是神——既是祭品的收受者，也是使人進入狂喜狀態的儀式主角。

這對我的無神論提出了全新挑戰。如果「神」可以是（而且也曾經是）數量如此龐大而多采多姿，那麼當一名「無神論者」意味著什麼？我對艾波娜或甚至是跟惡魔作戰的印度女神迦莉（Kali）都沒什麼好抗議的，當然也無從駁斥任何宣稱在入神狀態時跟巫毒神或約魯巴族（Yoruba）神靈有所接觸的人。我了解到，我真正拒絕的有神論只有單一神論，或者該說是以基督教、猶太教和伊斯蘭教為代表的特定形式一神教，因為在這樣的宗教裡，「唯一的神」或「唯一的真神」不只是單一的而且還是完美的——既全能又全善、慈愛到完美的地步。如果放在佛洛伊德式的理論框架下來看，一神教之中的「神」是一種投射，其基礎是兒童眼中可靠的、慈愛而強大的父母形象。我並沒有這樣的形象模型可以當成基礎，或許這可以解釋為何我在開始寫日誌後不久，提到那種「父母式的上帝」時明顯的嘲諷之意。

但是，沒有被道德化的神、多神教的神、動物神等等，我都可以接受，因為至少祂們似乎都沒有做出任何承諾，也不要求人一定要信仰祂們。你想要進一步認識迦莉或艾波娜嗎？那麼你不需要任何「信仰」，因為有（或者反正曾經有）儀式可以讓你直接跟她接觸。這些儀式大多被禁絕、壓制和遺忘了，但這些神的形象還是留存至今，令我們驚奇。當我正為一次嚴重憂鬱症發作所苦時，在英國一個小山丘上看到一隻用白堊粉畫的非常巨大的馬，牠代表艾波娜。她當然並沒有神奇地治好我，但我確實感到一陣短暫的開心，因為想到我的祖先們曾創作了這麼自由奔放而動感的圖像——前提是所有搬運和爬上去作畫的苦工不是靠奴隸完成的。幾年後，我有機會到加爾各達參觀迦莉女神大廟，還走下長長的樓梯去看迦莉那有著三隻眼睛、舌頭吐得長長的可怕畫像。那幅畫的筆觸是粗獷而大膽的，一點都不像我以為會在印度宗教畫裡看到的繁複曲線，畫中她手上還緊抓著一顆被砍下來的頭顱。她是善還是惡？這樣的問題本身是否有任何意義？我欣然接受印度同伴的建議，懷著敬意向她獻上一串花。

對於一神論的宣揚者而言，一神論的興起無疑代表著人類文明的進步。但這其實也可被視為是「弒神」的過程，無情地把眾多的神和靈逐一剔除，直到幾乎一個都不剩。最先被拿來開刀的（在有些地方這過程還在進行），是萬物皆有神性這種幾乎在所有原住民部落中都有的信仰，儘管「宗教」其實是一種西方式的概念，根本不適合拿來套在這樣的世界觀上：每樣物件、動物、風和光都有神在裡頭。之後，在更為複雜而階層化的社會裡，曾經使萬物「活」起來的眾多的神，被集合起來變成某些特定的「靈」，最終被限縮成某些被認可的、「正統的」幾個神。一神論是限縮到最後的結果，使人落得要獨自活在宇宙裡，只有一個遙遠而完美的「唯一真神」可信。非人類的動物們轉而被視為是「愚笨的」或甚至是邪惡的野獸，最好是一路勞動到死或被人拿來吃掉。因此，一神論也為笛卡兒式的主張和牛頓定律裡那個由死亡之物構成的世界鋪路。

在這樣的神學選項所形成的光譜或說行列中，我又是站在哪個位置呢？正式說來，我當然還是一名無神論者，是個有以下傳統的工人階級後裔：他們把「唯一真神」視為人類權力關係的頭號幫兇，把祂的教士們視為骨子裡憤世嫉俗的寄生蟲。就我個人看來，這些祖先們是對的，特別是我的曾祖母，她臨死前的行動是把放在她胸口的十字架使盡全力扔掉。她明白，一神論宗教的最大罪惡，就是把威權和慈愛、官僚和公義混為一談。當偽信者為當權者服務，或者在我們的時代裡，當超大型教會頌揚自身的財富和擁有它的人時，那個「善」而完美的神，充其量不過是在為少數佔據菁英位置的人類提供其行為的正當性而已。

但就算不是信徒也會有神秘經驗，而且我的似乎讓我穩穩落在萬物皆有神性這種信仰的範疇裡。那大概就是我在一九五九年五月時所遇到的事物狀態——一個透過無數的展現方式躍動著生命的世界，在裡頭有一個或數個神，或至少是一個活著的「存在」如火般從每一樣事物之中冒出來。在成年之後的大部分時間裡，我都否認或壓抑著曾在那山脈和沙漠看到的景象，將之視為不可證實和可能是精神異常的經驗。但拜多年研究歷史、史前史和神學之賜，我終於在知識上準備好（也許可以說，現在的我終於回到跟十年前一樣），可以承認這樣的有意識者——「神」、靈、外星生物——的存在可能，它們通常不被我們的感官所感知，只有當它們自己想要或有此安排的時候，才會讓我們知道它們的存在，而且目的是為了它們自身而不是我們。事實上，我開始非常小心地，一小步一小步地朝這個結論接近：我可能真的看到了它們之中的一個。

但我要怎麼用言語來加以訴說呢？不是說有很多人在問我這個，但我已經不再是一個與社會格格不入的人，也不再是個唯我主義者。我擁抱了我的物種，也接受因此而需要擔負的責任，意思是：至少我不能說謊。幾年前在接受一場電視訪問的時候，主持人問我無神論的問題，我只說我並不「相信上帝」，雖然這不是假話，但顯然我沒辦法往下繼續說，「我不需要『相信』上帝，因為我知道上帝是什麼，或至少是某種神就對了。」我一定是看起來不夠信心滿滿，因為後來我那位英勇的無神論阿姨瑪西雅打電話給我，說她有看到這場訪問，而且察覺到我回答的時候聲音中有一絲閃躲的顫抖。

# 第十二章 「他者」的本質

我花了一段實在是長到沒有藉口可言的時間才弄清楚，十七歲那年我所經歷到的狀況，其實屬於人類經驗中相當普遍（如果不用「驚人」這個字）的一個範疇。至少有些研究發現，幾乎有半數的美國人表示自己曾有過「神秘經驗」，而如果把範圍再擴大到「宗教性的經驗」，人數甚至更龐大。不過在我們這兒，就算是平常發表的意見都會被稱讚為「太神了」，特別好吃的一餐飯也可以被形容成有如「宗教性的經驗」，所以那樣的研究充其量是告訴我們：許多平常的普通人，也有無法輕易以言語表達的強烈不尋常經驗。但我不時也會讀到跟自己經驗非常相仿的描述，比如以下這則文字，它們出自跟我同樣身為作家與無神論者的丹尼爾．昆恩（Daniel Quinn）：

一切都著火了……每一片玻璃、每一棵樹都在發亮，射出強光——因一種只能以神聖來形容的強大力量而燦爛無比……但這種強烈之中沒有任何暴力或恨意。這是一種強烈的喜悅，一種強大的生命力。這是「創造」恆久而無言的美讚。

當然，這些經驗全都可以被當成某種「病狀」來看待，而這正是長久以來，精神醫學界藉以排除支持神秘經驗者的方式：道士只不過是當地的精神分裂患者，聖女大德蘭[1]顯然是歇斯底里症發作（儘管人們應該要知道，她其實是一名傑出而忙碌的修會會長）。在阿波羅神殿傳達神諭的祭司，可能是因為吸入太多麻醉物質而在那裡胡言亂語；所有偉大的基督教神秘主義者，都清楚顯示出暫時性的癲癇發作症狀；被靈體附身的原住民們，則是屈從於「退化的本我驅力」[2]。近年有一篇由哈佛大學醫學院發表的論文還認為，亞伯拉罕（Abraham）、摩西、耶穌和保祿的「神啟」經驗，全都可用「早期或情緒失調相關的精神病症狀」來解釋。

某些據報是神秘經驗的事件，也有可能根本從未發生過。保祿似乎很誠心相信自己在前往大馬士革途中看到異象（至少他確實有一段時間什麼都看不見，也講不出話來），但後來，當他開始對哥林多人（Corinthians）炫耀自己能進入神遊狀態和用多種語言講話的能力時，很難不讓人覺得當中有些想在天主教正在形成的權力階層中搶個位置的意味。我一直對於賓根的希德嘉[3]那個有助她事業晉升的「靈視」經驗有點小小地懷疑——該靈視說她應該要創立一個修院，她也確實那麼做了。在這個充斥著精神疾病、假裝和機會主義等種種可能性的地帶，確實是很難找到穩當的相關實證。

在最近數十年間，科學界對於神秘狀態抱持相當興趣。從一九六〇年代精神刺激藥物的使用，到後來腦部掃瞄技術的發展（比如能顯示由祈禱和冥想引發的新陳代謝變化），這樣的興趣逐漸增強。但在自然發生（也就是不經藥物引發）的主觀經驗描述這方面，最有用的還是由心理學家威廉・詹姆士（William

1 聖女大德蘭（St. Teresa of Avila，1515-1582）出生於西班牙，曾改革修會，是一名有神秘經驗的天主教會人物，著有多本關於神秘學的作品。

2 本我（id）、自我（ego）與超我（super-ego）是佛洛伊德理論中的人格分析概念。

3 賓根的希德嘉（Hildegard of Bingen，1098-1179）是有靈視經驗的德國修院領導者與作曲家。

James）在《宗教經驗面面觀》（*The Varieties of Religious Experience*）一書中談到「神秘主義」那一章的探討，而這本書早在距今超過一百年前就已經寫成。我希望自己能在很多年前就發現這本書，但我是在十年前出於狹隘的歷史研究目的才買了它，而且還是直到這幾年才出於某種「看看也無妨」的心情翻到神秘主義那一章。結果在這一章裡頭，有好多關於「宇宙的意識」、「無法解釋」或甚至是吞噬一切的「火」的個人經驗記錄，而詹姆士沒有把任何一份經驗視為是「瘋狂的」或「不可靠的」。事實上，他似乎很尊重訴說這些經驗的人；儘管在書中都以假名呈現，但這些人的身分包括哲學家和精神醫學家、女人和男人、無神論者和有神論者（說不定也包括他自己）。

這些敘述者們所帶有的情緒差別相當大，從覺得這是一種恩寵到根本是徹底的恐怖都有，但我在仔細閱讀這些經驗之後感到最震驚的一點是：他們之中有如此多人提到跟其他形式的存在或實體「相遇」的經驗。最常被用來指稱它的詞是「上帝」，儘管有時也用更中性的詞如「無限之物」或「活生生的東西」。今日的神經科學家把「異常」的心理經驗視為完全內在於人之內的事件，只牽涉到神經的交互作用和神經的網絡。然而，在美國第一位心理學家所記述的個人經驗紀錄中，人在神秘經驗中所經歷到的，卻似乎不僅只是那個人本身內在狀況的產物而已。

在我自己的情況裡，我其實一直無法把自己有可能是「遇到了什麼」當作一個真實的可能性來思考，直到以下兩個轉變的發生。第一是我在二十歲出頭時走出唯我主義這件事。從跟傑克在實驗室的那一晚開始，當我發現他那張平凡的臉之後真正有一個心智存在，當我的想像力再往前跨一大步，去感受在報紙新聞標題背後人們真正受的苦，還有最不容置疑的是，當我自己的孩子降臨到這個世上時，我終於承認別人的心智也跟我一樣是豐富、複雜而糾結著種種情感的。一旦你接受了其他人類心智的存在這項現實，你也開放了自己（不管是好是壞）去接受在其他地方——不管是在動物或通常被視為「物件」的東西身上——也存在有意識體的可能。

把我慢慢推向承認自己可能真的與「什麼」相遇的另一個發展是，我在五十歲出頭時，可說是相當突然地沈浸在自然裡。「自然」是個愚蠢而人類中心的用字，隱含的意味是：任何不是經由人類力量產生的東西，都是某種（比人類次等的）「其餘」。但在我身處的新環境裡卻完全不是如此。在此之前長達近二十年的時間裡，我勉強自己住在一個毫無美感可言的中低階層近郊區，好讓我的孩子們能去鎮上最好的公立學校上學。之後孩子們長大搬出去住了，而我的第二段婚姻也結束（跟前者沒有因果關係），所以我就做了一個中年急轉彎，搬到佛羅里達州的西嶼（Key West）去。我在那裡原本就有幾個先前度假時交到的朋友，住到那裡之後又很快跟一名同樣熱愛海洋的好看當地人混在一起。我們很喜歡在舊城區住的那層公寓，但公寓所在的大樓隔壁有一間青年旅館，那裡的年輕住客總是通宵達旦狂歡，最後把我們的大樓也弄得殘破不堪，所以我們決定要到「礁島群裡」去找個屬於自己的地方，那邊不僅房子比較便宜，夜晚也寧靜得要死。

我們尋找的第二個（結果也是最終的）地點是在舒格洛夫島（Sugarloaf Key），那是一塊突出在墨西哥灣的土地，上頭有唯一一條把礁島群像一條項鍊般串在一起的高速公路。我們開車一直到柏油路的終點，之後繼續往下開上一條泥土路，穿越一片由原生梧桐樹、毒漆樹、海葡萄和棕櫚樹構成的矮叢林。在那條路的盡頭是一間可愛的灰色屋子，連著一條讓你可以直達海中的棧橋和碼頭。在碼頭的盡頭是某種神啟般的景色：超過一百八十度廣角的青綠色海洋，上頭點綴著一連串祖母綠色的紅樹林小島。在這裡住下吧，廣大的藍綠色之中有個聲音告訴我，不管代價如何。

我們用比預期中低得多的價格買下這裡，因為前任屋主的室內裝潢品味簡直像個連續殺人犯。地上滿是成堆的舊報紙、收據、色情雜誌和骯髒的保麗龍容器。我們找人把整個地方清乾淨、重新粉刷，再從西嶼的一間二手傢俱店買來幾樣東西，然後就舒舒服服地一面享受華麗的日落，一面試圖弄清楚我們住進的是怎樣一片野生環境。

在西嶼，你可以想像自己是住在一片都會文明之中，儘管有點懶洋洋、不懷好意的樣子，但有足夠的餐廳、超市、八卦消息和豐富的人生百態。事實上，你可以選擇一輩子住在西嶼，而不需費神注意到自己實際上住在一個位於加勒比海中的小島，跟佛羅里達半島最南端的距離超過一百英哩。但在舒格洛夫島上，你必須直面人類存在本身的脆弱性。在我們底下有薄薄一層增生中的珊瑚礁，南邊是大西洋，北邊是墨西哥灣。在這裡，你不會把全球暖化只當成一個遙遠的「議題」，而是一種活生生的可能，比如躺在床上睡覺的時候就會被鯊魚吃掉（儘管這可能性是不太大）。

所謂大西洋和墨西哥灣沿岸這種概念本身就是一種自負的幻想，而且往往出自住在大陸上的人，因為從他們的觀點看來，當然就是被一圈海洋所環繞著。但實際上的墨西哥灣沿岸——也就是所謂的「偏遠地區」——卻是非常不一樣的狀況，而且是會讓城市人有些不安的那種。我記得在搬到這裡來之前，曾跟一名「海綿人」聊過天（他在這個偏遠地區的清澈淺水地以帶釣海綿為生，往往會在自己的汽艇上住個好幾天），他跟我講了很多事情，包括有如天鵝絨般寂靜的熱帶夜晚，還有魟和鯊魚們是如何平滑地起伏游動。但講著講著他會躊躇起來，彷彿有某些他無法找到適當的字眼去言說，或甚至不確定到底該不該說的事情。

我以慣常的自律克己在一張對著牆的書桌前工作，但戶外世界一直誘惑著我。如果你對「自然」的想像是以卡茲奇山（the Catskills）或科茲窩（Cotswolds）[4]為藍本，那麼你可能會覺得這裡沒什麼娛樂或太安靜，是個跟高速公路和城市成反比的另類選擇。但是這裡其實熱鬧非凡，特別是在春季和夏季，當水氣循環強度破表的時期。天空一整天把從溫暖海面上冒出的蒸汽吸上去，接著在傍晚吹起的狂風中把它們一股腦猛倒回去，最後以一道甜美、撫慰的彩虹作結。在夏末可能會有類似迷你龍捲風的水龍捲滑過灣區，強度大多是驚擾到鳥類的程度，但也可能掀掉一片屋頂。同一時間發生的事情會多到你不知道該看哪個：是西邊下沈的夕陽，東邊初昇的月亮，還是從灣區那邊靠近，不時有閃電劈出的一團黑色暴風雨。我跟朋友在一個七月的夜晚走出屋子，結果發現天上至少有六團冒著閃電的風暴，各自佔了一塊天空表演，結果我的朋友（他向來不是個會用形而上語彙發出感嘆的人）低聲說了一句：「是有神存在啊。」

我們都不真的認為那是「神」，但我開始明白自己當初是被吸進「某個東西」裡去了，可能正是海綿人躊躇著難以訴說的那個東西。我認為那是某種「存在」，也就是科學家們稱之為一種「新興特質」，某種比所有部分（鳥、雲朵和閃耀的銀河）加起來的總和還大的東西，而且開始讓我覺得是某個活著的、正在呼吸的「他者」。這個存在本身沒有什麼「神秘」可言，或至少我是這麼告訴自己。它只是足夠機敏，可以把事物整合在一起，捕捉到原本飄忽不定的東西。當它成功地把所有零星、片段的東西——從日出時如玻璃表面般平靜無波的水面，到震耳欲聾的午後雷聲——化整為零，拼湊出自己時，就產生了巨大的自由和昇

4 卡茲奇山（the Catskills）位於美國東北部離紐約不遠處，是觀光設施相當發達的景點之一，而科茲窩（Cotswolds）位於英國，是以鄉間田園風光代表之一而聞名的地區。兩者都是相當有人為色彩的「自然」地帶。

華的感覺，不管是對它或對我而言都是。

但這個存在並不總是這麼溫順。啊，它可以充滿誘惑，就像是乘著十一月吹起的一陣溫暖輕風而來的花香，可以充滿昇華感，就像是會出現在麥克斯菲爾德·派瑞許[5]畫中的那種高聳入天的粉紅雲彩，列隊讚頌著初昇的太陽。但它也可以若無其事地跟你作對。有一次，我在一個看起來完全適合出遊的日子划著獨木舟出去，結果卻得在一陣突然吹來的狂風和波濤洶湧的海水中奮力求生。我學會在生命受到威脅或甚至是生存機會渺茫的時候咬牙大吼一聲，然後為了拚死抵抗筋疲力竭和失敗而奮力划出每一槳。我並不害怕死亡，因為顯然那個「他者」或「存在」（我幾乎可以開始漸漸看清它的容貌）會好好地繼續前進，不管我存在與否。

我知道現在的科學界對這樣的「脫軌」主張會有什麼反應：認為樹木是有靈的，或把某些特定的心理狀態視為「與他者相遇」都是不對的，而這樣的錯誤（很遺憾地）是人類生來就會犯的。但為什麼演化的結果是使我們朝這種生來會犯下錯誤的方向發展？在此，認知生物學家提出的解釋是：人類還殘留著從遠古時代流傳下來的本能，也就是對掠食動物的恐懼。如果你把晚上從暗處傳來的唏嗦聲誤認為是有一隻獅子正在接近，結果其實沒有，你不會有什麼損失。但如果你犯了相反的錯誤，把獅子走近的聲音誤以為不過是有風吹動樹葉而已，那麼結果就是賠上性命。

所以，根據認知生物學家的說法，我們的腦部被一種叫做「過度活動的偵測系統」影響，因此才會去想像世界上有神，雲的形狀會像人的臉，以及石頭裡有神聖的東西存在。在過去十年來，這已經成為打垮宗教的殺手級論述，宛如我們需要一種新的論述取而代之，也就是：宗教式的想像是出於人類身為被獵物的古老本能，它致使我們想像有某種「行動者」的存在，但其實根本沒有。（儘管我必須指出，想像其他人類是有意識的存在或「行動者」而不是機器人的這種能力，卻從未被認為也是被這種過度活動的系統所影響。這個能力被認為是正常而健康的。）

在認知生物學式的解釋中加以低調處理的，或在它急著得到一種徹底人類學中心式的解釋時所含糊帶過的，是暗夜中確實有獅子、森林中確實有熊、草叢裡

---

5 麥克斯菲爾德．派瑞許（Maxfield Parrish，1870-1966），美國畫家、插畫家，其作品擅長呈現幻想式的、色彩瑰麗的風景與人物。

也確實有蛇的這些事實。假如在過去幾世紀間的一切神秘經驗紀錄之中，有一些真的是跟另一種存在（們）相遇的經驗，那麼，去調查一下不是比較聰明的做法嗎？畢竟，這些存在看起來（至少在相遇的這段時間中）比人類更強大，也至少跟獅子一樣令人敬畏。它們甚至能使人心神紛亂一段時間，就像我在一九五九年五月之後那幾個月的情形。聖女大德蘭曾提到，她所看到的神顯有時候伴隨著「強烈的痛苦」，或者「一種含有絕大喜樂的苦痛」，使人彷彿「被碾碎成片片」。跟她同時代的聖十字若望[6]，則將自己在神秘經驗中遇到的「他者」（照理說該是一個天主教的神祇）類比為「一隻野蠻的野獸」。在我們當下所處的時代裡，科幻作家菲利普·狄克（Philip K. Dick）曾有「聖靈顯現」的經驗（「聖靈顯示自身」），使他事後覺得自己「比較像個被車撞了之後肇事者逃逸的受害者，而不是變成佛祖」。結果他心神紛亂的程度嚴重到被診斷為患有精神病，還被關在一間精神病院裡數週之久。就算是從公眾健康的角度，除了那種老套而曖昧的「精神疾病」解釋之外，我們也必須知道這當中是否真的有某種導致這些情況發生的行動者作祟。

我在這裡提出一個粗淺的比喻（有人可能會覺得粗淺到完全不適合放在任何

有關「神聖」事物的討論裡）。直到大約兩百年前，大多數人類文化體還在把疾病歸咎於超自然力量，比如靈體、詛咒，上帝或神的憤怒。在發展得更縝密一些的文化體裡，則認為疾病源自「體液」的不平衡，或是「氣」的阻滯。到了較晚近的十九世紀中期，受了啟蒙主義影響的歐洲人，把焦點放在肉眼看不見的、以空氣傳播的「瘴氣」，將之視為一些疾病如霍亂的病源。如果你（在比如十九世紀好了）主張，許多最惡性的疾病事實上是由微小的生物所引起，而且是小到用雷文霍克[7]發明的顯微鏡才看得到的「微生物」，應該會被同時代的人認為是瘋子。這很像是在說，人類之間的愛是經由一種非常小的愛之蟲的中介才能完成。

細菌理論在十九世紀末期輕鬆戰勝疾病之後，我們如今已經忘記這個理論也曾經看起來有多不可能。人類曾認為自己是獨自活在這個星球上（其他的動物和靈或神當然不算數），但實際上，在這個充滿肉眼看不到的活生生存在物（我們稱為「微生物」）的星球上，也就是著名生物學家古爾德（Stephen Jay Gould）

6 聖十字若望（St. John of the Cross，1542-1591）是西班牙籍神父，也是一名神秘學者。

7 雷文霍克（Anton von Leeuwenhoek，1632-1723）荷蘭博物學家，對顯微鏡的製作提出重大改進，並發現許多重要微型細胞。

稱之為「細菌星球」的地方，人類其實是非常不起眼的少數。這些微生物當中，有些被認為是溫和的，甚至是「好」的，比如釀酒酵母菌，它為我們帶來紅酒、啤酒和麵包。有些（像是天花病毒或造成瘟疫的鼠疫桿菌）則是惡毒的掠食者，是有人主張應該要完全滅絕的對象。

大多數對神秘經驗的描述（至少是我讀到的，當然不等於有代表性的樣本），都堅持自己所遇到的「他者」是「活生生的」，或者是活的，就像是「活生生的上帝」這樣的形容一樣。但這是否意味著生物學意義上的「活著」？它會進食和代謝嗎？它是否會生育（這個選項似乎被一神論者排除）？時不時會傳來一些風聲，說有一些生物學上的發現，將突破充滿著線香味的神秘思想記述。舉例來說，十三、四世紀德國僧侶艾克哈（Meister Eckhart）常常被認為是最偉大的天主教神秘學者，他曾提出一種接近（令人震驚的）動物神形貌的上帝，祂的「本質……是賦予生命」，在每個願意在心中留位子給祂的人類靈魂中，一再地這麼做，直到永遠。為了給這樣的神聖誕生準備一個完美場景——某種巢，或者像艾克哈有時候用的字，「馬槽」——人必須把自己的靈魂清空，不能有任何自我和情感，把所有空間都獻給上帝。

出現在狄克的神顯經驗中的「他者」甚至更像動物。就像他在以作者本身為主角的小說《VALIS》[8]中所描繪的，他從被判定需要住院的精神狀態找回自主權的方式是：投身於了解和傳達跟一個來自其他地方的神祇相遇的經驗，而這個神「完全不像是人類」（文字之強調為狄克自己原先所加）。這個神或神們（因為在狄克的獨特宇宙系統裡，至少有五、六個這樣的神存在）跟動物有些相似之處：祂們有自己的規劃，而根據狄克的說法，祂們透過向人類現身想尋求的是「跨物種融合」。

理想上，若要進一步了解「他者」的本質，包括它的成分、能力和可能的意圖等，此時我們應該要開始求助於某個資料庫，裡頭收集一切神秘的、靈性的、以及宗教的經驗紀錄，不是僅有來自僧侶和作家的，而是包含不知名青少年、街頭預言家、原住民巫師、佩奧特仙人掌[9]食用者等等的。但實際上卻沒有這樣的

8 VALIS是「巨大活性智慧系統」（Vast Active Living Intelligence System）的縮寫，此系列小說有三部曲，被認為是自傳性極強的小說。

9 佩奧特仙人掌（Peyote）主要生長在墨西哥，以其所含有的致幻成分而聞名。在北美洲一些原住民的宗教儀式中，有時會食用此仙人掌。

資料庫存在，也沒有理由認為一個收藏充分的資料庫可能存在。因為我們怎麼知道有百分之多少的神秘經驗曾經以某種形式被記錄下來？也許被記錄下來的只是所有神秘經驗中很小而不具代表性的一部分。再說，許多被記錄下來的經驗也有可能已經被刪節過，或至少是以一種不會冒犯到當時任何神祇或其人類代表者的方式被呈現。例如大德蘭留下的自傳原本是寫給一群審問官看的，他們正在調查她是否有褻瀆天主教的言行，因此她說不定會把任何可能引發懷疑的經驗都略去不寫。二十世紀耶穌會神秘學家暨科學家德日進之所以拼命努力把自己所看到的影像覆滿「耶穌式的意涵」，也是為了避免它們被看成「心無上帝的多神主義」，但他的上級還是常常阻止他出版這些紀錄。

不過我們確實有足夠的知識可以說，這個出現在神秘經驗中的「他者」並不溫順，至少並非一直都是那樣。我在此指的並不是一神論裡的上帝，或任何可以拿來把自然災害的發生和生下來就有的缺陷怪在祂頭上的神，而是可以從神秘經驗紀錄或對熱帶天氣等自然現象仔細觀察之中推理出的「他者」的存在。二十世紀初期的神學家魯道夫・奧圖（Rudolf Otto）曾研究（主要是天主教的）神秘學著作，想找出是否有線索可說明到底那「懾人之奧秘」（mysterium tremendum），也就是「全然的他者」的本質是什麼，而他得到的結論是：它「毫無疑問地跟『善』相當不同」。它更像是一種「吞噬性的火焰」，他表示（而且可能是出於個人經驗），「這對於在神聖的自然中只會看到善、仁慈、愛和某種秘密親近感的人來說，一定是非常地難受。」艾克哈也在奧圖的研究對象之林，以「上帝」來稱呼那個他者的艾克哈，在好幾以世紀以前就主張信仰宗教者必須收起這樣的想像：「上帝是善的、明智的（或）具同情心的」。

這當然造成一個幾近不可能解決的問題：神秘主義作品往往揭示一個狂野、非道德的「他者」，宗教則堅持一套由具倫理性的超自然存在所強化的傳統倫理規範。一個顯而易見的解決之道是承認倫理系統係由人類所創造，而「他者」則完全是另一回事。畢竟，人類的道德概念是從人類這個物種本身綿密的社會化特質所產生：人類的幼生必須要經過好幾年的養育才能獨立，而我們在演化過程中一直都仰賴彼此合作，以形成一種共同防禦機制。因此，在做為一個要生存的物種的層次上，我們一直都活在高度互相倚賴的群體中，很有理由要強調忠誠、英雄主義或甚至為他人犧牲、具有同情心的價值。但是，為什麼一個照理說活動範圍應該包含整個宇宙的存在者，擁有的卻是某個特定陸生靈長類物種的部落式價值觀呢？宗教中的神——也就是倫理價值的強化者——是一回事，在神秘經驗中所揭露的「全然他者」則是另一回事。

儘管奧圖是個虔誠的新教徒，但他拒絕做這種區分。宗教（特別是層級最高的所謂世界宗教）似乎總是要求做為其基礎的種種神蹟——天使來傳報神意、人的頓時開悟、阿拉在洞穴裡向人現身等等——必須能夠說服人相信它們是出自一種非人類的、「神聖」的來源。看樣子，如果十戒是寫在一張便條紙上給希伯來人看到的話，他們就不會信奉這些戒律了。這些戒律必須由一個長滿鬍子的先知傳遞給人們，他本身神秘的可信度必須由燃燒的樹叢來判定[10]，而且他從山上走下來的時候還得伴著一陣嚇人的雷聲和閃電。不知怎麼的，人類本身的權威從來不夠——一定要加上特效才行。奧圖也想要他的天主教倫理價值根植在「神聖莊嚴的」基礎上，就像那些神秘學者們所瞥見的一樣，所以他讓這樣的混淆持續下去。即便到了今日，有些較以科學為根基的哲學家，比如加拿大哲學家約翰·萊斯利（John Leslie），都還在拼命努力要在自然世界裡找到某種倫理原則的線索。

如果那些神秘學家看到的「他者」並不是溫順的，也不必然是懷有惡意的——事實上這兩種詞彙都是太過度以人類為中心了。它為什麼一定要是「向著我們」或「跟我們作對」，就像一神論裡的上帝就該喜歡羚羊甚於獅子？某種型態的生物（或如狄克所描繪的另類生命形式）會有自己的計劃要進行，有時候對我們有好處，有時候則是壞處——就像低階生物大腸桿菌的例子，牠在人類的消化系統裡扮演重要角色，但也可能引發致命疾病——但我們並不知道它們是什麼，或者稱它們為「生物」是否恰當。

由於被較受人尊敬的思想領域拒於門外，有關強大而肉眼看不見的存在物的相關討論，差不多都被留給科幻小說界去進行，而我正好在這個領域度過人生中最快樂的一些時光。在某些古典科幻小說裡，這樣的存在被呈現為神，或是某種類似神的東西。以奧拉夫·史塔普雷頓（Olaf Stapledon）在一九三七年出版的小說《星球製造者》（*Star Maker*）為例，它的結尾是讓旅行到很遙遠地方的人類主角遇到一個有著人類名字的「永恆靈體」，它持續讓一個又一個星球的文明與

10 據說摩西是在山上放羊的時候看到天使在燃燒的樹叢中顯現，傳達上帝要他帶領以色列人離開埃及的訊息。

盛之後衰亡，而且沒有什麼顯而易見的理由：「這當中沒有憐憫、沒有讓人藉以得到救贖的方案，沒有仁慈的奧援。又或者，這當中充滿憐憫與愛，只是由一種冰冷如霜的狂喜所統馭。」在亞瑟・C・克拉克（Arthur C. Clarke）的短篇小說〈神的九十億個名字〉（"The Nine Billion Names of God"）裡，一群西藏僧侶世世代代靠自己進行一項任務，要找出神的所有可能名字，他們終於得到西方技師提供的一台電腦協助。當任務差不多完成，西方技師離開寺院往山下走的時候，他們抬頭望向夜晚的天空，然後發現「非常乾脆地，星星的光消失了。」那些僧侶們是對的：宇宙存在的唯一目的就是要列出神的所有名字，一旦這個為了神的虛榮而進行的活動宣告完成，這個宇宙也沒有任何繼續存在的必要了。

克拉克在小說《童年末日》（*Childhood's End*）進一步發展的主題是：有一種「超級存在」為了滿足自己那令人無從理解的目的而利用人類。克拉克並不是相信所謂新世紀思想那一套的人，他是一名堅定的無神論者，有物理學和火箭科學的背景。但小說情節的焦點放在一個一直沒有現身的「上級心智」，它來自遙遠的外太空，派手下來到地球基本上要馴化人類。戰爭被終結，其他許多較明顯的不公義也一樣被終止，人類進入一個和平而和諧的時代。克拉克有著冷戰時代對烏托邦世界的典型厭惡，他把這個時代描繪成雖然舒適但很無聊。同時，上級心智的手下找出人類之中一些較有神秘主義傾向的人，把他們集中起來進入某種入神狀態，最後跟上級心智達到一種集體的精神統一。當這項任務達成時，整個地球就爆炸了，上頭所有人類也無一倖免。這個上級心智似乎接著就繼續尋找下一個新鮮的星球（以及物種），滿足它自己奇妙的渴望。

科幻小說就像宗教神話一樣，只能是一種對想像力的刺激，但它提出的概念是值得思考的，也就是可能有一個（或多個）存在是以人類的意識「為食」。我們看不見它們，就像在亞里斯多德的時代還無法看到微生物一樣，但這些存在們在宇宙裡梭巡，找尋足夠開放的心靈，讓它們可以進入或接觸。在這裡我們談的不是上帝，不是那個人類自身的渴望與投射的大雜燴，也不是某種我們只能敬畏地低頭鞠躬的永恆「神秘」。當歌德寫道：「人類的最高快樂就是探索可知，以及默默地崇敬不可知」時，我實在是沒耐心看下去。為什麼要「崇敬」不可知？為什麼不乾脆去把事情弄清楚？

科學界當然可以繼續把逸出常軌的「神秘」經驗當成精神疾病症狀了事，但若這當中有最微小的可能性顯示真的有某種接觸或相遇的情況發生，那它們就值得進一步調查研究。畢竟，有很多理性的人支持「搜尋外星智慧體」計劃，儘管到目前為止天空上都還是一片寂靜。同樣地，科學家們也在地球上四處徘徊找尋「奇異生命」，亦即不只是喜歡住在熱湧泉和冰河等極端氣候裡的「嗜極微生物」，而是可能以矽而不是碳，或是以砷而非磷為基質的有機體。搜尋有可能不存在的東西——從有智慧的外星生物到希格斯玻色子（Higgs boson）[11]，或是可以解釋所有物理現象的「適用一切事物之巨型理論」——並非不科學的。它是人可能天生就有此驅力要去做的事。

儘管我們自身和所使用的設備都如此難以偵測到這（些）存在，但這並不意味著它是由某種不像我們所熟悉的物質或能量的超自然「想像產物」所構成（但在此我得強調，這並不是說我們所「熟悉的」物質和能量就構成了很多宇宙裡的「東西」）。至於這個存在是否能算是生物學意味上的「生物」（如同狄克所描繪的），當然完全只能靠推測，至少在最簡單的分類學層次是這樣，因為其實生物學家們自己都還沒有對生命體的定義形成一個共識：生命體是否一定要有新陳代謝，也就是要會進食和呼吸，還是只要會再生就算，比如病毒的情況？一神論禁止我們把任何跟「莊嚴」或「神聖」扯上關係的東西想像成是屬於某個物種的，因為一般來說，至少要有一個以上的成員才能稱之為物種。但如果這（些）假設的存在物是「活的」，那麼技術上來說，我們面對的就是一個（或多個）物種了。

對於那些堅持只有一個神存在的人，我會說，我們在單一和多數之間劃出的那條界線並不總是那麼清楚：黏液菌可以做為單一的細胞存在，也可以多個融合形成一個軀體；當多個細菌聚集形成群落時，可以展現出單一細菌細胞所沒有的智慧行為。人類可以單獨生活或者形成小群體，但突然間，當一個共同敵人出現時，卻可以串聯在一起做為一個巨大的單位行動，而且也可以解散回到個體狀態。如果說在指稱目前所談的主體時，我們所用的詞彙似乎有點混亂——比如到底要用「他者」還是「他者們」，是「神」還是「神們」——那也是因為我們自己在生物學範疇上的想像限制使然。

人類和他者（們）之間的關係，或許可以用一種生物學上的類比來表示，也

11 一種在一九六〇年代就在理論上推論其存在但一直沒有找到方式能證明之的粒子，直到二〇一二才正式證明，其發現者希格斯（Peter Higgs）與恩勒特（Francois Englert）因此共同獲得二〇一三年的諾貝爾物理獎。

就是像狄克所提議的：「共生」。這就是人類和棲息在我們身上的千千萬萬微生物之間的關係。微生物們得到一個舒服的生活環境，定期沐浴在含有豐富養分的液體裡；人類則可以得到消化上的協助，一些對外來細菌的抵抗力，以及一些有用的微生物產物如維他命K。讓我們（以加速到會晃的程度）把層次向上提高，從腸子內的菌叢一路提升到一神論的上帝，其實有人曾提出過，上帝的存在跟人類之間也是一種共生關係。二十世紀的神學家亞伯拉罕．赫舍爾（Abraham Heschel）曾寫道，猶太的神秘主義者是在歷史上「受到一種大膽而帶有危險矛盾的想法啟發，也就是不只上帝對人而言是必要的，人對上帝而言也是，因為祂需要人將祂的計劃在世上揭露」，儘管赫舍爾並沒有給我們理由懷疑，上帝的計劃有可能是在生物學層面上為祂自己服務。

在完全不同的物種之間，可能還有更醜陋的共生關係型態存在。當我還是個剛啟程進行追尋任務的小女孩時，我曾問自己，如果我「已經事先知道這只會是一場苦澀的幻滅」，是否仍然要知道「真相」。我之所以會認為有這樣的可能性存在，是因為一齣我在年紀很小的時候聽到的廣播劇，那是在很久以前，當時美國還有這樣的演員和劇本。有四名幾乎癱瘓的退役軍人住在醫院的一間病房裡，其中只有一個人能看到窗外的景象。他花了許多時間向室友們描述外面的世界發生了什麼事——街上的人來人往、歡笑的孩童、美麗的女孩——直到其中一個室友吵著說應該輪到他去躺在那個病床上。於是他們就交換了病床。換到能看到窗外那個床位的人這才發現，窗外根本什麼都沒有，只有一堵磚牆——沒有人來往，也沒有笑聲或陽光。我會想知道那樣的真相嗎？我勇敢地決定（至少當時是），還是要知道。

好吧，真相如下：人類跟某些神秘的強大存在（們）之間，最糟糕的關係型態（至少是我能想像到的最糟狀況）是，我們並非跟它們共生，而是宿主跟寄生蟲的關係。有很多常見的生物都無法獨立生存，而是需要宿主，而且有趣的是，牠們之中有些還能改變宿主的行為、甚至是思想和感情。舉例來說，有一種雙盤吸蟲（Leucochloridium paradoxum）會寄生在通常喜歡躲在暗處的蝸牛身上，促使蝸牛爬到陽光下，而蝸牛在陽光下就有可能被鳥吃掉，鳥就會變成吸蟲的下一個宿主。有一種寄生式的黃蜂會逼使牠的蜘蛛宿主做出一種不自然的蜘蛛網，以便能讓黃蜂的後裔居住，而不是蜘蛛自己的。有些寄生蟲甚至會產生賀爾蒙和神經傳導素作用在宿主身上，或許還能引發某種昆蟲版的狂喜感。艾克哈提出的那種非常不對等的關係型態——一個毫不留情地推進生產的上帝和做為其宿主的人類——看起來實在非常像寄生關係。如果是這樣，那些認為自己被「開悟」的人，可能事實上是變成了宿主，甚至是以某種駭人地親密的方式被用了。

我是否相信有某種人類看不到的東西存在，它們有能力跟我們做心智上的接觸，產生人類稱之為神秘經驗的東西？不，我不相信任何東西。「相信」是一種知性上的投降，而「信仰」則是一種靠意志達成的自我欺騙狀態。我不相信有某種吸血鬼加靈體的複合體可以深深探入我們的腦葉系統，同時又擾亂我們的認知能力，不管結果我們認為自己是經歷到一時瘋狂還是無法承受的美。但經驗——實際感覺到的經驗——要求我必須保持心胸開放；人類之間相互團結的需要——這也是把這些寫成書的唯一理由——則要求我站出來呼籲其他人也這麼做。

除了某種「生物」或「存在物」之外，還有其他可能性。科學向來都在跟這樣的觀念奮鬥：宇宙裡有一種非物質性的意志或行動者在作用著，而且幾世紀以來都被認為是透過「自然法則」來展現。上帝可能已死，但他繼續統治一切，或是透過他那些永恆的法則繼續統治。然而，結果這些法則最多不過是概約的平均值，是粗糙的概略化而已。只要更細緻地檢視，或發展出更精密的儀器，事情還變得更有趣。在最小的量子層次，根本沒有任何法則可言，只有或然性。一個電子可以在這裡、那裡，或同時在兩個地方，彷彿它自己可以選擇要在哪裡。在宏觀層次上，氣象學家愛德華・羅倫茲（Edward Lorenz）發現，若把小數點後面的數字從.506127四捨五入成.506──為了看起來比較簡潔，同時也因為他電腦設備的性能限制──結果會得出極為不同的天氣預測結果，也就是所謂的蝴蝶效應。我的意思不是說電子會做出經過邏輯推理的決定，或者天氣實際上是被有翅膀的蟲子所統馭，重點在於：跟我當初身為一個年輕理科學生所接觸到的「自然」比起來，實際的自然界其實要來得活生生太多了。

在科學的世界觀中，開始有那麼一絲──容我膽敢用這個字──「萬物有靈論」的味道出現。物質世界不再只是死的或被動地遵從種種「法則」，而是有令我們驚訝的表現，比如一對電子和正電子可以從真空中綳出來，一個普通的熱帶風暴能把自己轉成一個龍捲風，或者一個簡單的回路可以發展出來回震盪的能量。以上這些情況裡都沒有任何超自然力量介入，即便是來回震盪的電位電極也還是遵循古老的電子力學法則──只不過是以當時的我們無法預見的方式，標誌著一種似乎憑空出現的「新興」模式。至於那些令我小時候如此苦惱的「無中生有」的物質，我們則會漸漸明白到，沒有所謂的「無」。即便是最嚴格意義下的真空，都還是個動態空間，充滿著各種可能性，持續誕生一點一滴的新東西，即便那些東西只是物質和反物質稍縱即逝的粒子。套用博學而堅定的理性主義者霍華．布魯姆（Howard Bloom）的話來說：「我們太過低估賦予我們生命的這個自有其秩序的宇宙了。我們沒有對它的成就、能力和創意給予應有的評價。在這樣一個有如以魔法包起的範圍內，當中所含有的意志、目標和堅持被人類放在一旁不管；人類聲稱那些都不屬於自然所有，而是完全屬於人類的。」

換句話說，我們使自己變得沒有如此必要地孤獨了。跟過去幾世紀以來，人類這個物種以現代化和國籍之名抱持著的唯我主義比起來，我青少年時期的唯我主義簡直算是偶發事件。人類整個物種的唯我主義內含著一種世界觀，認為除了人類自己以外不存在任何的意識體或行動者；非人類的動物只是愚蠢的機械化生物，被本能所驅使，而其他所有的神和靈都被消滅，只留下一個無法接近的一神教上帝。在這樣的世界觀之下，套用二十世紀著名生物化學家賈克．莫納德（Jacques Monod）的話來說：「人類最終明白，他在沒有感受能力的無盡宇宙中是完全孤獨的。」如果說我在要進入成年的時候人有點瘋瘋的，那也是因為我正在跟完全接受這樣的世界觀做掙扎。

以我從中年時期至今對科學和新科學、宗教和舊宗教的所有知識來看，要不是有幾件災難性的事情發生，我絕不會投注精力在這本書的完成。首先，正當我在二〇〇一年和一名圖書館員一起整理手稿的時候，突然得知自己得了癌症，逼使我必須面對自己即將死亡的可能。「我」準備好要死了，至少是那個我後來變成的怪老人——因為癌症治療而掉光頭髮，身體衰弱。但我還沒準備好要放手離開那個年少的我，這就是為什麼我會抓起自己以前寫下的日誌，不讓它們被永遠監禁在一座圖書館的地下室。

然而在那之後的四年間，我還是沒有著手進行任何後續行動，直到一場「上帝的干預」發生。那時我差不多已經回到美國大陸生活，有意要把礁島區的房子賣掉。二〇〇五年十月，在卡崔娜颶風肆虐之後幾週，威力相對小得多的龍捲風威瑪侵襲礁島區，引發五呎高的暴潮。幾週之後，我帶著幾個朋友一起去勘查損失，看能否搶救或修復一些損害，結果我發現大部分能證明我存在的東西（至少是文字部分）都已經被吹光了。我的書房位於一樓，它已經變成一片濕爛的廢墟，連霉菌都長出來了。這是我開悟的時刻：收著我所有曾出版過作品的檔案夾、財務紀錄、電腦磁片都不見了，當時正在做的一項研究所使用的書也一樣全部消失。

我的日誌之所以能在風暴中存活下來的唯一原因是，大概在二〇〇一年那個圖書館員來訪期間，出於某種（很不像我以往作風的）先見之明，我把日誌移到二樓的儲藏空間存放，因此才沒有被這次的洪水淹到。當我搭機返回位於維吉尼亞州的住處時（離我女兒和孫子們住的地方不遠），我把日誌放在手提行李中一起帶回去。回去之後沒多久，我就把當時還有來往的男性同伴們都遣走了，原因有好幾個，最主要是因為我想獨處，而這個需要比任何浪漫吸引力都來得強烈許多。之後，在一面承擔許多嚴肅而現實性的責任同時，我開始把日誌整理輸入電腦，一天幾小時，持續了好幾週，最後終於看到我在十六歲左右時質問未來自己的那個問題：「自從你寫下這個問題以來，你學到了什麼？」

這是越過了幾十年的時空朝我扔來的挑戰，像是某種期末測驗或總結報告：我學到了什麼？而且這當然不是在問我學到了多少蛋白質的型態變化或戰爭歷史，或甚至是人類有系統地進行種種殘酷之舉的原因，或我們如何才能創造出更寬容的社會。這個問題是在問：你從這一切之中學到了什麼？到底這裡是怎麼一回事？為什麼會這樣？

呃，我必須向年少時期的自己坦承：我學到的太少，根本不夠。如果真的要讓妳滿意，我就必須一生致力於研究神經科學和哲學，很可能還得再加上研究印度僧院和精神方面的學科。我也得研究宇宙學和數學。我會花許多時間跟進行類似探尋任務的人一起（很可能是在風景壯麗的場景下）討論、分享和比較。但是我遇上一個動盪的時代，所以很自然地，我選擇了自己要站在哪一邊。原本可以花在繼續進行探尋任務上的時間，我拿來參加集會和抗議，我的研究興趣也轉向工資和貧窮，戰爭及社會轉變的機制。我不期望十六歲的自己能理解這樣的轉向，她連其他人類是自主性的存在這一點都還無法完全承認。但這就是事情發展的結果：我愛上了跟我一起奮鬥的同志們，我的孩子，以及我所在的物種。

不過，我確實有稍微學到的是——儘管在我們這個如此缺乏形而上想像的時代，身為一個無神論者要承認這些可能會有損自己在公眾面前的尊嚴——你首先必須要修正這個提問本身。問「為什麼」其實是在問動機或目的，而動機必須出自於一個能有系統地形成意向的機制，而這樣的機制就是我們通常稱為心智的東西。因此，問「為什麼」永遠其實是在問「是誰」。

由於我們早就已經排除了那個最輕鬆的答案——上帝，連同其他的神一起——所以必須在真正存在的事物之內尋找那個「誰」。我完全無意說宇宙（做為一個整體）是活的，更不會說它有動機或欲望。但是我們越仔細而小心地深入探索，就會越發現它以看起來很像活著的方式躍動著——由正向反應循環所驅動的失控選擇模式[12]、各種新興模式、激烈吸引力、量子跳躍（quantum leap），而且前面永遠還有更多的驚奇等著我們。也許並沒有我們肉眼看不見的生物性「存在物」正在醞釀，不管是做為共生物、寄生蟲或掠食者而言都沒有。但在實體世界裡卻有無數的規則系統正在運作，蠕動著、探求著，把物質和能量納進它們的規劃中，而且表現出一種幾乎像是壓抑不住的玩心。有時候，在這一切的吵嚷與混亂中，「他者」會把自己兜攏起來，就在我們眼前現身。

在我的情況裡，這樣的事情如今仍在發生，不過比起我在青少年時期那種災難性的經驗，它們總算饒了我，用溫和得多的方式顯現。比如就在前幾天，剛過中午時分，我無意間來到市區裡一個充滿綠意的地方，有很多快餐車聚集在那裡。我肚子並不餓，但也沒有趕著要去哪裡，於是就到其中一輛餐車前方排隊。從辦公大樓裡流洩出來的人潮吸引著我，他們耐心地在那裡排隊等候，彷彿是要等著接受某種祝福一樣。那是第一個真正感覺起來像春天的日子，陽光普照，一切都顯得懶洋洋。隨著我離排隊等候的那台餐車越來越近，我的目光被車子裡某個東西吸引，它是個黃銅色的半圓形物體，可能是個門把或某種把手，因照在它上頭的陽光而閃耀不已。我失神了一會兒，不只被這個試圖把一顆星球的陽光濃縮到自己小小表面上的物體所震懾，還有這整個場景——建築物、線條、餐車——就像是被設計來捕捉正午時分最初幾道陽光的某種古生物天文學式結構，好讓慶祝儀式可以開始，讓狂喜從天堂傾洩而出，然後再回去，不斷反覆……

啊，你說，這全都是你腦中的念頭而已。像這樣抱持著懷疑是對的，因為我正期望你這麼做。它確實是在我腦中，而我在本書開頭就已經承認這個腦袋是一個很不完美的器具。但看來這就是我的腦袋之所以存在的目的（無疑地也是你的），它必須要超越所有日常的思慮而運作，要把這世界所有的混沌與神秘濃縮

12 失控選擇模式（runaway process）是由英國統計學家暨演化生物學家費雪（Ronald Aylmer Fisher，1890-1962）所提出的理論，以解釋為何一些雄性動物會在看似違反物競天擇的原則下發展出華而不實的特徵，此理論模式主張這些動物是為了吸引雌性以繁衍下一代，由於一再受到雌性青睞所以這方面的特徵也持續發展。所以演化除了「天擇」之外，也有（特別是雌性的）「性擇」成分需要考慮。

成一個可被感知的「他者」或「他者們」，不一定是因為我們愛它，更不是出於任何想「崇拜」它的意圖，而是因為到頭來我們可能沒有任何選擇餘地。我有種感覺，根據這本書所記述的那些經驗，它可能會自行把我們找出來。

# 謝誌

我感謝幫忙補足一些歷史細節的家人：Ben Alexander，Nell Babcock，以及特別是Diane Alexander，她也對本書初稿提供了一些意見。謝謝物理學家Ron Fox努力向我解釋非線性動力學，也謝謝人類學家Janet McIntosh這些年來反覆跟我進行許多精彩討論，特別是引介我接觸認知生物學。在寫作本書的過程中，跟以下人士進行的對話也讓我獲益良多：Howard Bloom，Rosa Brooks，Ben Ehrenreich，Arlie Hochschild，Adam Green，Bernard Schweizer以及George Sciallaba。

我的經紀人Kris Dahl促使我把原本準備寫成一本宗教史的書轉變成一本個人記述。起初我很抗拒，但我想——就跟平常一樣——她是對的。Twelve出版社熱心積極的責任編輯Deb Futter不只對書稿提供許多精闢的意見，也以她的熱情拉著我熬過照例出現的寫作瓶頸。Sara Holloway對書稿做了具有高度挑戰性而技巧高超的逐行仔細編輯。這本書的完成還受到許多其他人的幫忙，在此我特別感謝Brian McLendon，Libby Burton，負責校訂的Roland Ottewell，以及監製本書封面的Catherine Casalino。

左岸|社會觀察242

**我的失序人生：從礦工女兒、實驗室宅女到社運組織者**

作　　者　芭芭拉·艾倫瑞克
譯　　者　林家瑄
總 編 輯　黃秀如
責任編輯　許越智
封面設計　張瑜卿
電腦排版　宸遠彩藝

社　　長　郭重興
發行人暨出版總監　曾大福
出　　版　左岸文化
發　　行　遠足文化事業股份有限公司
231新北市新店區民權路108-2號9樓
電話：02-2218-1417
傳眞：02-2218-8057
客服專線：0800-221-029
E-Mail：service@bookrep.com.tw
左岸文化臉書專頁：https://www.facebook.com/RiveGauchePublishingHouse/
法律顧問　華洋法律事務所　蘇文生律師
印　　刷　成陽印刷股份有限公司
初　　版　2016年7月

定　　價　360元
I S B N　978-986-5727-40-6

國家圖書館出版品預行編目資料

我的失序人生：
從礦工女兒、實驗室宅女到社運組織者

芭芭拉・艾倫瑞克(Barbara Ehrenreich)著；林家瑄譯.
-- 初版. -- 新北市：左岸文化出版：遠足文化發行, 2016.07
面； 公分. -- (左岸社會觀察; 242)
譯自：Living with a wild God ea nonbeliever's search for the truth about everything

ISBN 978-986-5727-40-6(平裝)

1. 艾倫瑞克(Ehrenreich, Barbara) 2. 女作家 3. 傳記

785.28 105010600